示范性高等职业教育精品规划教材
旅游与酒店管理专业

酒店前厅服务与管理

主　编　曹艳芬
副主编　邵晓莉　王　丹　万　雯
主　审　曾凡琪　张　昭

天津大学出版社
TIANJIN UNIVERSITY PRESS

内容提要

《酒店前厅服务与管理》教材紧密结合酒店前厅部职业岗位实际工作任务，以职业能力培养为核心，以酒店前厅部业务运作过程为主线，根据项目导向、任务驱动的教学理念在每一个项目下设置了若干教学单元和学习任务。本教材的主要任务是讲授酒店前厅管理与服务的基础知识，训练学生掌握酒店前厅服务的基本操作技能，使学生形成从事酒店前厅服务与基层管理工作、适应行业发展与职业变化的基本能力。本教材突出实训和本土化，适用于工学结合、教学做一体，符合高素质前厅服务与管理人才培养需要。

图书在版编目（CIP）数据

酒店前厅服务与管理／曹艳芬主编．—天津：天津大学出版社，2011.3（**2019.7 重印**）
ISBN 978-7-5618-3857-0

Ⅰ．①酒…　Ⅱ．①曹…　Ⅲ．①饭店—商业服务②饭店—商业管理　Ⅳ．①F719.2

中国版本图书馆 CIP 数据核字（2011）第 018562 号

出版发行　天津大学出版社
地　　址　天津市卫津路 92 号天津大学内（邮编：300072）
电　　话　发行部：022-27403647
网　　址　publish.tju.edu.cn
印　　刷　**天津泰宇印务有限公司**
经　　销　全国各地新华书店
开　　本　185mm×260mm
印　　张　16.5
字　　数　412 千
版　　次　2011 年 3 月第 1 版
印　　次　**2019 年 7 月第 4 次**
定　　价　30.00 元

丛书编委会名单

前 言

Preface

目前，我国职业教育正处于重要的发展转型期，从传统的基于学科结构系统化的综合课程方案转向基于工作过程系统化的学习领域课程方案，已成为当今高等职业教育课程建设与改革的主流方向，而行动导向教材的开发是高职教育课程改革成败的关键。

《酒店前厅服务与管理》是在校企合作的基础上进行课程开发而设计的。本教材突破了原有教材的编写方法，在对职业工作任务和工作过程的实际情况进行解析、归纳、重构的基础上，再根据教学论的原则进行理论系统化的处理，以“任务”的形式组织教学，围绕着任务边讲边练，讲练结合，将学生学习的过程转换成完成任务的过程。而这些任务来源于工作又高于工作，是实现教学目标的情境化案例。

本教材在编写过程中，一是坚持适应高职院校教育改革和发展的需要，立足于提高学生的整体素质和培养学生的综合能力，贯彻了科学性、实用性、先进性、规范性原则，吸取了前厅管理与服务的最新知识和技术，注重知识的应用性和可操作性；二是教材内容深入浅出，难易适度，适用性强，学术性与普及性兼顾，理论性与应用性并重；三是紧密结合酒店前厅部职业岗位的实际工作任务，以职业能力培养为核心，以酒店前厅部业务运作过程为主线，在结构选择、内容编排、教学方式选择等方面作了大胆改革；四是以学生技能提高为最终目标，以职业能力成长为主线，同时将社会与劳动保障部相关职业资格标准融入其中，突出实训和本土化，适用于工学结合、教学做一体化，符合高素质前厅服务与管理人才培养需要。

《酒店前厅服务与管理》是旅游管理专业、酒店管理专业的专业主干课程。本教材的主要任务是讲授酒店前厅管理与服务的基础知识；训练学生掌握酒店前厅服务的基本操作技能；形成学生从事酒店前厅服务与基层管理工作、适应行业发展与职业变化的基本能力。

全书分为“前厅基础知识”、“前厅服务接待实务”、“前厅部基层管理”三大模块，三大模块又分解为“前厅部基础概况”、“客房预订”等八大项目，根据项目导向、任务驱动的教学理念在每一个项目下设置了若干教学单元和学习任务。学习任务采用行动导向教学模式进行编排，内容包括任务描述、任务准备、任务实施、任务总结、知识或技能拓展，每个项目后面还有案例研讨、相关链接、考核指南等内容。

本书各部分编写分工是：模块一由长江职业技术学院徐曼编写；模块二项目一和附录由武汉船舶职业技术学院王丹编写；模块二项目三、模块三项目一由湖北职业技术学院曹艳芬编写；模块二项目二、项目四以及模块三项目二由湖北职业技术学院邵晓莉编写；模块二项目五由长江职业技术学院杨炀编写。全书由曹艳芬统稿，并且万雯老师协助相关的统稿工作。

本书在编写过程中参考了国内外出版的部分书籍、文献资料以及部分网站资料，还得到了许多业内人士的帮助，在此一并表示衷心和诚挚的感谢！同时，由于作者水平所限，书中疏漏和错误之处在所难免，恳请广大读者批评指正。

编者

2010 年 11 月

目 录

Contents

模块一
前厅基础知识

项目　前厅部基本概况

导读

前厅是每一位客人抵达、离开酒店的必经之地，是酒店对客服务开始和最终完成的场所，也是客人对酒店形成第一印象和最后印象之处。前厅接待服务及管理区域所设置的相关岗位及结构单元组成了酒店组织机构中十分重要的部门——前厅部。前厅部（Front Office）也称“客务部”或“前台部”，它以房务系统为中心，是具有计划、组织、指挥、协调职能的首席生产管理部门，是负责招徕并接待宾客、销售酒店客房及餐饮娱乐等产品和服务、协调酒店各部门的对客服务、为酒店高级管理决策层及各相关职能部门提供信息的一个综合性服务部门。前厅部是酒店的“神经中枢”，是酒店联系宾客的“桥梁和纽带”，是酒店经营管理的“窗口”。前厅部的管理体系、工作程序、员工的素质与表现以及前厅部运转好坏将直接反映酒店的服务质量和管理水平，影响酒店的经济效益和市场形象。

学习目标

1. 了解前厅部在酒店经营管理中的地位、作用及基本任务。
2. 明确前厅部组织机构的设置原则、组成与主要职能。
3. 掌握前厅部各级岗位的岗位职责。
4. 熟悉前厅部对客服务过程和工作任务。
5. 重点掌握前厅部人员的素质要求，用以规范自己的行为。

引导案例

叶先生是某丝绸进出口公司的项目经理，因业务需要，欲把一包物品转交给下榻A酒店的美国客商理查德先生。征得总台王小姐同意后，叶先生将物品放在了总台，并再三嘱托一定要尽快将物品转交给理查德先生，因为理查德先生第二天就要退房去上海。王小姐微笑着点头答应了，接着立即打电话至理查德先生的房间，不巧的是，客人此时不在房间。王小姐一直没有忘记此事，在接下来的几个小时内，她连续几次打电话至客人房间，但客人一直至晚上十点都未回酒店。于是王小姐便忙于其他客人的接待工作。

第二天早上八点半，叶先生打电话去这家酒店，询问物品是否已转交到客人手上，得到的答复是物品仍在总台，但客人已在七点半退房离开了。于是叶先生在电话那端勃然大怒，声称酒店这样的服务已影响了他的大笔生意，责问总台小姐为什么不给客人留言，要求酒店对此事件作出一个明确的解释，并给他满意的答复。

实战学习

单元一　前厅部的作用、基本任务和管理特点

一、前厅部的作用

前厅部的作用是与它所承担的任务相联系的。前厅部是现代酒店的重要组成部分，在酒店经营管理中占有举足轻重的地位。具体表现在以下几个方面。

（一）前厅部是酒店业务活动的中心

前厅部是一个综合性服务部门，服务项目多，服务时间长，酒店的任何一位客人，从抵店前的预订到入住直至离店结账，都需要前厅部提供服务。前厅服务贯穿于客人在酒店内活动的全过程，是酒店服务的起点和终点。无论酒店规模大小、档次如何，前厅部总是为客人提供服务的中心。

（二）前厅部是酒店形象的代表

前厅部是酒店对外的营业窗口，有经验的客人通过酒店前厅部服务与管理就能判断这家酒店的服务质量、管理水平和档次的高低。前厅服务的好坏不仅取决于大堂的各项硬件设施，更取决于前厅部员工的精神面貌、礼貌礼节、服务态度、服务技巧、工作效率等软件。前厅部是给客人留下第一印象和最后印象的地方。第一印象在客人对酒店的认知中会产生非常重要的作用。它产生于瞬间，但却会长时间保留在人们的记忆中。客人初到酒店，会产生异地陌生感、不安全感和不习惯感等，会对酒店比较挑剔，面对这种客人，酒店要通过自己的服务，力图改变客人的异地化心理和挑剔心理，要让客人有宾至如归的感觉。如果第一印象好，那么即使客人在住宿期间遇到不如意的地方，也会认为这是偶然发生的，可以原谅；反之，则会影响到以后的心理感受。客人入住期满离店时，也要经过大堂，前厅部员工在为客人办理结账手续、送别客人时的工作表现，会给客人留下“最后印象”，优质的服务将使客人对酒店产生依恋之情。此外，在大堂汇集的大量人流中，除住店客人外，还有许多前来就餐、开会、购物、参观游览、会客、检查指导的其他客人。他们往往会停留在大堂，对酒店的环境、设施服务进行评论。因此，前厅部是酒店的营业橱窗，是酒店形象的代表，反映酒店的整体服务质量。

（三）前厅部是酒店业务内外联系的枢纽

前厅部犹如酒店的大脑，在很大程度上控制和协调整个酒店的经营活动，由这里发出的每一项指令、每一条信息都会直接影响酒店其他部门对客人的服务质量。因此，前厅部员工，尤其是接待员工作必须认真负责，一丝不苟，并经常联络和协调其他部门的工作，以保证酒店正常运转，提高酒店的整体服务质量。

前厅部是客人与酒店联系的纽带，客人有各种要求和求助会反映到前厅部，客人的投诉也会反映到前厅部，前厅部协助各有关部门及时解决各种问题，满足客人的旅居需求。另外，前厅部与客源单位、社会各接待单位、同行及政府职能部门都有交往和联系。因此，前厅部在酒店服务接待过程中起着承上启下、联系内外、疏通左右和总体协调的关键作用。

（四）前厅部是创造经济收入的关键部门

为客人提供食宿是酒店最基本的功能，客房是酒店最大、最主要的商品。在酒店的营业收入中，客房销售额通常要高于其他各项。据统计，目前国际客房收入一般占酒店总营业收入的50%左右，而在我国客房收入还要高于这个比例。前厅部的有效运转有利于提高客房出租率，增加客房销售收入，提高酒店经济效益。除了销售客房以外，前厅部还可通过提供邮政、电信、票务以及出租车服务等，直接取得经济收入。

（五）前厅部是酒店管理的参谋和助手

作为酒店业务活动的中心，前厅部直接面对市场和客人，是酒店中最敏感的部门，它能收集到有关市场变化、客人需求和整个酒店对客服务、经营管理的各种信息。前厅部是酒店管理的参谋和助手，主要表现在以下三个方面。

（1）在客人入住酒店后，安排客人生活，建立和利用客人资料、处理客账、反映客人意见和结构状况等工作都由前厅部来完成。

（2）前厅部在与客人接触过程中，较直接而真实地了解市场，把握目前酒店经营的特点和趋势，洞察酒店市场规律。

（3）前厅部每天要汇集各部门的营业情况，如房态变化、客流情况、各业务量情况等，制作营业日报表及账务报表。在对这些信息进行整理和分析后，每日或定期向酒店提供真实反映酒店经营管理情况的数据报表和工作报告，并向酒店管理机构提供咨询意见，作为制定和调整酒店经营策略的参考依据。

二、前厅部的基本任务

（一）销售客房

客房是酒店的主要产品，客房收入是酒店收入的主要来源。前厅部的首要任务就是销售客房，客房营业收入是考核前厅部管理及运转好坏的重要依据之一。同样，在衡量一位前厅部员工的工作是否出色时，往往也参考其客房推销的能力和实绩。因此，前厅部员工必须尽力推销客房产品，提高客房出租率和平均房价，实现客房的价值，增加客房收入，提高酒店的经济效益。

（二）提供各类综合服务

前厅部作为对客服务的集中点，除了预订和接待业务、销售客房、协调各部门对客服务外，还包括各种日常服务工作，如机场、车站接送客人，大门迎送客人，提供行李服务，接受酒店问讯及投诉，处理邮件及留言，收发客房钥匙，保管贵重物品，商务中心服务，旅游代办服务，机票预订服务等。这些工作内容构成了其直接对客服务的功能，其中有一些服务还担负着为酒店创收的任务。因此，前厅部的管理人员要在积极推销酒店产品的同时抓好自身所提供的各种服务质量，以圆满实现其服务功能。

（三）提供信息服务

除了承担销售客房与提供各类综合服务的任务外，前厅部还应成为提供信息的中心。前厅部员工应随时准备向客人提供其感兴趣的资料，如餐饮活动（举行美食周、厨师长特选等）的信息。前厅部员工还应向客人提供酒店所在地、所在国的有关信息和指南。例如，向客人介绍游览点的特色，购物中心的地点及营业时间，外贸公司及科研机构的地址、联系人、电话号码，本地区及其他城市主要酒店的情况，各类交通工具的抵离时间等。前厅部员工应始终做好准备，充分掌握和及时更新各种固定与变动信息，使客人处处感到温馨、方便。

（四）联络和协调对客服务

为了使客人满意，前厅部应衔接酒店前、后台之间及管理部门与客人之间的沟通联络工作。该部门应将客源市场预测、客房预订及到达情况通知各部门，使各部门能有计划地安排好各自的工作，相互协调配合；应将客人的需求及接待要求传递给各有关部门，并检查、监督落实情况；应将客人的投诉意见与处理意见及时反馈给有关部门，以保证酒店的服务质量。

（五）建立、管理客账

前厅部是酒店业务运行过程中的财务处理中心，主要是要做好客人账单的管理工作。一般来说，前厅部需为住店客人分别建立账户，根据各营业部门转来的客账资料，及时记录客人在住店期间的各项用款，且进行每日核计、累加，保持账目的准确，以求在客人离店前为其顺畅地办理结账事宜。前厅部建立、管理客账可保持酒店良好的信誉和经营效益。

（六）建立客史档案

由于前厅部为客人提供入住及离店服务，因而自然就成为酒店对客服务的调度中心及资料档案中心。大部分酒店为住店一次以上的零星散客建立客史档案。按客人姓名字母顺序排列的客史档案记录了有关客人的主要资料。这些资料是酒店给客人提供周到、具有针对性服务的依据，同时也是酒店寻找客源、研究市场营销的信息来源，所以必须坚持规范建档和保存制度化两项原则。

从上面介绍的六项基本任务中可以看出，前厅部是酒店的营业中心、协调中心和信息中心，它在酒店经营中起着销售、沟通、控制、协调服务和参与决策的作用。

三、前厅部管理的主要特点

1. 接触面广，24 小时运转，全面直接对客服务

前厅部是一个提供综合性服务的经营部门，它在为酒店开辟市场、保证客源、推销酒店其他产品的过程中，承担着主要的服务与经营责任。它不仅参与全过程的对客服务，还是酒店少数几个 24 小时运转的部门之一。从时间上看，管理存在一定的难度，这就要求其有完善的管理体系和制度以及训练有素的员工队伍。

2. 岗位多，业务复杂，专业技术性强，人员素质要求高

大部分酒店前厅部的业务包括预订、接待、问讯、行李寄存、迎宾、机场接送、电话、票务、传真、复印、打字、旅游服务、收银、建档等。这些业务都有较强的专业性，因而要求服务和管理人员必须要有较全面的业务知识。同时，由于前厅部的管理效果直接关系到酒店的声誉和经营成败，所以又要求前厅部在管理上要着重于员工的服务态度、文化素养和业务技能的培训，以求与客人建立起良好的关系，给客人留下良好的印象。

3. 信息量大、变化快，要求高效运转

前厅部是酒店信息集散的枢纽、对客服务的协调中心，因此其收集、整理、传递信息的效率决定了对客服务的效果。由于前厅部属前台服务部门，与客人的接触较多，因而其收集的信息量也相对较大。客人的要求每时每刻都会有变化，这要求前厅部在信息处理上要有较高效率。另外，前厅部必须将所掌握的重要信息，如当日抵、离店的 VIP 客人，营业日报，客情预测等及时传递给总经理室及其他有关部门。

4. 政策性强，服务要求高，关系全局

涉外酒店除了本身经营、管理上需要遵守相关政策和制度外，还必须执行国家有关法令及涉外条例，而其前厅部则是具体执行这些政策的部门，其工作有着很强的政策性。

单元二　前厅部组织机构及机构职能

一、前厅部组织机构设置的基本原则

（一）设置合理

前厅部组织机构的设置、岗位职责的划分、人员的配备等应结合酒店自身的特点，即酒店的性质、规模、等级、经营管理方式等来确定。例如，规模小的酒店前台接待员可以同时承担接待和问讯两个工作岗位的职责，员工可以身兼数职，前厅部还可以并入客务部，不再单独设置。

（二）精简高效

前厅部在设置机构时，应遵循“因事设岗”的组织编制原则，既防止机构臃肿、人浮于事的现象，又要避免出现职能空缺的问题。同时，还要处理好分工与合作的关系，做到机构设置科学、合理，工作效率高。

（三）分工明确，统一指挥

前厅部各岗位、各员工的职责、权利和任务及上下级隶属关系要明确和具体，保证内部信息沟通渠道畅通，权责分明，既能做到统一指挥，又能充分发挥员工工作的积极性、主动性和创造性，提高工作效率。

（四）便于协作

前厅部组织机构的设置不仅要便于前厅部各岗位、各环节之间的沟通协作，同时还要利于与其他相关部门的业务协调与合作，真正发挥酒店“神经中枢”的作用。

（五）责权一致

责任是权利的基础，权利是责任的保证。前厅部应明确每个岗位的责任，同时赋予员工相应的权利，使员工能够在自己的权责范围内顺利完成任务。权责不清将使工作发生重复或遗漏和推诿扯皮现象，容易使员工产生挫折感。

二、前厅部组织机构设置

前厅部的组织机构用来分清各部门中的上下级关系和各项工作间的联系。一个精心设计的前厅部组织机构，加上明确的目标和策略以及工作班次的安排、岗位职责，会使员工和客人获得较高的满意度。

当然，前厅部的岗位设置没有行业的统一标准，各酒店应根据需要进行相应的设置。因受酒店规模大小等因素的影响，各酒店前厅部组织机构的具体设置有较大的差异。一般，大型酒店的管理层次和内容较多，而小型酒店的管理层次和内容较少。大、中、小型三种不同规模酒店的前厅部组织机构分别如图1－1～图1－3所示。

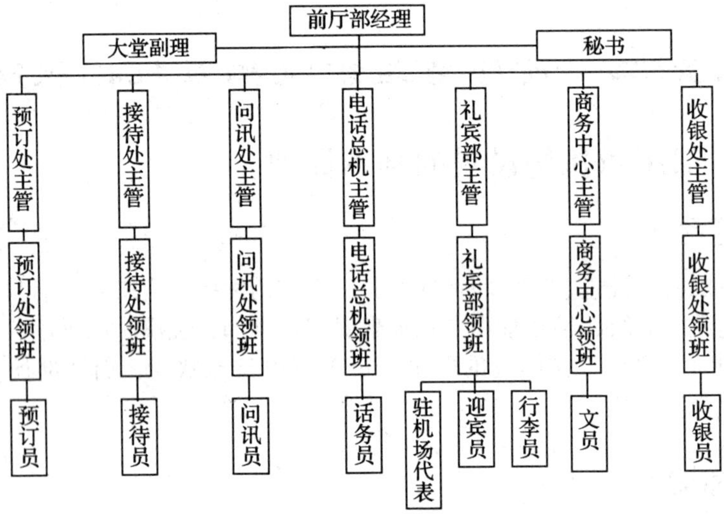

图1－1　大型酒店前厅部组织机构图

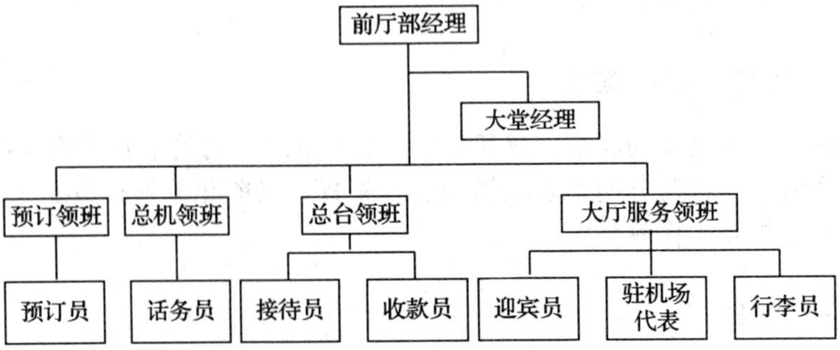

图1－2　中型酒店前厅部组织机构图

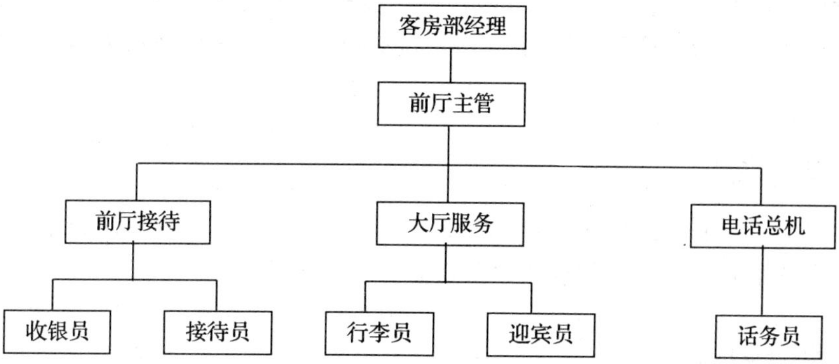

图 1－3 小型酒店前厅部组织机构图

随着酒店技术和客人需求的变化，前厅部组织机构设置的形式还会发生相应的变化。目前，一些酒店为提高客户关系管理水平，已对前厅部组织机构图进行了调整，如增设客户关系部，增加对客接待服务的层次，以达到一对一的服务，或以更可能多的渠道与客人沟通。

三、前厅部各机构的主要职能

（一）预订处

预订处主要负责酒店的客房预订业务，接受客人用电话、传真、信件等形式进行的房间预订；积极主动地与有关客源单位联系，推销酒店客房，同时向前厅其他相关部门传递相关信息，向上级及时汇报有关情况。另外，预订处还必须制定每月、每半月、每周甚至次日的预订报表，对预订工作进行安排，按酒店的要求定期处理预订客源情况和保管预订资料。

（二）接待处

接待处又称“开房处”，主要负责销售客房，接待抵达的住店客人（包括预订客人和非预订客人、常住客人和散住客人及团体客人等），为客人办理住店手续，分配客房；掌握、控制客房出租状况；制定客房营业日报等表格；负责对内联络，协调对客服务工作，等等。

（三）问讯处

问讯处的主要职责是回答客人有关酒店的各种设施、服务及市内游览观光、购物等内容的询问；负责办理客人委托事项，收发保管客房钥匙；处理客人邮件、留言；接待来访客人。

（四）收银处

收银处的主要职责是办理客人离店时的结账手续，包括收取客人在店的一切消费费用、收回客房钥匙、核实客人的信用卡、负责应收账款的转账（必要时要提供外币兑换服务）等工作内容；帮助客人保管贵重物品；与酒店一切营业部门的收款员联系，核实账单；夜间审核全酒店的营业收入及账务情况。

（五）礼宾处

礼宾处员工一般由礼宾服务主管、领班、迎宾员、行李员、机场代表等组成。其主要职责是负责迎送宾客；代客行李卸送；陪送客人进房，分送客用报纸、客人信件和留言；代客召唤出租车，协助管理和指挥门厅入口处的车辆停靠，确保畅通无阻；帮助客人办理其他委托事项。

（六）电话总机

电话总机的主要职责是为客人转接电话，为客人提供联络、叫醒、电话找人、接受电话留言、传播或消除紧急通知和说明以及播放背景音乐等服务。

（七）商务中心

商务中心主要负责为客人提供打字、翻译、复印、传真、长话及其他商务服务。另外，还可根据需要为客人提供秘书服务，其中的服务人员一般由主管和服务员组成，但在一些小型酒店，由于没有必要，因而不设商务中心主管。

（八）车队

大型酒店一般在其前厅部设立车队，接受前厅部的派遣，负责接送重要的、有预订的或有特殊需求的客人，同时，为客人提供出租车服务。

（九）票务处

票务处主要负责为客人解决返程车票的问题，本着方便客人的宗旨，为其预订飞机、火车、轮船等各类票。

四、前厅部岗位职责

在组织机构确定后，前厅部还应根据本部门所承担的职能和工作任务，进行工作设计和岗位设置，依照责任明确化、任务具体化的原则，明确每一个工作岗位的基本职责、任务、性质、条件和能力要求的标准。前厅部岗位职责可简述如下。

（一）前厅部经理

1. 岗位职责

前厅部经理是前厅部营业与管理的最高指挥，是前厅部全体员工甚至是整个酒店的形象代表。其主要工作是通过对前厅部经营的计划、组织、人员配备、指挥与控制，创造出高效工作的氛围，保证酒店的经济效益。

2. 工作任务

（1）主管前厅部业务运转，协调前厅各部门的工作，负责制定前厅部的各项业务指标和规划。

（2）每天检查有关的报表，掌握客房的预订销售情况，并负责安排前厅部员工班次及工作量。

（3）掌握每天客人的抵离数量及类别，负责迎送、安排重要客人的住宿。

（4）严格按照前厅各项工作程序，检查接待员、收银员、行李员等的工作情况。

（5）配合培训部对前厅部员工进行业务培训，提高员工素质，并具体指导员工各项工作。

（6）与财务部密切合作，确保住店客人入账、结账无误。

（7）协调销售、公关、客房、餐饮以及工程维修部门，共同提高服务质量。

（8）负责监督营业报表，并进行营业统计分析。

（9）负责处理和反映跑账、漏账等特殊问题。

（10）收集客人对客房、前厅以及其他部门的意见，处理客人投诉。

（11）与安全部联系，确保住店客人安全，维持大堂的正常秩序。

（12）组织和主持前厅部会议和全体员工会议。

（13）负责部门中基层管理人员的专业知识培训。

为了经营的顺利进行，前厅部还设有大堂副理。大堂副理具有前厅部经理的职责与权力，在前厅部经理缺席时，可以代理主持前厅工作。这样，任何重要问题都能及时得到解决或反馈。

（二）前厅部副经理

1. 岗位职责

协助前厅部经理做好本部门日常工作，若前厅部经理不在，则代行其职，保持前厅部各工作环节的畅通与正常运转。

2. 工作任务

（1）协助前厅部经理贯彻酒店及本部门工作计划，掌握经营情况，具体落实各项销售工作。

（2）巡视本部门各岗位，检查运行情况和服务质量，督导、协调各项工作，保持大堂良好的秩序。

（3）掌握房况情况，妥善处理超额预订。

（4）安排当日重要宾客、大型团队的房务安排及迎送接待工作。

（5）掌握员工工作和思想状况，及时给予指导和激励。

（6）检查本部门工作，掌握客源信息，进行市场调查，为前厅部经理写出报告，并提出建议。

（7）前厅部经理不在岗时代行其职。

（8）执行前厅部经理或上级领导交办的其他工作。

（三）前厅部秘书

1. 岗位职责

负责前厅部文书和内务工作，处理部门日常行政事务。

2. 工作任务

（1）草拟本部门各类公文，并做好登记、存档、收发和呈报工作。

（2）负责部门会议的安排、通知和会议记录。

（3）负责酒店及本部门各类文件、报告、报表等分类保管和存档工作。

（4）负责本部门财产物品的购置、领取、发放和保管工作。

（5）负责办理本部门员工调出、调入手续以及考勤统计等工作。

（6）按标准接听电话，做好记录，及时妥善处理一般性行政事务，及时传达上级的指示。

（7）协助前厅部经理做好日常来访接待工作。

（8）负责信息收集工作，定期收集、整理、统计员工的合理化建议，经部门经理审阅后送交工会。对本部门工作提出改进建议。

（9）完成上级交办的其他工作。

（四）其他岗位

其他岗位如预订处、礼宾部、接待处、问讯处、商务中心、前厅收银处等部门的相关岗位在后续项目中将有具体介绍。

小资料

前厅部岗位文化

客人是“使者”，前厅是“领事”。

一、前厅部岗位座右铭：热情、守信、高效、创新

热情：以情服务、用心做事，“对待客人要像夏天一样火热”。

守信：待客服务信誉第一。

高效：为客人节省每分每秒。

创新：客人需要创新服务，酒店需要创新未来。

二、前厅部岗位目标

（一）一流的服务

服务宗旨：让100%的客人101%满意。

服务成功的秘诀：一是细节，二是细节，三是细节。

（二）一流的员工、一流的销售

行销概念：适当的时候、适当的地方、适当的价格、适当的沟通、适当的促销、适当的客人、适当的服务、100%的销售。

销售信条：

卖信誉不卖商品——发自内心的真诚服务；

要么不干，要干就争第一——创一流前台沟通文化；

明天的目标比今天更高——实行高的素质管理；

内有文化，外有市场——用我们的服务和文化来感染吸引客人；

否定自我，创造客源——只有淡季的思想，没有淡季的市场。

三、前台八个每一次

每一次电话后面都有一个等待。

每一次与客人相遇都是展示自己的最好的机会。

每一次予客人的惊喜都会带来潜在的客人。

每一次结账都是显示你技艺才华的时候。

每一天的门前都是酒店的广告。
每一个细节都是服务的全部。
每一个问题都是我们进步的空间。
每一个客人的不满都要失去很多客人。

（四）前厅部的量化服务

十米微笑，五米问好。
电话响三声之内接起。
看到五米内有拿行李的客人，“跑两步”提行李。
三分钟做完入住登记。
五分钟结完账。
看到客人坐电梯帮忙按电梯。

（资料来源：http://blog.veryeast.cn/u/wwwwuweilin/11686.html）

单元三　前厅部对客服务过程及工作任务

前厅部对客服务是一个完整、循环的过程。传统的认识是将对客服务划分为客人抵店、住店、离店三个阶段。其实，更确切地说，对客服务的全过程应该是开始于潜在客人与酒店的第一次接触，甚至开始于潜在客人与酒店的销售代理机构或宣传广告品的接触，直至办理离店手续后酒店为客人建立客史档案。前厅部的员工需要了解客人居住期间发生的对客服务和与客人账目有关的活动，他们如能清楚地了解酒店前厅部的业务流程，就能根据客人的需要提供高效的服务。前厅部业务流程模型如图 1－4 和图1－5所示。

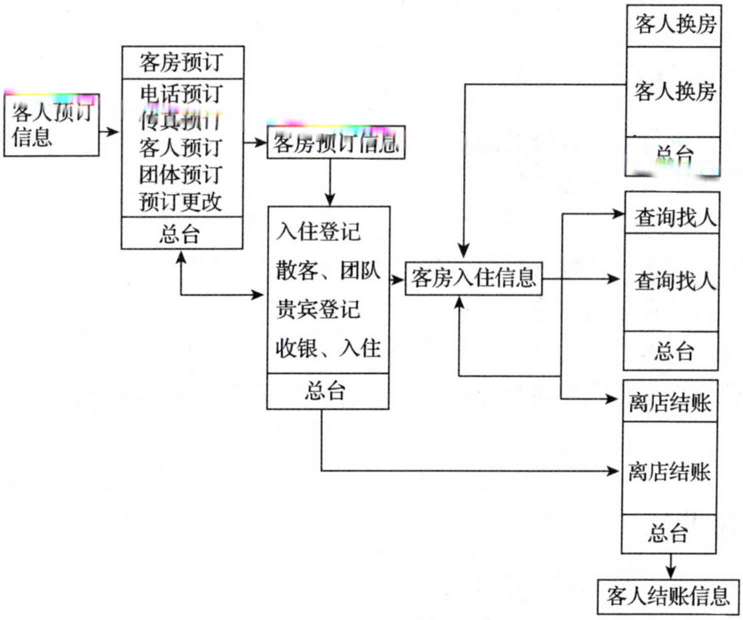

图 1－4　前厅部业务流程模型的顶层 IPO 图

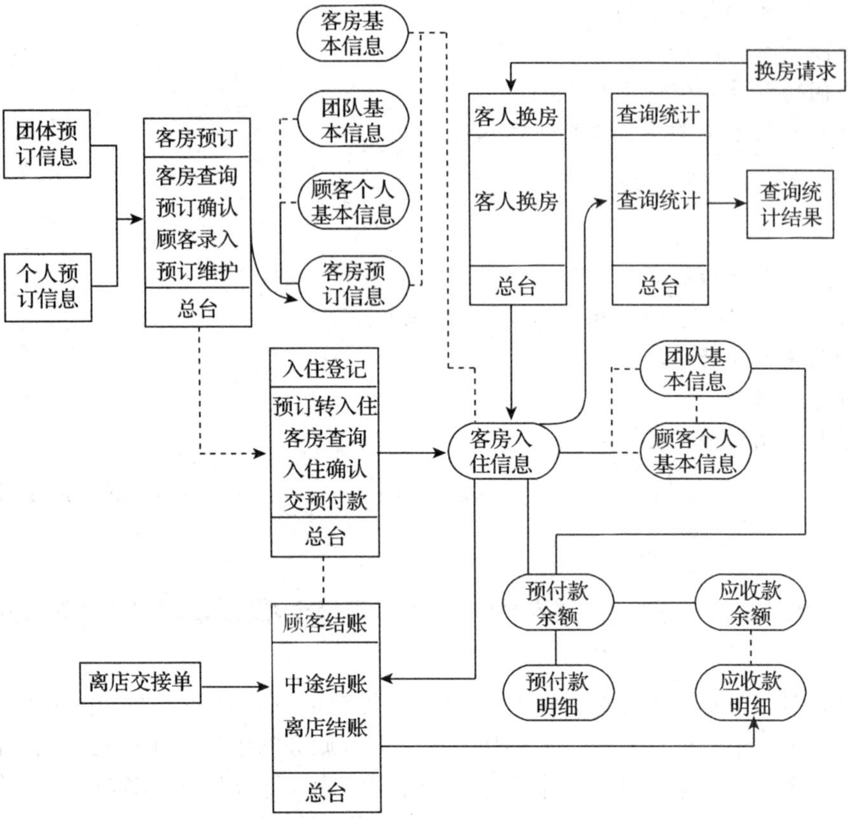

图 1－5　前厅部业务流程模型的详细 IPO 图

一般而言，酒店前厅部的业务流程可以把对客服务分成五个阶段：客人抵店前、客人抵店、住店期间、客人离店时和客人离店后。各阶段的工作任务如下。

一、客人抵店前

（1）营销人员进行市场分析及选定目标市场。

（2）酒店公关人员确定酒店形象。

（3）选定宣传口号及营销方针。

（4）通过各种广告宣传媒介推出酒店形象产品。

（5）客人通过各种渠道订房。

（6）预订处办好客人订房的手续，并保存好订房资料。

（7）预订处向有关部门提供信息，由接待处下达接待指令，促使各部门做好客人抵店前的准备工作。

二、客人抵店

（1）门童在车门、店门前迎接客人。

（2）行李员为客人提供行李入店服务。

（3）接待员迎接客人，了解客人有无订房。

（4）如果已有预订，查看并核实订房情况。如没有预订，热情地向客人介绍酒店现有的可供出租的房间类型及价格。

（5）接待员办妥客人入住登记手续并分发钥匙及欢迎卡。

（6）行李员为客人提供行李服务，并引领客人到所住房间提供介绍服务。

（7）接待员把相关信息通知相关部门。

（8）接待员变更房态记录，整理入住资料，制作客人账单。

三、客人住店

（1）总机为客人提供各项电话服务。

（2）问讯处为客人提供问讯、代办留言服务。

（3）接待员负责处理客人换房、核对房态等日常服务。

（4）收银处为客人提供贵重物品寄存、各项项目入账、账目查询、外币兑换等服务及完成催收应收款等工作。

（5）提供委托代办服务，如订票、邮寄、物品转交等。

（6）接待处负责协调各部门的对客服务过程。

（7）商务中心为客人提供各项商务服务。

四、客人离店

（1）办理客人结账离店手续。

（2）处理客人提前或延期离店的要求。

（3）主动征求客人意见。

（4）将客人离店信息通知相关部门。

（5）送客人及行李出店。

（6）更改房态并保持房态正确。

（7）夜审员完成对营业收入的夜间审核等工作。

（8）大堂副理处理客人的各种投诉（客人在各个阶段都有可能投诉）。

五、客人离店后

（1）酒店驻外（机场、车站等）代表到机场、码头、车站等处送别客人。

（2）收回宾客意见表，汇总投诉及其他意见，分析整理后反映到相关部门。

（3）建立客史档案。把各项资料整理存档，填写、整理客史档案卡，保存有关客人消费爱好等所有资料。

（4）与宾客保持密切联系，必要时有针对性地主动促销。

（5）处理未尽事宜。客人离店时经常让前台服务人员在其离店后办理委托事项。前台服务员应按酒店委托代办服务规程要求以及相关规定，快捷、妥善地予以处理，不使客人留下遗憾，为酒店赢得信誉。

单元四　前厅部员工的素质要求

前厅部员工是酒店形象的代表，他们身兼酒店的推销员、公关员、调解员、信息资料员以及业务监督员等多种角色。此外，前厅接待服务工作繁杂，与客人接触面广，因此，酒店的成功经营与否、客人对酒店的印象甚至是否在本店留宿往往取决于酒店前厅部员工的素质。一般而言，前厅部员工的素质要求如下。

一、仪表、仪态

前厅部员工的仪表、仪容、礼仪、礼貌直接影响酒店的形象，关系到服务质量、客人的心理活动，甚至影响到酒店的经济效益。因此，酒店前厅部员工应首先在仪表、仪态上给客人形成一个管理有素、经营有方的印象。

优秀的前厅部员工必须着装整洁、大方，面带微笑，主动热情，讲究礼仪、礼貌，彬彬有礼，而且头脑反应灵敏，记忆准确，表情自然，留意客人表情，注意客人动作，掌握客人心理。

许多酒店有如下规定。

头发——男：头发不得油腻和有头屑，而且不得过长（留酒店规定的长度）。女：头发梳洗整齐，长发要捆绑好，不得戴太夸张的发饰，只宜轻巧大方的发饰，头发不得掩盖眼部或脸部。

脸部——男：不得蓄须，脸部要清爽宜人，口气清新。女：化妆轻淡、朴素雅致，不得抹太多胭脂水粉，只宜稍作修饰，淡扫娥眉，轻涂口红，轻抹胭脂便可。

手部——男：不得留指甲，指甲要清洁，指甲内不得藏污垢。女：不得留太长指甲，不宜涂鲜红指甲油，指甲油只可用淡色的。

脚部——男：鞋袜要清洁，鞋子每天上班前要擦亮。女：鞋袜要清洁，不得穿有色的袜子，要穿酒店规定的袜色，鞋子每天上班前要擦亮。

气味——男：保持身体气味清新，不得有异味。女：不得用强烈香料（香水）。

二、行为举止

优秀的前厅服务员，应该做到站立标准、行为规范、举止大方。具体规定如下。

（1）在工作的时候，要常带自然的笑容，和蔼可亲，使客人觉得容易接近。

（2）不得故做小动作，应成熟、稳重，打哈欠要掩着口部，不要做出搔痒、挖鼻、掏耳、挑牙等不雅的动作。

（3）工作时不得咀嚼口香糖、吸烟或吃东西。

（4）不得嫌客人啰嗦，应耐心为客人服务。

（5）在处理前台文件工作时，要不时留意周围环境，以免客人站在柜台片刻，员工还浑然不知。

（6）当客人来到前厅时，前厅部员工应马上放下正在处理的文件，礼貌地问好，称职地为客人服务。

（7）留心倾听客人的问题，不能随意中断客人的叙述，应等客人讲述完毕后再清楚地解答，以免答非所问。如遇到不确定的问题，应该说："请稍等，待我查一查以便回答您的问题。"

（8）如遇到客人对某事情外行或不能随俗之处，不得取笑客人。

（9）工作效率要高。

（10）不得表现出懒散情绪，站姿要端正，不得摇摆身体，不得倚靠墙、柜而立或蹲在地上，不可歪身或扮鬼脸、做怪动作。

（11）除了工作上应交代的事，不得互相攀谈私事，不得争论，不得粗言秽语。

（12）不得擅自用柜台电话作私人之用，如遇急事可请求上司用后台电话。

（13）用词适当，不可得罪客人，亦无须阿谀奉承，声调要温和，不可过大或过小，要清楚表达所要说的话。

（14）不得在工作时阅读报章、书籍。

（15）走路时，不可奔跑，脚步应轻快无声。

（16）尽量牢记客人的姓氏，以在见面时能称呼客人。

（17）若客人的问讯在自己职权或能力范围以外，应主动替客人作有关联系，不得随便以"不知道"回答甚至置之不理。

三、语言交际能力

语言，特别是服务用语，是为客人提供优质服务的前提条件。前厅部员工通过使用优美的语言、令人愉快的声调、恰当的内容和灵活的语言技巧，使服务过程显得有生机。前厅要能使用迎宾敬语、称呼敬语、电话敬语、服务敬语和道别敬语等规范化语言。前厅部员工必须"能说会道"，有过硬的语言能力，能经常与客人进行沟通，减少问题的发生，提高客人的满意度。"能说"是指能用客人使用的语言与客人交流。由于酒店的客人来自世界各地，因此，除了普通话外，还要提高外语水平，与客人直接交流，否则，会影响接待工作和服务质量。"会道"是指讲究语言的艺术性。前厅部员工与客人进行语言交流的机会很多，如果不掌握语言艺术，会在不知不觉中得罪客人，甚至刺伤客人。

四、业务操作技能

前厅部员工必须熟练掌握业务知识，并对酒店整体情况有清楚的了解，能够快速、准确地按操作程序完成本职工作。工作的快速敏捷、准确无误也标志着酒店有较高的管理水平。任何业务操作失误，不仅会给酒店造成经济损失，还会破坏客人对酒店的总体印象。

五、应变能力

应变能力是前厅部员工所应该具备的特殊服务技能与素质。由于酒店的客人来自世界各地，具有不同的生活习惯、知识或修养，前厅部员工只有具备良好的应变能力，才能妥善处理在接待客人时遇到的特殊问题。在任何情况下，前厅部员工都应沉着冷静，采用灵活多变的方法，处理好每件事情。

六、诚实度

前厅部员工必须具有较高的诚实度。这一素质在酒店经营中已显得愈加重要。特别是在涉及出纳工作及外币兑换工作时，前厅部员工必须能够严格遵守工作纪律。在接待工作中，对客人的优惠必须符合酒店的规定，绝对不能以工作之便，徇私舞弊。

七、知识面

前厅部员工在业务中经常会碰到客人各种各样的提问。这些问题可能涉及政治、经济、旅游、风俗、文化以及酒店有关情况，前厅部员工只有具备较宽的知识面和丰富的专业知识，才能为客人提供翔实的信息。

八、合作精神

前厅部的每一位员工都应该意识到前厅就是酒店的一个“舞台”，每个人都在扮演一个特定的角色，要想演好这场戏，需要员工的集体合作。当接待员忙于接待或因特殊情况离开工作岗位时，其他员工必须能够替代其工作，并使客人满意。员工绝不能将个人恩怨表现到工作中来，否则会破坏整个酒店的形象。

此外，前厅部员工还应具备认真负责的工作态度，良好的心理素质，过硬的推销能力，熟练的技能技巧及较强的记忆能力、计算能力、观察判断能力、沟通协调能力、人际关系能力等。

小资料

前厅部员工“应做”与“不应做”

一、DO（应做）

(1) 熟悉客房情况（位置、特点、设备等）。

(2) 待客尽可能友善，但也不可过于热情。

(3) 处事冷静且有人情味。

(4) 努力为酒店争取新的客人，同时留住现有客人。

(5) 记住常客的名字并了解他们的爱好。

(6) 了解不同国家、民族的人文风俗，尽量顺应客人的习惯。

(7) 前厅是一个工作集体，要将同事视为朋友，互相尊重，以礼相待。

(8) 尽量向客人推销酒店设施。这样既可让客人满意我们的服务，同时也可增进酒店收益。

(9) 把酒店当做自己的家，并引以为自豪。

(10) 保持与客房、餐饮等相关部门的良好沟通与合作。

（11）与旅行社等其他业内单位保持良好的关系。

（12）善于预见客人的需要——感到客人有帮忙的需要时要主动上前询问。

二、DON（不应做）

（1）不应对客人傲慢无礼，冷静不等于傲慢。

（2）不应对工作草率行事，否则，只会影响酒店的声誉。

（3）不应在客人面前与同事用自己的方言交谈，应尽量使用客人能懂的语言。

（4）不应在客人面前表露出身体不适的样子。

（5）不应在客人面前流露出疲惫神情。

（6）不应在未征得住客同意前，将探访客人领上房间。

（7）不应用削价销售的方式来获得高租房率，这样可能会失去许多高档次的客人。

（8）不应与同事聊天而让客人等候。

（9）不应简单地因客人说出房间号码就将钥匙交给对方（特别是散客房间）。

（10）不应将酒店服务设施硬性推销给客人。

（11）不应在与客人招呼或交谈时拘谨或保持缄默。

（资料来源：http://www.canyin168.com/glyy/qtgl/qtlg/201004/20680.html）

案例研讨

案例一

当客人突然袭来之际

某日晚上六时许，前台的接待员小马正忙着为团队客人办理入住手续。这时，两位客人走到柜台前对小马说："我们要一间双人客房。"小马说："请您稍等一下，我为这个团队办好手续后，马上就替你们找空房。"其中一位姓张的客人说："今晚七点半我们约好朋友在外面吃饭，希望你先替我们办一下。"小马为了尽可能照顾这两位客人，于是一边继续为团队办手续，一边用电脑查找空房。经过核查，所余空房都是318元。他如实告诉了客人。那位张先生突然大发脾气："今天早上我曾打电话给你们酒店，问询房价，回答说双人标准间是每间288元，为什么忽然调成318元呢？真是漫天要价！"小马刚要回话，张先生突然挥掌向小马的脸打去。由于没有防备，小马吃了一记耳光。他趔趄了一下，面色变得煞白，想"回敬"对方，但他马上想到了自己的身份，于是尽量克制，使自己镇定下来，接着用正常的语气向客人解释说："288元的房间已经住满，318元的还有几间空着，由于楼层不同，房价也就不一样。我建议你们住下，尽快把入住手续办好，也好及时外出赴宴。"这时，另一位客人李先生见他的朋友张先生理亏，于是就劝张先生说："这位接待员还算有耐心，既然如此劝说，我们就答应住下吧。"张先生见势也就软了下来。小马立刻招手要行李员把客人的行李送到房间。然而，从小马紧握着的那只微微颤抖的手上，可以看出，他正在极力压抑着内心的委屈。在场的其他客人都对张先生的粗鲁行为表示不满而纷纷议论起来，张先生一声不响地和李先生办好手续便匆匆去客房了。

那位张先生事后对自己的冒失行深感渐愧，终于在离店时到前台向小马表示歉意。

点评：

客人张先生的所作所为肯定是不对的，面对这种客人，小马既没还手，也没用恶语“回敬”，他懂得作为酒店的从业人员就是得理也应该让人，这样才会留住两位客人，并让他们拥有一次愉快的住店经历。小马的宽容举止很典型地体现了“客人总是对的”这句话的真谛，如果酒店员工都能从这个高度来要求自己，那酒店的服务质量就可以产生质的飞跃了。

案例二

沟通的重要性

一天，一位香港客人来到前台办理入住登记手续，负责接待的员工照例向客人询问所需要的房间类型。但因客人不懂普通话，而该员工粤语水平又欠佳，在其尝试用蹩脚的粤语向客人解释后，客人仍听不懂。然而，该员工乘客人转身拿回乡证时，向精通粤语的行李员求救，请他帮忙解释。该员工把要向客人说明的事情告诉行李员，然后由他转述给客人。这名员工的本意是想减少由于沟通困难而产生的尴尬，并节省时间，但没顾及此举动让客人觉得不被尊重，导致客人投诉。

点评：

由于员工不能熟练掌握工作常用语言，与客人沟通产生不便，在向其他员工求救时，不恰当的身体语言又导致客人的误解和投诉。因此，前厅部员工应做到以下三点。

（1）在对客服务过程中，应尽量用客人的语言与客人沟通。

（2）与人打交道时，除基本能力要求外，语气、表情、身体语言等同样是良好沟通的要素，应力求避免产生误会、误解，即使产生也应及时领悟，跟进补救。

（3）平时应加强语言技能的培训与学习。

案例三

意外停电以后

某酒店意外停电，恰好一位客人来退房，前台收银员小张接待这位客人。小张核对夜审打印的宾客余额表给客人进行手工结账，因宾客余额表是夜审在夜间过账后打印的，该客人的部分电话（一般在晚24:00后）计费无法统计。由于客人急着赶飞机，同时考虑到应尽可能挽回酒店的损失，小张礼貌地向客人解释并请客人自己估计打了多少电话，通话时间多久。经客人自诉和总机核对，小张很快便为该客人办理了退房手续，也没有耽误其登机。

点评：

本案例中，如果等来电后再给客人退房，客人除了等待、抱怨，还可能投诉，并且还耽误客人登机。下次，酒店有可能失去该客人。

小张的做法一方面考虑了电话费用的问题，为酒店减少了损失，另一方面为客人争取了时间。

在实际工作中，前厅部员工不仅要有扎实的业务技能，要有服务技巧，还要考虑到特殊情况的应对措施。

相关链接

链接一

酒店前厅待客服务的十条黄金准则

一、整洁的仪容仪表

专业的服务从员工的仪表开始，整洁的仪容仪表是重视客人、提供专业化服务的表现。

二、给客人直接的关注

在某种情况下，前厅部员工可能不能立即接待客人，但绝对不要对客人不理不睬，因为这会令其感觉自己不受重视。在这种情况下，员工可以通过打招呼、传递眼神或者其他方式让客人知道自己暂时不能接待他，这样可以消除客人因为等待而产生的不愉快。

三、良好的精神面貌

不要展示缺乏信心的精神面貌，这不仅会直接影响到其他员工的精神面貌，也会令客人感觉自己不受尊敬。所以，良好的精神面貌是待客服务的黄金准则之一。

四、给客人微笑和真挚问候

向客人问候时，有动作但却一言不发，会令客人感到不自在或者认为服务人员根本不重视他；若无面部表情，则更可能会令客人感到自己不受欢迎。若能给客人微笑和真挚的问候，可以让其感觉到温馨。

五、仔细聆听

在和客人交谈的过程中，仔细的聆听不但可以准确地明白客人的意思，更能够了解客人的心情，从而提供更加优质的服务。

六、保持眼神接触

在和客人交谈的过程中，保持和客人的眼神接触，这不但有助于沟通，更能够使客人感觉到服务人员的真诚，这样即使最后无法满足客人要求，他也不会太在意。

七、使用客人姓氏

通过各种方式知道客人的姓名后，在称呼其时，可以在“先生”或“女士”前加上客人的姓氏，这样会让客人感觉自己受到关注。

八、保护客人隐私

应谨慎地谈及客人的各种信息。在未得到客人允许的情况下，绝对不允许透露其信息。否则，可能会给客人带来各种各样的麻烦，甚至间接或直接导致客人受损失。

九、总是提供额外帮助

在满足客人的需求后，应询问其是否还需要其他帮助，以提高客人对酒店服务的满意度。

十、总是设法满足客人要求

当客人提出酒店无法满足的要求（在不触犯法律或涉及各种道德问题的前提下）时，不要直接拒绝客人，应先尽可能地帮助客人。这样，即使最终（因为任何原因）无法满足客人，也可让其感受到酒店已在尽力帮助他了。

（资料来源：http://data.9d8d.com/a/1010/4881.shtml）

链接二

前厅的布局和设置

一、前厅设置的原则

尽管前厅的设置随着酒店业的发展在不断更新，各类酒店在前厅设计上都突出自己的特点，但是仍要遵循以下基本原则，以利于前厅的运转。

（一）经济性

前厅一般设在酒店的大堂，而大堂是酒店的寸金之地。酒店可以充分利用这一客流量最大的地方，设置营利设施。因此，前厅的设置要尽量少占用大堂空间。

（二）安全性

前厅的设置应遵循安全性原则。该原则有两层含义：① 前厅的设置必须确保“收银处”的安全，预防有害酒店现金和账务活动的事情发生；② 前厅的设计要能够为客人保密，不能让其他人轻易得知客人的情况。因此，酒店的前台以直线形、半圆形为多，而圆形较少。

（三）明显性

前厅的位置应该明显，即具有比较强的可见度。客人一进入酒店就能发现前厅，同时前厅的员工也能够看清酒店大堂出入的过往客人。如果一家酒店的前厅不易让客人找到，那么其设置是不合理的。此外，前厅的明显性原则还包括前台各业务处要有明确的中英文标志。

（四）效益性

前厅的设置还应该注意各工作环节的衔接，以提高前台接待人员的工作效率、节省客人的时间与体力。绝大多数酒店的前台都是以“客房控制架”为中心进行设计的，这种方法最有利于提高前厅接待的工作效率。“时间与动作研究”是设计前厅必须要进行的工作。

（五）美观性

前厅不仅要高效、准确地完成客人的入住登记手续，而且要能够给客人留下深刻的印象。因此，前厅的布局、灯光、色彩以及气氛都不容忽视。

二、前厅的构成及环境

前厅的装饰、灯光和布置必须有特色，必须能够体现酒店的级别、服务特点及管理风格，必须有较强的吸引力，并具备宁静的气氛。更重要的是，前厅的布局要考虑到酒店经营与管理的需要。

（一）前厅的构成

一家酒店的前厅通常应由下列部分构成。

1. 酒店大门

酒店大门由正门和边门构成。

大门的外观要新颖，有特色，有较强的吸引力。一般的酒店都采用玻璃门作为正门。玻璃门要选用厚度、强度、颜色适当的玻璃制作，安装要牢固，防止玻璃落下砸伤客人。玻璃门要有醒目的中英文及图形标志，酒店的店名牌、店徽及星级标志要醒目、美观，不易被来往的车辆挡住。大多数酒店的正门分成两扇，便于客人进出，也便于门童为客人提供开门服务。可以根据客流量的大小增设更多扇门。正门两侧应各开一两扇边门，便于酒店员工及团队客人的行李进出酒店。正门为自动感应门的酒店，应同时开设手开边门，以防感应失灵时客人无法进出酒店。有些酒店使用双道门，即两道有一定间距的门，内道门开则外道门关，外道门开则内道门关，这样可以节约能源。使用旋转门为正门的酒店，旋转门的性能应可靠，螺丝要牢固以防夹伤客人。为安全起见，酒店的正门在夜间应关闭，只留边门。

酒店的大门前，应有供客人上下车的空间及回车道、停车场，使客人进出方便、安全，正门外还应留有足够的空间，以暂时摆放进出店团队客人的行李。有些酒店正门前还设计了小花园和喷泉，以给客人留下良好的第一印象。正门前台阶旁还应设立专供轮椅出入店的坡道，以方便行动不便的客人。正门前通常铺设一块地毯，供客人擦鞋底，以维持前厅的整洁，防止湿鞋带入前厅的水珠滑倒客人。边门旁应设置伞架，供客人存放雨伞。酒店大门外的空地通常应设置旗杆，一般设置三根，分别用来挂店旗、我国国旗和在酒店下榻的国家元首所在国的国旗。

2. 公众活动区域

前厅的风格、面积必须与酒店的规模和星级相适应，前厅中应有足够的空间供客人活动。

3. 柜台

大厅内有多个服务用柜台，柜台的布置必须与前厅总体风格协调一致，必须符合服务的要求。

4. 公共设施

大厅内应有齐备的公用电话等公用设施，较高档的酒店还应配备供客人查询酒店服务设施位置及时间等信息的电脑。

5. 洗手间及衣帽间

大厅内应设有用中英文及图形明显标志的洗手间，洗手间要宽敞且干净无异味，各种用品如手纸、面巾纸、香皂、干手器、小毛巾、擦鞋机等要齐全。

总之，前厅内客人的活动区域、酒店员工的活动及工作区域、店外单位驻店服务点的工作区域，都应最大限度地发挥出效用。客用电梯、酒店员工电梯及行李专用电梯应分别设立。

（二）前厅的环境

1. 光线

前厅应为客人与工作人员提供适宜的光线。前厅内最好通入一定数量的自然光线，同时配备层次、类型各不相同的灯光，以保证良好的光照效果。由于客人从大门外进入大厅，是从光线明亮处进入到光线昏暗处，如果这个转折过快，客人会很不适应，睁不开眼睛，所以，灯光的强弱变化应逐步进行。要使每位客人的眼睛都能逐步适应光线明暗的变化，可采用不同种类、不同亮度、不同层次、不同照明方式的灯光，配合自然光线达到上述要求。

2. 色彩

前厅环境的好坏还受到前厅内色彩的影响。前厅内客人主要活动区域的地面、墙面、吊灯等，应以暖色调为主，以烘托出豪华热烈的气氛；而前厅的服务区域及客人休息的沙发附近，色彩就应略冷些，使客人能有一种宁静、平和的心境，以适应服务员工作和客人休息对环境的要求，创造出前厅特有的安静、轻松的气氛。

3. 温度、湿度与通风

前厅要有适当的温度。通过单个空调机或中央空调，大厅温度一般都可以维持在人体所需要的最佳温度，即22～24℃，再配合以适当的湿度，整个环境就比较适宜了。

前厅内人员集中，密度大，人员来往活动频繁，耗氧量大，如通风不畅，会使人觉得气闷，有压抑感。应使用性能良好的通风设备及空气清新剂等，改善大厅内空气质量，使之适合人体的要求。

4. 声音

如果噪声过大，超过人体感觉舒适的限度，会使人烦躁不安，易于激动和争吵，降低效率。因而在建造前厅时，应考虑使用隔音板等材料，降低噪声。酒店员工在交谈时，声音应尽量轻些，甚至可以使用一些肢体语言进行沟通（如用手势招呼远处的同事）。要尽量提高工作效率，使客人在高峰时间不致长久滞留于大厅，破坏大厅安静的气氛。此外，酒店应尽可能播放轻松动听的背景音乐，以减少噪声对客人的危害。

（资料来源：http://blog.veryeast.cn/u/galen1983/34009.html）

小结

本项目重点介绍了前厅部的基础知识。通过学习，学生应了解前厅部在酒店中的地位、作用及基本任务，明确前厅部组织机构设置原则和各部门的岗位职责，同时在了解对客服务的整体流程之后，认识到前厅部对于酒店服务系统的重要性。学习本项目，可为进入酒店后快速胜任前厅部各种岗位的工作打下良好的基础。

考核指南

一、基础知识考核

（一）考核内容

1. 前厅部的地位、作用体现在哪些方面？
2. 前厅部的主要任务有哪些？
3. 前厅部的机构设置应遵循哪些基本原则？
4. 请简要叙述前厅部业务的基本流程。
5. 前厅部服务人员有哪些素质与能力要求？试着对照说明本人是否适合前厅部的要

求？应在哪些方面改进？

（二）考核方式

笔试或口试。

二、服务技能考核

（一）考核内容

1. 调查你所处地区的几家大中型酒店的组织机构设置情况。
2. 请绘制一份大型酒店组织机构图。
3. 假设自己是一名前厅的工作人员，当你遇见客人时，从语言、表情和动作上模拟接待。
4. 模拟操作前厅部服务流程。

（二）考核方式

调研报告、现场操作。

模块二
前厅服务接待实务

项目一　客房预订

导读

在现代社会，绝大多数旅游者在开始旅行之前，都希望对整个旅程所需的各项设施预先做好安排，以免在旅途中因某项设施得不到保证而耽误旅程。酒店前厅部开展的客房预订业务，就是为了满足客人的这种需要。一旦预订完成，酒店和客人双方就拥有了各自的权利和义务，酒店保证客人到达时有准备好的房间，客人保证要按时抵达。由于客房预订工作是在客人到达之前就开始的，是客人对酒店形成印象的首要环节，其效率和质量直接关系到客人对酒店的“第一印象”以及其是否选择该酒店。因此，做好客房预订工作，是酒店争取客源、扩大市场的重要一环。

学习目标

1. 掌握客房预订的方式与种类。
2. 掌握客房预订工作程序及服务标准。
3. 能熟练受理散客预订、计算机网络预订、传真预订、团体预订业务。
4. 掌握预订变更、取消的处理程序。
5. 了解超额预订的含义及超额预订的处理方法。
6. 掌握前厅预订中特殊情况的处理方法。

引导案例

某日，一位外籍客人罗伯特先生经本地公司订房入住某大酒店，要一个标准间预住两天。但在前台办理入住手续时，接待员告诉罗伯特先生，他的预订只有一天。现在又正值旅游旺季，第二天的标准间难以安排。罗伯特先生听后大怒，强调自己让本地接待单位在为他订房时明确要住两天的，订房差错的责任肯定在酒店。

实战学习

单元一　预订处的介绍

预订处是专门负责酒店订房业务的部门，它是调节和控制酒店客房预订和销售的中心，是前厅部的“心脏”。随着酒店业竞争的日趋激烈以及市场空间的不断拓展，客房预订的职能正逐渐从前厅部脱离出来而隶属于公关销售部。

一、预订处的岗位介绍

预订处人员包括预订处主管、预订处领班和预订员。

（一）预订处主管

1. 岗位描述

预订处主管的直接上级为前厅部经理，直接下级为预订处领班。预订处主管应保证酒店客房预订工作顺利进行和完成，力使酒店客房开房率达到较高水平，并负责与部门及其他各服务点的沟通与衔接。

2. 岗位职责

（1）执行酒店的经营策略和计划，熟悉客户，了解客源市场情况，正确掌握本酒店的订房情况。

（2）督导本处日常工作，安排、调整预订员工作，保证预订工作各环节畅通。

（3）及时编制和更新酒店订房记录，协助前厅部经理定期编制房间出租预测计划。

（4）复核当日 VIP 客人预订及安排事项。

（5）审核所有收到的订房要求，亲自处理需要特别安排的订房事宜。

（6）参与前厅部对外订房业务谈判及签订合同。

（7）加强预订控制与协调。

（8）检查散客、团队预订资料输入计算机是否正确，确保信息准确、齐全。

（9）制订本部门培训计划，并对员工进行培训和考核，不断提高员工的业务水平和服务质量。

（10）将客满日期及时通报有关部门。

（11）与销售部联系，协调团体订房事宜。

（二）预订处领班

1. 岗位描述

预订处领班的直接上级为预订处主管，直接下级为预订员。预订处领班应协助主管负责预订处的管理工作，督导预订员的日常工作，确保所有预订资料正确输入计算机，并做好预订统计工作。

2. 岗位职责

（1）准备工作。

1）阅读交班记录，了解昨日未完成事宜和今日应完成的工作。

2）阅读有关报表，了解当日房况、近期房况、近期预订情况、VIP 情况、店内重大活动等。

3）听取主管指示和部门行政指令。

（2）组织并参与本班组工作。

1）根据当日工作情况给员工分配任务。

2）负责“B”类以上 VIP 客人的预订。

3）负责与各主要客户、公司签署订房优惠协议。

4）负责或指定专人与客户接触、洽谈。

5）处理紧急事故或员工不能处理的问题。

6）每周向部门、销售部、前台接待组预报近期房间预订情况。

（3）检查与评估。

1）按标准检查员工仪表仪容、语言表达、出勤状况。

2）随时注意员工对客服务是否符合程序与标准。

3）检查员工在岗状况，有无脱岗、违纪等现象。

4）每日对员工进行考核。

5）检查每日所有预订情况。

（4）总结、汇报、制订计划。

1）草拟预订组工作计划和管理细则，报主管审批。

2）每周参加部门例会，负责向员工传达会议精神。

3）每月召开班组“月工作总结会”。

4）每月向主管呈报月工作报表和员工全月日考核表。

5）随时向主管或部门经理汇报“B”类以上 VIP 预订情况。

6）负责指导和监督与其他部门、班组的沟通与协作。

7）每日早晨向主管汇报昨日工作，听取主管指示。

（三）预订员

1. 岗位描述

预订员应积极销售酒店产品，为客人提供客房预订咨询，介绍酒店的服务项目和设施设备，办理预订手续，提供快捷、准确、高效的服务。

2. 岗位职责

（1）负责与当地客户建立业务关系网，尽力推销客房。

（2）接受和承办客人各种形式的客房预订业务，及时将预订资料递交接待处。

（3）准确无误地填写客人预订表格并存档。

（4）打印和处理由销售部送来的团体订房单或变更单。

（5）掌握预订的信用、担保、未到失约处理及其他相关政策和规定，受理预订的取消和变更事宜。

（6）及时、准确地发出变更单、确认书或婉拒信等。

（7）按工作标准及程序进行录入、变更、取消等数据处理。

（8）认真阅读交接班记录，并做好与下一班次的交接工作。

（9）及时向领班提供重要客人的到店信息。

（10）随时完成主管或领班临时委派的工作。

二、预订处的工作任务

（1）熟悉掌握酒店的房价政策和预订业务。

（2）受理各种方式和渠道的客房预订业务。

（3）通过各种方式，积极销售客房。

（4）订房资料的整理和归档工作，使所有预订房间得以正确累计汇总。

（5）制作预订报表，做好预订信息的传递工作。

（6）加强与前台接待处的联系，及时向前厅部相关岗位和部门提供有关客房预订资料和数据。

（7）收集有关信息资料，准确处理客人的预订变更要求。

（8）定期为酒店市场营销部及高层决策部门提供信息反馈及客源动态资料。

三、预订处的设施设备

预订处应配备电话、传真机、电脑终端及打印机、扫描仪、预订状况显示架、酒店预订系统、预订资料柜、客史档案柜、打时机、常用办公用具及设备。

单元二　预订的方式与种类

客房预订是一项较为复杂和细致的工作，除认真执行服务工作标准外，预订员应掌握各种预订方式和种类，使预订工作得心应手。

一、预订的方式

散客一般通过电话，计算机网络和传真，面谈或口头等方式直接向预订处订房，旅行社等团体则通过市场营销部按合约规定订房。

（一）电话预订

电话预订是指客人通过电话与酒店联系订房。这种方式应用最为广泛，它不但简便、快捷，而且能使双方迅速传递信息，当场确认订房要求，达到有效的沟通。目前，大部分酒店电话预订有以下三种方式。

1. 800 免费预订热线

大部分酒店申请了 800 免费预订热线，既省时、快捷，又无费用，方便客人预订客房。

2. 专线电话预订

部分酒店设置了专线电话预订，通常供本地区客人使用。

3. 总机转内线电话预订

除了上述两种形式之外，客人还可以使用酒店总机转内线电话至预订处进行预订。

（二）计算机网络预订

近年来，随着互联网的推广使用，原先主要采用电话订房方式的酒店预订系统都实现了互联网的在线预订。这种方式具有信息全、信息传递快、方便快捷、选择面宽、成本低、效率高、可靠性强、直面客户等特点，越来越受到客户及酒店的青睐。此外，电脑终端储存的预订信息可随时提取和打印，极大方便了订房管理工作。同时，通过计算机网络订房系统，可把连锁酒店的订房系统和航空公司、各大旅行社等机构联网，使各系统紧密联系起来。

（三）传真预订

传真预订方式比较适用于大中型酒店。它们一般都具备了现代化通信设备，传递信息迅速、准确，省时且信息可靠，还有书面信息留底，能广泛进行国内外订房联络。

小资料

计算机网络预订

利用计算机网络预订客房改变了传统的预订方式，逐渐成为酒店争取客源的重要渠道。随着互联网的飞速发展，国际上各大型酒店管理集团都建立了自己的网络预订系统。现在全球客房预订主要有三种网络系统。

一、专业预订组织系统

专业预订组织系统是指专门从事全球客房预订的专业公司，如 Utell、SRS、Summit 等，这些公司具有很强的客源市场推销和竞争优势，突出表现在下述两点。

（一）网络覆盖面广

网络覆盖面广是国际著名订房组织的共同特点。例如，Utell 国际预订组织在全球已拥有由 50 多个销售中心、15 万家旅行社组成的销售网络，并受到 5 000 多家会员酒店的扶持，是目前全球最大的客房预订专业组织之一。

（二）市场定位准确

首先，客源层次定位较高，例如，Summit 的预订客人多为高级商务客人，全部选择入住五星级酒店；其次，客源的渠道广泛，例如，Summit 代理全球所有主要航空公司、旅行社和跨国商务大公司的预订等。

二、中央预订系统

中央预订系统（Central Reservation System，CRS）原指航空公司计算机预订中心。随着网络经济的发展，中央预订系统已成为国际上很多著名酒店集团在其成员内运行的专业预订系统。这些中央预订系统在全球客房预订销售市场中发挥着重要作用。营销系统范围限定和客源流动的分享是这一系统的突出特点。加入或使用这些预订系统时，经常还伴随着酒店集团与航空公司联手推出的“累计飞行里程积分”、“减免酒店房费”、“购物减免”等一系列奖励性的回报。

三、专有预订系统

专有预订系统是指酒店企业在互联网上自设网址和主页，进行自主营销。采用“网上预订”方式，可以突出酒店自身特色，以个性化的形象和产品特色在全球自行推销。这一系统初期投入费用低，操作简单。另外，根据市场变化和竞争的需要，酒店可以定期或不定期地变换“产品包装”和“产品组合”，使酒店始终保持“可供选择”的市场准入状态。

（资料来源：徐文苑，饭店前厅管理与服务，清华大学出版社，2004 年）

（四）面谈预订

面谈预订是指客户亲自到酒店与订房人员洽谈有关订房事宜。这种订房方式有利于酒店推销客房产品。必要时，还可向客人展示房间供其选择，便于与客人建立良好的信任关系。

（五）口头预订

口头预订通常是客人由于时间紧迫或其他原因临时向酒店提出订房，或委托当地亲友向酒店提出订房，因此酒店很难当场了解客人的信用状况。

二、预订的种类

（一）临时性预订（Advance Reservation）

临时性预订是指客人的订房日期与抵店日期非常接近，甚至是抵店当天进行订房。这种预订通常由前台接待处受理。由于时间紧迫，只能进行口头确认，而无法进行书面确认。

临时性预订工作的业务要求如下。

（1）按照国际惯例，酒店对预先订房的客人，会为其保留房间直至预订日当天下午六时为止，这个时限被称为“留房截止时限（Cut-off Time）”。

（2）如果客人在下午六时以后还未来店，就算自动放弃订房；如果客人要求晚些时间抵店，则必须事先通知酒店，要求酒店同意其延迟抵达。

（3）由于临时性预订已十分接近客人入住日期，故酒店一般不要求其交纳订金。

（二）确认类预订（Confirmed Reservation）

确认类预订是指酒店承诺为客人预订并保留客房至预订日期的下午六时或某一事先约定的时间，这是一种比较重信誉的预订方式。确认预订的方式有口头确认和书面确认两种。其中书面确认使用较多，如邮寄、传真回复确认书等；口头确认一般只用于客人订房时间与抵店时间很接近时。

确认类预订工作的业务要求如下。

（1）确认类预订一般不要求客人预付预订金。

（2）规定酒店在限定时间之前，为客人保留客房。

（3）如果客人过时不来店，也没有提前与酒店联系，酒店有权将客房出租给其他客人。

（4）确认订房对于散客来说一般是提前一周至一个月，而团体则提前一至三个月。

（三）保证类预订（Guaranteed Reservation）

保证类预订是指客人通过预付订金、使用信用卡、签订商业合同等方法，来保证酒店应有的收入，同时酒店会保证为这类宾客提供所需的客房。保证类预订保护酒店和宾客双方的利益，约束双方的行为，因而对双方都是有利的。

保证类预订工作的业务要求如下。

（1）酒店在任何情况下必须保证提供客人所需要的房间，并保留房间至到店日期的次日中午的退房时间为止。

（2）预付订金是酒店为避免损失而要求客人预付的房费（一般为一天的房费，特殊情况例外）。对如期到达的客人，在其离店结账时予以扣除；客人逾期不到店，事先又不向酒店声明取消订房，就要从预付订金中支付一定费用，以补偿酒店的损失。

（3）客人在规定期限内抵达而酒店无法提供房间时，则由酒店负全部责任。

保证类预订在酒店与未来住客之间建立了更牢靠的关系。客人可能通过下列方法进行订房担保。

（1）预付订金。对于酒店来说，最理想的保证类预订方法是要求客人预付订金，如现金、支票、汇款等酒店认可的形式。预付金可以由预订处收取后交财务部，也可由财务部收取后通知预订处。

（2）使用信用卡。客人在订房时向酒店声明，将使用信用卡为所预订的房间付款，并把信用卡的种类、号码、失效期及持卡人的姓名告诉酒店。如客人在预定日期未抵达酒店，酒店可以通过信用卡公司获得房费收入的补偿。

（3）签订商业合同。签订商业合同是指酒店与有关客户单位签订订房合同。合同内容主要包括签约单位的地址、账号以及同意对因失约而未使用的订房承担付款责任的说明，合同还应规定通知取消预订的最后期限，如签约单位未能在规定的期限通知取消预订，酒店可以向对方收取房费等。

由于各地区、各酒店的实际情况不同，担保的方法也不尽相同。例如，有些酒店将其认可的个人名誉担保视为订房担保，有些酒店目前不接受以信用卡作为订房担保。因此，采取何种有效的订房担保，应视情况而定。

（四）等待类预订（On-wait Reservation）

等待类预订是指酒店在客房订满的情况下，因考虑到预订存在一定的“水分”，如取消、变更等，在其他客人取消预订或提前离店等情况下，对采用等待类预订的客人可予以优先安排。

等待类预订工作的业务要求如下。

（1）在处理这类客人时，应征求客人的意见，是否将其列入等候名单，并向客人说清楚，以免日后发生纠纷。

（2）对这类订房的客人，酒店不发给确认书，只是通知客人。

（3）对未接到酒店通知就来店的客人，酒店可介绍其到附近的其他酒店去住宿，但不必为其支付房费、交通费和其他费用。

单元三　预订的受理

客房预订是一项专业技术性较强的工作，为了确保客房预订工作高效、有序的运行，前厅部必须建立完整而详细的工作程序。

客房预订的基本工作程序如图 2－1 所示。

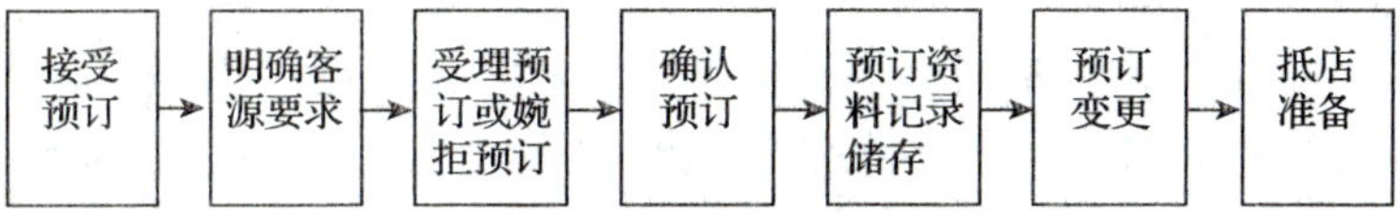

图 2－1　客房预订程序

下面以任务形式分别介绍散客预定的受理、计算机网络预订的受理、传真预订的受理和团体预订的受理。

任务一　散客预订的受理

［任务描述］

李明先生打电话到花园酒店订一间标准间，时间是 2010 年的 3 月 11 日下午入住，3 月 14 日退房。

［任务准备］

（1）客房预订状况的掌握要十分准确，以便于及时查找、确认。
（2）预订单要放置在便于取用的地方。
（3）确保预订员每天 24 小时在岗。
（4）根据当天客源情况，确定人员安排。
（5）学生分组，以 3～4 人为一组。
（6）教学师资：专职教师、兼职教师。
（7）教学情境：模拟电话预订。

［任务实施］

一、预订前的准备工作

预订前做好准备工作，才能给订房客人一个迅速而准确的答复，提高预订工作水准和效率。

（一）班前准备

上岗时，做好交接班。查看上一班资料，问清情况，掌握优先等待、列为后备和未收订金的预订名单及其他事宜。

检查计算机等设备是否完好，准备好预订单、预订表格等各种资料和用品，摆放整齐规范，避免客人订房时，临时现查、现找等现象发生。

（二）预订可行性掌握

预订员上班后，必须迅速、准确掌握当日及未来一段时间内可预订的客房数量、等级、位置、价格、标准等情况，对各类客房心中有数，保证准确性。

二、明确客源要求

（1）在接到客人的订房申请后，预订员应主动向客人询问，以获悉客人的住宿要求。询问具体包括：预期抵店日期、所需的客房类型、所需的客房数量、逗留天数。

（2）迅速查看预订控制簿或电脑，以确定有无房间或房间能否符合客人订房要求，决定是否接受客人的申请。

三、受理预订或婉拒预订

（一）受理预订

1. 填写客房预订单

如果能够接受客人的订房要求，就要将所需预订信息填入客房预订单，包括客人姓名、人数、国籍，抵离店日期、时间、车次或航班，所需客房种类、数量、房租、付款方式、特殊要求以及预订人姓名（或单位）及地址、电话号码等信息。

2. 输入预订信息

将所有订房信息资料准确无误地输入客房预订单（见表2－1）或预订客单。

表2－1　客房预订单 Reservation Form

□ 新预订 New Booking　□ 确认 Confirmation　□ 变更 Amendment　□ 取消 Cancellation

To. 致________　From：RESV　Confirmation No. 预订确认号：________	
Company 公司：______________	Guest Name 宾客姓名：________
Telephone Number 电话号码：________	Fax/Telex Number 传真号码：________
Arrival Date 入住日期：________	Arrival Flight/Time 抵达航班/抵达时间：________
Room Type 房间类别：________	No. of Rooms 房间数量：________
Departure Date 离店日期：________	Departure Flight/Time 离开航班/离店时间：________
Limousine Charge 接机费用：________	Special Request 特别要求：________
Payment 付款方式	□ All charges on Guest's own account 客人自付 □ All charges on Company's own account 公司支付所有费用 □ Room rate charge on Company's account, incidentals charges on Guest's account 房费转公司，其他费用客人自付

续表

备注：	All Reservation will be held till 6PM and subject to automatic release unless guaranteed by guest's credit card, or Company (with hotel credit facilities) agree to pay one night room charge in the event the indicated person fails to check in on the arrival date. (☑): means confirmed item. 所有预订酒店只保留到当晚6点，6点后预订将自动取消。除非您用信用卡担保或者您的公司愿意书面担保承担您所预订房间的费用。(限与酒店有信贷关系的公司)。(☑)：表示已确认的项目。
Credit Type 信用卡类型：________ Card No. 卡号：________ Expiry Date 有效期：________	
Taken By 预订人：________ Date Taken 预订日期：________	

（二）婉拒预订

如果在客人预订抵达的日期内，酒店因客满等原因无法接受客人的预订要求时，就对预订加以婉拒。具体处理要求如下。

（1）根据预订情况，按照预订处主管的指示，礼貌而委婉地拒绝客人。

（2）委婉地向客人讲述由于房间订满或因维修问题而无法安排，尽量争取客人的谅解。

（3）婉拒时，不能因为未能符合客人的要求而终止服务，而应主动提出一系列可供客人选择的建议。

1）建议客人重新选择来店日期。

2）建议客人改变住房类型。

3）建议客人改变对房价的要求。

4）征询客人是否愿意接受等待类预订。

5）征询客人是否愿意接受为他代订其他酒店的客房。

（4）设计使用一种专门的婉拒致歉信（见表2－2）或婉拒致歉卡。

（5）及时将婉拒资料存档。

表2－2　婉拒致歉信

尊敬的________________小姐/女士/先生： 由于本酒店________年________月________日的客房已经订满，我们无法接受您的订房要求，深表歉意。 感谢您对本店的关照与支持，衷心希望以后能有机会为您服务。 ××酒店预订处 ________年________月________日

四、确认预订

在接受客人的订房要求之后，预订员要对客人的预订进行确认。如果条件允许，酒店一般应采用书面确认的方式，向客人寄发预订确认函（见表2－3），其优势如下。

（1）预订确认函能使客人了解酒店方面是否已正确理解其订房要求，可以减少差错和失误。

（2）预订确认函除了复述客人的订房要求以外，还写明了房价、为客人保留客房的时间、预付订金的方法、取消预订的规定及付款方式等，实际上在酒店与客人之间达成了某种书面协议。

（3）预订确认函可以进一步证实客人的个人情况，如姓名、地址等，从而减少带给客人的各种信用风险。

（4）书面确认比较正式。对于重要客人，特别是一些知名人士、政府官员、国际会议等订房的预订确认函，要由前厅部经理或酒店总经理签发，以示尊重和重视。

小提示：确认预订时无须向客人说明房号。

表 2－3　预订确认函

<table>
<tr><td>______________________酒店
地址：______________________
电话：______________________
您对：______________________
____
的预订已确认</td><td>客人姓名：__________ 电　　话：__________
客房类型：__________ 客房数量：__________
人　　数：__________ 房　　价：__________
抵达日期：__________ 逗留天数：__________
离店日期：__________
结账方式：__________ 订　　金：__________
客人地址：__________</td></tr>
<tr><td colspan="2">本酒店愉快地确认了您的订房。您还需要注意以下几点。
1. 由于客人离店后，需要有一定时间整理房间，因此，下午三点以前恐不能安排入住，请原谅。
2. 未付订金或无担保的订房只保留到下午六时，迟于六时到达的宾客，请预先告知。
3. 若有任何变动，请直接与本酒店联络。
确认员：__________　　日期：__________</td></tr>
</table>

五、预订资料记录储存

当预订确认函发出后，预订资料必须及时、正确地予以记录和储存，以防疏漏。预订资料一般包括客房预订单、确认书、预付订金收据、预订变更单、预订取消单、客史档案卡及宾客原始预订凭证等。预订资料的记录储存可采用如下两种方式。

（1）按客人所订抵店日期顺序储存。按照客人所预订的抵店日期顺序，将预订单归档储存，以便随时掌握未来每天的客人抵店情况。

（2）按客人姓氏字母顺序储存。按照客人姓氏第一个字母的顺序，将预订单归档储存，以便随时查找出客人的预订资料。同时，前厅部问讯处和电话总机也可通过客人姓氏字母顺序快捷有效地查找相关资料。

本任务中，电话预订的基本程序和标准见表 2－4。

表 2－4 受理散客电话预订的程序及标准

程序	标准
接电话	铃响三声以内接听电话
问候客人	向客人问好，并自报所在部门名称及姓名

续表

程序	标准
聆听客人预订要求	1. 确认客人预订日期 2. 查看电脑及客房预订控制板 3. 决定是否接受客人的预订要求
询问客人姓名	询问客人姓名，并复述确认
推销房间	询问细节，主动介绍房间类型及设施，采用适当报价方式
询问付款方式	询问客人付款方式，并在预订单上注明
询问客人抵达情况	询问抵达航班及时间，并说明客房保留时间
询问特殊要求	询问客人有无接机、客房布置等特殊要求，做好详细记录
复述预订内容并填单	抵离店日期，房间类型、数量、航班、付款方式、特殊要求等
完成预订	向客人致谢，记录存档

受理电话订房时应注意以下三点。

（1）与客人通话时要注意使用礼貌用语，语音、语调运用要婉转，口齿要清晰，语言要简明扼要。每一位预订员必须明确，虽然不与客人面对面进行交流，自己却是客人接触酒店的第一个人。要当好这个角色，就必须通过声音给客人送上热情的服务。

（2）立即给订房的客人以明确的答复，绝不可让客人久等。若对客人所提预订要求不能及时进行答复，应请对方留下电话号码，并确定再次通话的时间。

（3）通话结束前，应重复客人的订房要求，以免出错。

因受语言障碍、电话的清晰度等因素的影响，电话预订容易出错，故应事先健全受理电话预订的程序及其相关标准（见表2-4），以确保预订的有效性。

[任务总结]

散客预订过程比较复杂，且对准确率要求极高，故预订员要严格按照规范程序和标准受理预订业务，保证预订工作的有效性。

[知识或技能拓展]

预订编码

预订编码是指当客人需要进行担保预订时，酒店提供给客人的一系列由字母和数字组合成的号码形式的参考信息。这个编码指明，客人支付了至少一个晚上的客房费用后，酒店保证在特定的日期内给客人提供住宿服务。编码同时还可表明酒店属于哪个连锁集团，预订的经办人，客人的到达时间和离店时间，信用卡的种类、号码和规格，客房规格和价格以及预订序列号等。这些信息可以大大方便某一预订系统的有效管理。下面列举了一个担保预订的编码及各字母或数字的含义。

122-JB-0309-0311-MC-75-K-V98765R

其中：

122——连锁集团中该酒店的确认代码；

JB——预订员姓名的首字母；

0309——客人抵达日期（3 月 9 日）；

0311——客人离店日期（3 月 11 日）；

MC——信用卡的种类（万事达卡）；

75——客房每晚房价（75 美元）；

K——预订房中没有特大床位；

V98765R——预订的顺序号码。

在建立一个预订编码系统的时候，必须考虑下列因素。

（1）由于计算机里用来储存编码信息的容量是有限的，所以信息越简短、越精练越好。

（2）在设计预订编码时必须保证编码包含了酒店所需要的足够信息，以确保酒店能为预订客人提供食宿。

（3）客人的资料应输入计算机控制中心，这样查询起来要快捷得多。但储存的信息有时可能会丢失或错存，当这种情况发生的时候，预订编码就无法为酒店提供正确的客人住宿资料。

预订取消编码和预订编码一样，包含一些数字和字母。这些数字和字母分别表示酒店的名称、接受取消预订的经办人、客人到达日期和离店日期以及取消预订的顺序号码。这些信息都是为了对取消预订进行有效管理而服务的。如果客人已用现金预付了保证金，那么酒店就必须对这位客人账单上的贷方余额进行相应的处理。取消订房编码的基本形式如下。

122-RB-0309-1001

其中：

122——客房在连锁集团中的确认号码；

RB——办理取消预订的预订员的姓名首字母；

0309——客人抵达日期（3 月 9 日）；

1001——取消预订的顺序号码。

（资料来源：徐文苑，饭店前厅管理与服务，清华大学出版社，2004 年）

任务二　计算机网络预订的受理

[任务描述]

李先生想到上海看世博会，但世博会期间上海的酒店客房都很紧张，于是他想在网上订房。

[任务准备]

（1）酒店定时向航空公司、旅行社等客源渠道通报本酒店各类客房的出租利用情况、可订的房间数、房价标准及变化情况。此项通报工作由酒店市场营销部根据不同季节和市场情况所决定的销售方案向有固定联系的大客户进行传递，做到准确及时，配额合理，符合签约原则，讲求商业信誉。

（3）两名学生共用一台电脑，电脑安装前厅预订系统。

（4）教学情境：计算机实训室。

[任务实施]

计算机网络预订是传统预订的延伸，通过该方式可以提高酒店预订的覆盖面，同时可以提高预订的管理效率。

计算机网络预订需要三个方面的基本内容：① 客人的基本资料，包括姓名、称呼、国籍、单位、联系电话等；② 预订基本要求，主要包括抵离店时间、房间种类、订房数量、入住人数、价格等；③ 其他特殊要求。相比较而言，国际连锁酒店网站、专业网站、综合网站的填写内容更为翔实。以 Harbour Plaza Hotel 为例，客人除需填写基本内容以外，还被要求填写具体联络地址、电子邮件地址、信用卡信息、客人预订注意事项等。

预订的程序是否合理、科学将影响预订能否有效、顺利地进行。计算机网络预订通常包括以下几个步骤。

一、选择目标酒店

除单个酒店建立的网站以外，其他类型的网站往往提供多个酒店供客人选择。所以，在计算机网络预订模式中，客人所做的第一步是选择目标酒店。客人输入对酒店的需求，如星级、地理位置、价格等后，网络会自动按需求提供酒店。在这一步中客人可对酒店基本情况进行点击查询，并作出相应选择。

二、选择目标产品

目标产品包括客房、餐饮、健身等酒店销售的服务与产品，客人填写对产品的具体要求，如房间类型、使用情况、餐饮口味以及特殊需求等后，网络会自动搜索出符合客人需求的酒店产品。

三、明确客人资料

由于计算机网络预订的特殊性，容易使客人产生恶意预订，所以明确客人资料不仅要包括客人的身份资料、基本需求资料，而且还要包括客人的信用资料等。酒店通过对客人提供资料的验证，保证酒店的利益。同时，拥有客人翔实的个人资料，是酒店提供周到、细致服务的基础之一。再者，可利用这些资料建立优质、便利的客户档案，直接作为经营管理的原始调查资料和客人档案登记。

四、确认预订

确认预订包括以下两方面内容。

（1）客人确认预订。客人在填写完所有资料后，点击“OK”按钮，出现客人已填的资料档案，让客人进行再次确认。

（2）网络与酒店进行确认。客人确认之后，酒店接到明确预订信息后，按客人需求的方式向客人进行再次确认。

五、变更或取消预订

预订的变更需要客人向酒店提出，变更之后按新的预订程序进行。预订的取消则按计算机网络预订的规定进行处理。

六、做好抵店前的准备工作

在预订完成并确认后，工作人员应做好客人抵店前的准备工作，形成计算机网络预订的良性循环，使其健康发展。

［任务总结］

与传统酒店预订相比，计算机网络预订具有方便、快捷的优点。通过网络，客人可以随心所欲地了解酒店产品，对酒店产品进行预先体验。因此，酒店应及时更新自己的网络平台，给客人传递真实、可靠的信息，从而增强预订群体对酒店产品的信任度。

［知识或技能拓展］

我国旅游网站分类

我国旅游网站的建设最早可以追溯到1998年。经过几年的摸索和积累，现在已经有相当一批具有一定资讯服务实力的旅游网站，这些网站提供旅游中涉及的吃、住、行、游、购、娱等方面的网上资讯服务。

根据酒店预订的特点，可以将网站分成以下几类。

（1）酒店产品直接供应商建设的网站。一种是酒店连锁集团统一建设的网站，如希尔顿酒店集团（http://www.hilton.com.cn）、万豪国际酒店集团（http://www.marriott.com.cn）等；另一种是单一酒店建立的网站，如重庆宾馆（http://www.cq-hotel.com）等。

（2）专业酒店网络，如中国酒店预订热线（http://www.hotelonline.com.cn）、24-Hotel 酒店预订网（http://www.24-hotel.com.cn）等。

（3）专业旅游网站。此类网站可分为两种：一种是由传统的旅行社建设的网站，如中国旅行社总社（http://www.ctsho.com）、中国国际旅行社总社（http://www.cits.cn）等；另一种是综合性旅游网站，如中国旅游网（http://www.51yala.com）等。

（4）综合性网站的旅游频道，如网易（http://www.163.com）、搜狐（http://www.sohu.com）、Yahoo!（http://www.yahoo.com）等。

（资料来源：http://guanli.veryeast.cn/）

任务三　传真预订的受理

［任务描述］

×××经理：

您好！我社现需预定贵酒店住房，具体情况如下。

××月××日入住，××月××日12:00前退房，共计×晚。

其中：
标准间×间，房价×××，计×××元（含早）；
大床房×间，房价×××，计×××元（含早）。
费用合计：××× + ××× = ××××（房款前台现付）
客人姓名：×××　电话：××××××××
请客人报姓名及电话入住
如无异议，请回传确认，谢谢！

×××旅行社
×××
××××年××月××日

[任务准备]

（1）仔细阅读传真稿件，弄清客人的住宿要求、时间等内容。
（2）查看是否有客房提供。
（3）学生分组：以3～4人为一组。
（4）准备传真机。
（5）教学情境：模拟传真预订。

[任务实施]

一、接受传真预订信息

（1）仔细阅读传真，根据不同内容进行分类。
（2）了解房间预订情况，如有重要情况或疑问，应请示预订组领班处理。
（3）预订不能确认时，应及时为客人回复，并为客人提供合理建议。
（4）准确掌握房间状况及市场信息。
（5）用荧光笔画出预订房间，以便识别。

二、核查

查看可行性表，确定当日订房状况。

三、判断

确定是否受理预订，如果可以受理预订应根据函电内容为客人填写订房申请表，并将预订信息输入电脑，底单交预订组领班审核。

四、回复

（1）在收到传真的当日回复客人，若有加急的传真应立即回复。
（2）回复传真应使用标准格式和通用的缩写方式。
（3）给客人提供有效的预订号或者取消号。

五、存档

将传真的回电与来电附在一起，并按日期、姓氏字母存档。

［任务总结］

传真预订较电话预订更为正式，多为公司采用，因此受理预订和确认预订要迅速，回复客人传真时的语言要简明扼要。

任务四　团体预订的受理

［任务描述］

某旅游团打算订10间标准间、2间单人间，入住时间为2010年8月10日下午，离店时间为8月14日早上。

［任务准备］

（1）准备好团队预订的相关资料。
（2）学生分组：以3～4人为一组。
（3）教学师资：专职教师、兼职教师。
（4）教学情境：模拟团体预订。

［任务实施］

（1）如果客人以函电预订，应仔细审阅旅行社等单位发来的函电内容；如果客人用电话预订，应让客人发一份书面申请。

（2）仔细征询对方将要预订的房间数量和类别。

（3）根据对方需求在电脑上查询是否有其所需要的房间数量和类别。无法满足客人需求时，应马上告诉客人，并共同寻求解决办法。如果所订旅游团队用房超过每日标准团队房间数，而电脑实际空房数又能满足对方时，预订员应请示预订处领班，经同意后再回复客人。

（4）请客人填写订房申请表。除非客人提出由预订员填表或客人函电订房，一般情况下应请客人自行填写。递单时应双手持申请表上端和笔下端送给客人。

（5）逐项检查订房申请表。

1）认真核对申请表上已填写的各项内容。

2）根据情况在“备注”栏和需补充之处填上相关内容，填完后向客人重复一遍，准确无误后由预订员签字。

（6）处理预订。及时将预订信息按要求输入电脑，输入后在申请表“录入员”栏签名；将订房资料按日期顺序放入团队预订资料架中。

（7）确认预订。客人直接预订时，一般立即确认，然后在团队抵达前一周再次进行确认；客人函电预订时，在填单后与客人传真确认一次，无误后在团队抵达前一周再确认一次。每次确认的底单应与团队申请表统一存放。

表 2－5 列示了以旅游团队电话为例的受理程序和标准。

表 2－5　受理旅游团队电话预订的程序和标准

程序	标准
接电话	铃响三声以内接听
问候客人	1. 问候语：早上好/下午好/晚上好 2. 报部门：早上好，花园酒店预订处，请问您有何要求
聆听客人自报单位	确认旅行社名称
聆听客人预订要求	确认住店客人抵达日期，确认预住天数、人数、房间种类和数量
查看房态	1. 查看计算机或客房预订控制板 2. 确定是否有所需要的房间
决定预订确认或是重新推销客房，或婉拒	1. 根据实际房态确认预订 2. 若标准间数量不够，可以向旅行社推销与标准间差不多的普通套房，以尽量满足其要求 3. 若确实没有空房，则应表示致歉
填写预订单	根据实情准确填写预订单
确定价格	1. 按照团队房价报价，在自己的权限内给予预订折扣 2. 将确定价格填写在预订单上
确定付款方式	确定付款方式（现金、支票、转账），并填写在预订单上
请客人作担保付款	1. 请客人从旅行社发一份担保付款确认函 2. 要求客人在抵店前确定人数，并发送客人资料以备分配房间
询问客人抵店情况	1. 询问抵达航班及时间 2. 询问接机服务所需的车辆 3. 将有关情况写在预订单上
询问特殊要求	将就餐情况、餐别、标准等情况登记在预订单上
询问预订代理人情况	对客人的姓名和电话号码做好记录
复述预订内容	向客人复述抵店时间、航班、房间种类、房间数量、房价、付款方式、离店时间、接机车辆、用餐标准、代理人情况等
完成预订	向客人致谢

［任务总结］

团队是酒店重要的客源，而团队预订存在很多容易出错的环节，因此酒店应高度重视团队预订，提前做好相关的准备工作，为客人提供优质服务。

［知识或技能拓展］

订房合同（参考样式）

____年____月____日，________酒店（以下简称甲方）与________（以下简称乙方）

经友好协商，达成如下协议。

一、推销

(1) 乙方同意利用其销售网络推销甲方，并向来到本市的所有客户和即将成为乙方客户的人士推荐甲方的服务设施。

(2) 乙方保证在任何可能的情况下，在本市接待旅客时，将选择甲方作为其客人的下榻处。特别是以下项目：① 系列团队；② 旅游团队。

(3) 乙方同意把甲方编入其宣传项目及宣传册之中，并在合适之处采用甲方的彩色照片。这些宣传品及小册子一经出版应立即送甲方一些样本。

二、价格

考虑到乙方可能提供的客源量，甲方同意按下列条件和价格（不含佣金）接待乙方的客源。

团队预订——单人间/双人间（10人及10人以上）：

- 淡季（十二月、一月、二月、三月）=________元
- 平季（四月、六月、七月、八月）=________元
- 旺季（五月、九月、十月、十一月）=________元

散客预订——单人间/双人间（10人以下）：

- 淡季（十二月、一月、二月、三月）=________元
- 平季（四月、六月、七月、八月）=________元
- 旺季（五月、九月、十月、十一月）=________元

所有套间一律享受________%的优惠；所有客用房加床为________元，陪同床为________元。

注：所有价格不含任何早餐及城市建设费。

三、餐费

中式早餐=________元

美式早餐=________元

午餐套餐（西餐）=________元

晚餐套餐（西餐）=________元

注：餐费不含酒水。

四、价格保护

在任何情况下，乙方不得以比柜台价更高的价格将甲方的客房出让给第三者，当甲方柜台价随季节改变时，甲方应通知乙方。

五、预订

团队入住前，乙方应在甲方销售部办理团队预订手续。甲方将根据订房情况和接待能力于接到预订通知的三天内，决定是否接受此预订并以书面形式通知乙方。未经甲方接受并确认的预订，甲方概不负任何责任。

六、客房占用期限

按预订经确认的客房在入住日下午2：00之后方可入住。离店时间为正午12：00。

七、客房分配单

乙方同意在客人到达前30天向甲方提供将入住甲方团队的所有成员名单及住房分配方案，包括航班消息、用房标准。如果乙方未能按上述要求及时提供这些信息（除非另有协议），甲方有权取消已预订的客房及设施并转售给其他客户。

八、免费房

甲方同意为每16位付费客人提供半个双人间免费房，但每团的免费房不超过4个双人间。

九、取消预订

乙方如果需要取消或减少预订房，应按表2－6所列条件书面通知甲方。

表2－6　取消预订条件

房间数	最少要求期限
10间以下	到客前10天
10～25间	到客前15天
26～50间	到客前20天
51间以上	到客前30天

在最少期限之后，如果团队要求取消或减少10%以上的预订房间数，甲方将收取每间取消房一天的房租作为乙方未及时取消预订的费用。

（资料来源：http://www.docin.com/p-54648827.html）

单元四　预订的变更与取消

本单元将以任务形式分别介绍预订的变更与取消。

任务　变更预订

［任务描述］

王女士因到武汉出差，打电话到晴川假日酒店订了一间单人间，入住时间为2010年8月10日。结果因出差任务增加，公司又临时增派了一名女士随行。因此王女士打电话到晴川假日酒店要求将单人间更改为双人间。

［任务准备］

（1）准备好变更预订的相关资料。
（2）学生分组：以3～4人为一组。
（3）教学师资：专职教师、兼职教师。
（4）教学情境：模拟变更预订。

[任务实施]

一、接到预订更改信息

(1) 询问要求更改客人的姓名及原计划抵店日期。
(2) 从预订资料中取出预订单。
(3) 询问客人需要更改的日期。

二、确认更改预订

(1) 查看电脑更改日期后是否有房可出租。
(2) 向客人重复更改后预订单内容，并在预订单上记录更改人姓名、电话号码。
(3) 根据预订日期和更改内容在电脑上进行相应更改。

三、存档

(1) 在预订单更改栏内打上符号，并在更改人栏中签名并注上更改时间及日期。
(2) 将原始预订单和更改的预订单钉在一起。
(3) 按抵店日期、客人姓名放入预订资料柜。

四、未确认预订的处理

(1) 如客人需要更改的日期酒店客房已订满，应及时向客人解释。
(2) 告诉客人已将其放在候补名单上。
(3) 如果酒店有空房，及时与客人联系。

五、更改预订完成

(1) 感谢客人及时通知。
(2) 感谢客人的理解和支持。

变更预订模拟对话

预订员：您好，花园酒店预订部。
客人：您好，中旅。上星期做的预订需要更改内容。
预订员：好的。请问抵店时间？
客人：10 月 2 日。
预订员：好的，请稍等……让您久等了。请问您需要更改的内容是什么？
客人：增加 4 个人。
预订员：好的，也就是再加 2 个标准间，是吗？
客人：对。
预订员：好的，我们可以作更改。还有其他要求吗？
客人：没有了。

预订员：谢谢您能及时通知我们。您是上次作预订的李先生吗?

客人：是的。

预订员：好，谢谢您，再见。

客人：再见。

小提示：若变更的内容涉及一些原有的特殊安排，如接机、订餐、送鲜花、房内特殊布置等，应尽快给有关部门发出变更或取消通知。

［任务总结］

由于客人或酒店方面的客观原因，变更预订是常会发生的事，预订员既要灵活地面对现实，又应表现出极大的热情并提供有效的帮助。

任务二　取消预订

［任务描述］

李先生在花园酒店订了一间标准间，入住时间为2010 年5 月10 日和11 日，一共两晚上，但因临时有事不能出行，故打电话到该酒店取消预订。

［任务准备］

（1）准备好取消预订的相关资料。

（2）学生分组：以3 ~4 人为一组。

（3）教学师资：专职教师、兼职教师。

（4）教学情境：模拟取消预订。

［任务实施］

一、接到取消预订信息

（1）接到取消的信息时，询问要求取消预订客人的姓名、抵店日期。

（2）从预订资料柜中找出预订单。

二、确认取消预订

（1）向客人重复该预订，以确认要求取消的预订无误。

（2）记下取消人的姓名、电话、公司名称并在备注栏中注明。

三、处理取消预订

（1）感谢客人的及时通知。

（2）询问客人是否作下一阶段的预订。

（3）将取消预订的信息输入计算机。

四、存档

（1）在预订单取消栏中打上符号，并签上自己的姓名和取消时间。

（2）将预订单归放于资料柜中取消栏。

取消预订模拟对话

预订员：您好，花园酒店预订部。

客人：您好，我于上星期三预订的房间现在要取消。

预订员：好的。能否告诉我预订的抵店日期、离店日期，还有住店客人姓名？

客人：原订9月8日到店，预住3天，客人姓名刘红霞。

预订员：好的，请您稍等……让您久等了。请问怎么称呼您，还有您的电话号码？

客人：李强，87976548。

预订员：谢谢。您是否需要作下一阶段的预订？

客人：暂时不用。

预订员：好的，谢谢您能及时通知我们，再见。

客人：再见。

小提示：客人能花时间通知酒店取消原来的订房，对酒店是十分有利的。所以，应鼓励取消预订的客人及时与酒店联系；同时预订员要将取消预订的客人视为潜在客户，用耐心、周到的服务给其留下深刻的印象。

［任务总结］

取消预订也是酒店的一项重要工作，因此应尽量简化取消预订的手续。预订员也应同样热情和耐心，向客人表示抱歉和惋惜，并表示希望今后有机会能够再次为客人服务。

单元五　超额预订

客房是一种不具储藏性的特殊商品，今天的空房损失并不能由明天的客满来弥补。尽管酒店采用了订房确认、预收订金等控制方法，但由于种种原因，客人仍会由于各种原因不来入住、临时取消预订或提前离店，使酒店的订房率虽然达到100%，却仍有客房闲置。据统计，一般有5%左右的客人订房不到（未办取消预订手续而不到店），8%～10%的客人临时（指离预计到店时间很近时）取消订房。因此，为追求较高的住房率，获得最大的经济效益，酒店有必要实施超额预订。

一、超额预订及其幅度控制

超额预订是指在酒店订房已满的情况下，再适当增加一些订房数量和人数，以弥补因订房不到、临时取消和提前离店等情况造成客房闲置的损失。

超额预订既是酒店经营管理者的胆识与能力的表现，又是一种风险行为。关键是如何有效地实施超额预订，避免或最大限度地降低由于决策失误而造成的经济损失。进行超额预订的决策应基于市场预测、客情分析及历史经验。超额预订通常出现在旅游旺季和节假日，若做好超额预订，可使酒店在黄金季节达到最佳出租率，实现最大效益，同时保持良好的声誉。但这种做法也比较冒险，超额过度会使客人不能入住，超额不足又会使部分客房闲置。一般情况下超额预订标准控制在超额预订率的5%左右。为合理掌握超额预订的数量和幅度，可运用计算公式进行核准。其公式为

$$超额预订率=\frac{超订量}{可订量}\times 100\%$$

$$超订量=预订房量\times 临时取消率-预期离店房量\times 延期住房率$$

$$可订量=房间总量-续住房量$$

二、超额预订考虑的因素

(1) 根据订房资料统计预订不到者、临时取消者、提前离店者、延期抵店者的数量和比例。

(2) 掌握好团队订房和散客订房的比例。团队预订不到或临时取消的可能性小，即使变化，也会提前通知，而散客随意性大，不能如约或又不事先告知酒店的可能性大，所以若团队预订多而散客预订少，超额预订率要高些。

(3) 根据预订情况分析订房动态。如果住店客人中大多数是提前数天预订者，则超订量就要大些，以免客人取消订房后，造成闲置；如果客人大多订次日房，超额预订要慎重，因为离客人抵店只有一天时间，客人取消或变更预订的可能性相对较小。对未按期到达的单位和个人要做好记录，以后处理超额预订，可优先占用过去信誉不佳、经常预订不到的客人的订房。

(4) 掌握好淡、平、旺季的差别。

旺季：客房供不应求，客人预订房间后取消的可能性较小，故超额预订率应小些。

平季：客人订房后取消或更改的可能性相对旺季较大（因为别的酒店尚未住满，客人很容易改住别店），故超额预订率可大些。

淡季：一般客房不会订满，不存在超额订房问题。

(5) 掌握现有订房中各种订房的比例。若保证类预订和确认类预订的比例较高，通常不能实行超额订房；若临时性预订比例较高，则超额预订率应更大些。

(6) 考虑本地区有无其他同等级、同类型的酒店。若本地区还有其他同等级的酒店，可以适当提高超额预订率。

(7) 了解酒店自身在市场上的信誉程度。在社会公众心中影响力不大的酒店，超额预订率可适当放大。

总之，酒店应根据自己实际情况，收集资料，认真总结经验，合理确定超额预订的数量与幅度。

三、超额预订的处理

由于超订量的确定是主观分析的结果，因此可能发生难以预料的变化。若客人如期到达，但酒店因客满无法提供所订客房，必然引起客人不满，也会给酒店带来麻烦。所以，酒店应积极采取补救措施，妥善安排好客人住宿。补救措施如下。

(1) 向客人解释原因，并赔礼道歉，如有需要可由总经理亲自出面道歉。

（2）将客人的大件行李留下，免费派车送客人到有业务协作关系的同档次、同类型酒店暂住一晚。

（3）免费提供一次长途电话或传真，以便客人将临时改变地址的情况通知其家属或工作单位。

（4）将客人的姓名及有关情况记录在问讯卡条上，以便向客人提供邮件及查询服务。

（5）次日一早将客人接回，大堂副理在大堂迎候并致歉意，陪同客人办理入住手续。

（6）以重要客人的礼遇安排接待入住，客人住店期间享受贵宾待遇。

（7）事后由前厅部的主管人员向提供援助的酒店致谢。

单元六　预订失误控制

在实际工作中，由于种种原因，预订员在预订工作中出现失误是不可避免的。

一、较易发生的各种失误

（一）订房信息记录不准确

（1）对客人抵离日期、预订天数和房数、房价或房间类型、客人人数和姓名记录不准确，或未及时进行核对确认，造成排房失误或客人抵店时对房间类型、房价有异议。

（2）酒店没有客史档案或客史档案记录不准确、不完整，使客人感到未受尊重、未得到应享受的待遇。

（3）订房客人的其他要求，如用餐、订票、订会议室、订康乐设施等未准确记录。

（二）订房信息未及时、准确地传递

（1）订房信息未及时传递到接待处，使得接待处分房不当或未及时排房。

（2）客人用餐、订票、订会议室或其他要求没有及时、准确地传递到有关部门，造成这些部门未及时准备或准备失误。

（3）客史档案资料未及时传到相关部门，致使相关部门提供服务缺乏针对性。

（三）房价或房号资料未能保密或过早告诉客人

酒店过早将房号告知客人或向客人保证预留该房，使酒店在排房时缺乏灵活性，难以变更，或因突然改变预订承诺造成客人不满。

（四）酒店在旺季突然涨价，涨价幅度太大或不能如约留房

（1）旺季时，酒店未预先通知而突然涨价；或已预先告知，但涨价幅度太大。

（2）未能如约留房，特别是无法提供客房给保证类预订客人。

（五）酒店未把留房期限、违约金的收取等规定及时以书面形式告知客人

（1）酒店的留房期限虽符合惯例，但事先没有告知客人，造成客人太迟抵店无房而产

生纠纷。

（2）酒店未能事先将订金规定以书面形式准确地通知客人，造成因客人违规而没收订金时客人有异议。

（六）其他情况

（1）酒店其他部门，特别是各级管理人员接受亲友订房，手续不完备或重复通知前厅部，造成缺失。

（2）酒店各部门在客人前期订房及接触客人的过程中，留给客人的印象不佳，造成客人不愿订房或取消订房。

二、预防措施

（1）接受预订时要复述。

（2）变更或取消要及时更新。

（3）记录时要仔细、慎重。

（4）与营销部、前台接待处密切联系。

（5）预订存档要反复核对，保证存档、记录单与电脑信息一致。

总之，订房纠纷的处理是一件复杂、细致的工作，有时甚至很棘手，前台服务人员要多积累经验和技巧，善于把握客人心理，既要分清责任，维护自身合法权益，又要有耐心，设身处地为客人着想，帮助客人解决问题。此外，情、理、法三者兼顾，以消除客人的不满，维护酒店的声誉。

单元七　预订中特殊要求的处理

在接受客人预订时，客人可能会提出一些特殊要求，下面列示了五项特殊要求的处理流程。

一、客人要求接机或接车

（1）若客人在预订中时要求酒店派车接机或接车，必须与客人确认抵达的航班或车次、抵达人数、客人姓名、要求用车的类型及数量，并告知客人车价。

（2）预订员负责填写接送通知单，注明客人姓名、人数、抵达日期及航班/车次时间、车型及数量、费用结算方式。此单一式二联，一份留礼宾处，一份附在资料上存档。

（3）如客人需要豪华车接送，应与礼宾处联系，满足客人的要求。

二、客人要求代订票

（1）若客人在预订时要求代订机票，预订员应详细记下客人姓名、起飞日期、目的地等情况，并与酒店设立的票台或礼宾处联系，征求可否满足客人订票要求。

（2）如可接受订票，预订处负责将订票的详细资料以书面形式送交票台或礼宾处，同时在客人预订单上注明客人订票等事宜。

（3）接待处负责在客人抵店办理登记手续时，告知客人可与票台或礼宾处联系取票等事宜。

三、客人要求代订会场

（1）若客人在预订时要求代订酒店会场，应请客人提出详细的要求，如日期、出席人数、会场布置等，并立即与宴会预订处联系，确认可否接受。

（2）如可以接受预订，预订处应将订会场的具体要求以书面形式送宴会预订处，同时在客人预订单上注明客人预订会场事宜。

（3）客人抵店前两天，预订处应主动与客人联系，确认预订会场事宜。接待处负责在客人抵店办理登记手续时，会同宴会预订处办理有关租用会场手续。

四、客人新婚订房

（1）若遇到新婚订房的情况，除按预订客房程序处理外，预订员需在预订单上注明新婚用房，提示接待处为客人安排大床房间。

（2）告知客人酒店提供婚房布置服务及服务内容和规格。如客人需要，预订员应填写客房布置单并注明“新婚布置”，由前厅部经理批签后，发往各有关部门。

五、预订残疾人客房

（1）若遇到残疾人订房的情况，除按预订程序处理外，预订员需问清残疾人的情况，并在预订单上注明，提示接待处提供帮助。

（2）为客人安排好相应的残疾人专用客房，并通知客房部。

单元八　客人抵店前的准备工作

做好客人抵店前的准备工作，不但能缩短订房客人办理入住登记的时间，还有助于向客人提供有针对性的服务工作。客人抵店前的准备工作大致分为下列三个阶段。

一、订房核对

由于客人抵店前往往变更或取消预订，为提高预订工作的准确性，预订员对每一个已确认的预订都要进行多次核对，发现问题及时更正或补救。订房核对工作一般分三次进行。

（1）客人抵店前一个月作第一次核对。预订员以电话、书信或传真等方式与订房人进行核对，核对的内容是抵达日期、预住天数、房间数量与类型等。核对的主要对象是重要客人和重要团队。

（2）客人抵店前一周作第二次核对。其程序和方法与第一次核对相同。核对的重点是抵达时间有变动的订房和重要客人订房。

(3) 客人抵店前一天作第三次核对。此次核对主要采用电话方式进行。预订员对预订内容要仔细检查，并将准确的订房信息传达到前台接待处。

二、预报客情

提前一周或数周将酒店主要客情，如 VIP 客人、大型团队、会议接待、客满等信息通知各部门。通知方式有两种：可采取分发各类预报表，如“十天客情预测表”（见表 2-7）、“VIP 客人呈报表”（见表 2-8）、“VIP 客人接待规格呈报表”等；也可召开由运转总经理主持的协调会。

表 2-7 十天客情预测表

日期	星期	预抵散客	团队	离店	团队离店	住宿	团队住宿	故障房	已满房间数	预计出租房数	预计出租单位	预计出租率	预计空房间数	已用房间数	可用房间数

表 2-8 VIP 客人呈报表

_______月_______日

房号	姓名	身份	接待单位	抵店日期	离店日期	客房种类		房租		备注
						T	S	T	S	
小计										
送：总经理室、大堂经理、公关销售部、餐饮部、客房部、保安部、前厅部、大厅、总机、客房用膳部										

在客人抵店前夕，将客情及具体的接待安排以书面形式通知相关部门，做好准备工作。这方面常使用的表格有“次日抵店客人一览表”（见表 2-9）、“鲜花、水果篮通知单”（见表 2-10）、“特殊要求通知单”等。

表 2-9 次日抵店客人一览表

_______年_______月_______日

预订号	序号	客人姓名	房间数	房间类别	抵达时间航班	预期离店日期	备注
1							
2							

表 2-10　鲜花、水果篮通知单

________月________日

姓名________________	房号________________
送达日期________________	时间________________
具体要求________________	
付款客人姓名________________	序号________________
备注________________	

三、预先排房

客人抵店的当天，前厅接待员应根据客人预订的具体要求和接待标准提前排房，把钥匙信封、住房登记单准备好，并将有关接待细节（变更或补充）通知相关部门，共同完成客人抵店前的各项准备工作。

案例研讨

案例一

预订客人没享受网络订房价

某日21:30，一位客人到店说已有预订，要求办理入住手续。前台接待员查询电脑后说，没有查到预订。客人很不高兴，说："我已通过网络公司订好了。"前台再次查询仍然没有查到，便请客人先按门市优惠价入住，待次日与网络公司联系后再更改房价。客人入住后投诉网络公司为什么不给预订，随后网络公司投诉酒店未给客人及时预订。经查，网络公司于当日晚8时36分将传真发至酒店预订部，此时预订员已下班，而前台接待员在电脑里既没查到预订通知也没有到预订部去看有无传真，便告诉客人没有预订，造成客人投诉网络公司，网络公司投诉酒店。

点评：

当电脑中没有客人预订资料时，接待员如何处理此事能反映出接待员是否有工作责任心。

（1）上述案例中的接待员在电脑中没有查找出预订资料时，应该到预订部详细查找看有无传真。同时，遇到这种情况时接待员应及时向领班或主管汇报，不能简单地告诉客人没有预订。

（2）由于接待员在没有充分了解信息的情况下告诉客人没有接到网络公司的预订，因此客人对酒店的预订和接待服务提出投诉。酒店在客人心目中的服务形象受到严重影响。

（3）由于网络公司受到客人的投诉，经查明又非网络公司自身的问题，便对酒店的预订和接待服务提出投诉。酒店在网络公司心目中的服务形象受到严重影响。

（4）领班和主管应加强对员工的培训和注意进行现场督导检查，以便发现问题并能及时进行解决。

案例二

没有确认的传真预订

某旅行社在10月1日前向酒店发传真预订15间客房，准备在“十一”期间安排30人旅游团入住。酒店接到订房传真后，发现“十一”期间酒店剩余的房间只有12间客房，于是就在旅行社的订房传真上写了“我酒店只能提供12间客房”的字样，并将该传真回传给旅行社。旅行社收到该传真后，没有再与酒店联系。“十一”期间，旅行社导游领着24个游客来酒店住店。酒店销售说，旅行社没有确认要预订12间客房，因此没有为旅行社预留客房。旅行社认为，酒店既然已经书面认可能提供12间客房，就应当预留12间客房给旅行社。双方发生争执，后来协商不成，旅行社就向法院起诉，要求酒店赔偿“十一”期间因入住其他酒店发生的差额损失。

点评：

（1）酒店在预订传真上写了“我酒店只能提供12间客房”，这在法律上属于要约，需要得到旅行社的确认（即承诺）。案件中旅行社对酒店的要约没有确认，因此双方并未达成订房合同，酒店没有为旅行社预留客房的义务，所以酒店没有提供12间客房不属于违约行为。

（2）酒店预订人员在进行预订变更时最好与对方预订人员进行再次沟通，以避免误会。

（3）预订变更必须得到对方的书面确认，否则订房合同不成立。本案例中若酒店为旅行社预留了房间，而旅行社没有带团入住，酒店同样不能追究旅行社的违约责任。那时产生损失的将是酒店。

案例三

预订处理的得与失

小张是上海某酒店的预订员。2003年国庆节期间，上海所有酒店客房几乎都已爆满，而且房价飙升。10月1日11:30左右，小张在繁忙的工作中接到一位李先生预订客房的电话。李先生是该酒店某协议单位的老总，也是酒店的常客，所以小张格外小心。当时刚好还剩下一间标准间，小张就把它留给了李先生，并与他约好抵店时间是当晚23:00。但一直等到23:40，李总还未抵店。在这半个多小时期间，有许多客人向酒店询问是否还有客房，小张都一一婉言谢绝了。之后小张心想：也许李先生不会来了，因为经常有客人订了房间后不来住，如果再不转让，24:00以后就很难转让出去了。为了酒店的利益，23:45小张将这最后一间标准间转让给了一位正急需客房的熟客。24:00左右李总出现在前台，并说因车子抛锚、手机无电，故未事先来电说明。一听说房间已有人入住，他顿时恼羞成怒，立即要求酒店赔偿损失，并声称将取消与酒店的协议。

点评：

如果按照约定，小张在销售过程中并不违规，客人李总也是事出有因，并非故意。从预订行为来看，协议双方均不违约。但是，本着为客人提供高品质服务的宗旨，小张应当按照酒店的操作要求，在向李总赔礼道歉的同时，尽可能地帮助李总解决住宿问题，如有可能，应按照预订违约的程序处理，尽力满足客人的住店要求。

案例四

九十九朵红玫瑰

某日，四川锦江酒店订房中心的电话铃急促地响起。“您好！订房中心。”“您好！我想预订一间大床房间，时间是3月15日，住三天。”“好的，请问先生您贵姓？您的单位和电话号码是……”订房中心的接待员热情地为客人介绍酒店的设施并为客人杨先生预订好客房。“小姐，有一件事我想请你们帮一下忙，我有一个女朋友在成都，我这次专程去看她，你能帮我订九十九朵红玫瑰吗？我想当天晚上送给她。”“好的，请您将买玫瑰的钱电汇到酒店，我们为您预订好。”“不行，我现在在国外，后天就到成都，汇款不方便，我到达酒店后马上就付款，可以吗?”“杨先生，按照酒店财务的规定，客人必须先付预订金，因为鲜花具有时效性，每个人对它的需求目的也不一样，我们按照您的要求装饰、包扎好九十九朵红玫瑰，如果您因为有其他的事不能如期到达成都，那么，将会给酒店花店造成损失。”“小姐，我已买好了去成都的机票，我一定会到你们酒店的。”接待员迅速地将这一特殊情况请示了经理，经理提出了一个方法：给杨先生发一个传真，请他对客房和玫瑰花的价格及预订确认签字后回传酒店。可是，此方法杨先生还是不同意。“我在国外办事很忙，收发传真不是很方便，请相信我吧！”面对这一特殊情况，市场营销部经理作出了决定：既然客人选择了我们酒店，请求我们给予帮助，说明客人对酒店充满信任，我们就以部门的名义给他担保，相信他会如期到来。

3月15日晚上9时，杨先生到达了酒店。总服务台的值班经理热情地告诉他：杨先生，您需要的九十九朵红玫瑰已准备好，花店员工马上给您送上房间。杨先生高兴地连声说：“给你们添麻烦了，非常感谢！”

点评：

上述案例中，订房中心的接待员在处理杨先生预订九十九朵红玫瑰的事情上遇到了困难。

按照酒店规定，电话预订客房的客人若购买酒店的时效性消费用品（包括鲜花、生日蛋糕等），必须提前到酒店支付预订金，市区外的客人可采用汇款的方式进行预订。可客人因自身原因不能预付或汇款。

针对以上情况，市场营销部经理没有强制要求客人预付，也没有拒绝客人的需求，而是采取了特事特办，相信客人，并为客人提供帮助。

酒店前厅部员工每天都会遇到各种特殊事情，怎样处理好这些事情呢？我们认为：学会信任客人是很困难的，但往往又是非常必要的。充分信任你的客人，并为之付出十分的努力，你会发现，你获得的将远远超出失去的部分。同时，你还会找到久违的成就感。

相关链接

酒店开展计算机网络预订必须要有网络营销意识

酒店开展计算机网络预订已不再是新鲜事，为了酒店的生存和发展，在信息时代酒店开展计算机网络预订已是必然趋势。然而，目前有许多酒店经营者对其还不够重视，没有从经营的战略高度去审视计算机网络预订的重要性，使计算机网络预订的开展产生了不良的效果。

酒店建立网站或开展计算机网络预订并不意味着酒店网络营销工作的终结，而这恰恰是整个网络营销过程的开始。有许多酒店在加入订房中心的预订系统或制作了几个网页后，就等着客户上门，很少做网络营销的基础工作，这是没有网络营销意识的表现。酒店要在网络上展现自己的风采就必须要体现出有别于他人的特色，要不断地变化自己的主页，使出招数吸引客人。酒店加入订房系统是为了广开客源市场，所以必须将最有效的信息展现给客人。有个说法叫“80%和半年定理”，意思是80%的浏览者在浏览到一个他不感兴趣的页面时，在半年之内不会再次光顾它。不同的年龄段、不同的住宿动机、不同的阶层对客房的要求是有所差别的，网络营销可以使客人方便地了解到自己所感兴趣的事。酒店可以针对不同的目标客户群体设计不同的页面风格。例如，对于价格重视型的客人，可以专门设计一个链接介绍酒店价格折扣以及与其他酒店相比的价格优势，也可以适当运用一些其他的优惠措施；对于商务客人，可以专门介绍自己酒店的设施、服务、地理位置等；对于不同语言、国家、宗教信仰的潜在客人，可以从语言文字、内容、页面色调图案等各个方面进行“关怀”，使客人在未订房之前先体验到亲切感。

网络营销是真正的个性化营销，酒店甚至可以在标准化的基础上针对不同客人对客房进行定制，或者将不同的客房冠以不同的主题，供客人任意选择。酒店开展网络营销的方法和过程如下。

一、酒店网络营销的市场定位

网络营销与传统营销不同，传统营销一般是单向的，而网络营销是双向的，即酒店经营者必须了解网络客户的各种情况，同时也必须了解自己的产品是否适合网络客户。酒店可以先通过自己的网站窗口，了解客户群体情况，同时了解客户的需求。

二、确定网络营销的主要对象

网络营销对象是针对可能在网络虚拟市场上产生购买行为的客户群体提出来的。酒店根据自身的产品特点情况确定营销主要对象，通过网站的内容制作来吸引这些群体访问。对于酒店来说，客户群体无非是这样几种：年轻人客户群体、商务客户群体、中高档经济收入客户群体、中低档经济收入客户群体、休闲度假型客户群体。在确定网络营销的主要对象时，还必须了解和关注网络用户的群体分布，即通过关注网络上的客户群体，结合自己的产品特点，最后确定网络营销的主要对象群体。

三、设计网络营销的内容

网络营销的最终目标是希望形成一定的客户群，这些客人在近期能通过计算机网络预订酒店的客房。客人对一个酒店客房的预订是一个复杂和多阶段的过程，营销内容应当根据客人预订的决策阶段和酒店产品周期的不同阶段来决定。通常而言，一个客人对计算机网络预订都将经过了解阶段、试用阶段和使用阶段，酒店经营者必须注意每个阶段的营销内容，精心培育网络客户群，使酒店的计算机网络预订顺利通过培育期、成长期，并进入良性循环的成熟期。

此外，酒店领导是关键。领导必须要有战略眼光，有计划、有步骤地开展计算机网络预订。

（资料来源：http://www.canyin168.com/Print.aspx? id=3364&page=2）

小结

客房预订是前厅部的一项重要业务内容。积极有效地开展预订业务既能满足客人的订房要求，又可以促进酒店客房的销售。前厅部的正常运转离不开方便、快捷的预订系统和程序，预订系统必须能够准确、快捷、高效地回应客人的订房要求。通过本项目学习，学生了解了客房预订的方式和种类，掌握了受理散客预订、计算机网络预订、传真预订、团队预订的标准和程序，学会了处理预订变更与取消、预订特殊情况的解决办法，理解了超额预订的内涵和处理程序等预订业务的相关知识。

考核指南

一、基础知识考核

（一）考核内容

1. 预订的方式与种类有哪些？
2. 客房预订工作的基本程序是什么？
3. 简述计算机网络预订的受理程序。
4. 预订客人抵店前，预订处应做好哪些准备工作？
5. 什么是超额预订？如何控制好超额预订的幅度？
6. 超额预订的处理程序是什么？

（二）考核方式

笔试或口试。

二、服务技能考核

（一）考核内容

1. 正确填写客房预订单。
2. 散客电话预订的受理。
3. 传真预订的受理。
4. 团队预订的受理。
5. 婉拒预订、变更预订和取消预订的受理。
6. 预订特殊情况的受理（客人要求接机或接车、代订票、代订会场、新婚订房）。
7. 保证类订房客人抵店后无房的处理。

（二）考核方式

情景模拟、实验室现场操作。

项目二　前厅礼宾服务

导读

为了体现酒店的档次和服务水准，许多高档次酒店都设立礼宾部，来为客人提供礼宾服务。礼宾服务主要向客人提供店内外的迎送服务、行李服务、报刊/邮件服务以及寻人和委托代办服务等。礼宾服务是酒店前厅服务的“窗口”，是给客人留下第一印象和最后印象的关键服务阶段。

为了能统一指挥、协调前厅礼宾服务员的对客服务，酒店常在大堂某一区域设置礼宾值班台，由礼宾司或具有较丰富经验的礼宾服务员担任值班工作。

学习目标

1. 了解店内外迎送服务、行李服务、委托代办等的服务知识。
2. 熟练掌握驻机场代表、迎送、行李服务程序和服务技能。
3. 掌握行李寄存和提取服务程序。
4. 了解“国际金钥匙组织”的起源和金钥匙的服务理念。

引导案例

酒店大厅的休息处坐着几位客人，他们在激烈地争论着什么，其中一位客人在纸上写写画画，忽然，客人似乎写错了，用笔涂了涂，然后将纸团成一团，对准较远处墙边的垃圾桶扔了过去。不料没有扔进，纸团落在了地上，其他客人便开玩笑说：“投篮不准。”然后继续讨论着问题。

行李员小任刚刚将一个团队客人的行李送上楼层，回到大厅，经过休息处时，发现了地面上的白色的纸团，便立刻很自然地捡了起来，放进了垃圾桶，之后，看到了又准备“投篮”的客人，便上前去，说：“先生，我帮您拿过去吧。这儿扔垃圾确实不方便，我马上让清扫员拿一个小垃圾桶给您，请您稍等。”说完，接过客人手中的纸团，扔进垃圾桶，又很快地找到清扫员，让她给客人送上一个小的纸篓。

实战学习

单元一　礼宾部的介绍

一、礼宾部的岗位价绍

我国大中型酒店一般将礼宾服务与前台问讯、接待、结账等作为前厅服务流程中四个平行的机构而单独设置。礼宾部也称为“行李部”，主要由礼宾部主管、礼宾部领班、门童、行李员、驻机场代表等组成，如图 2－2 所示。

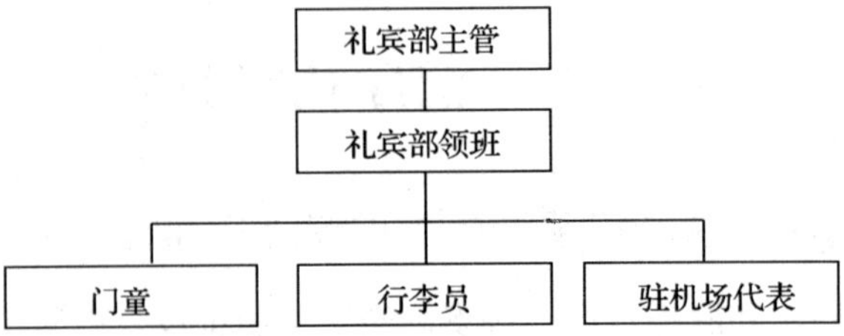

图 2-2　礼宾部岗位设置

礼宾服务主要由迎送客人服务、行李服务、委托代办服务等组成，礼宾部的员工对客服务的流程如图 2-3 所示。

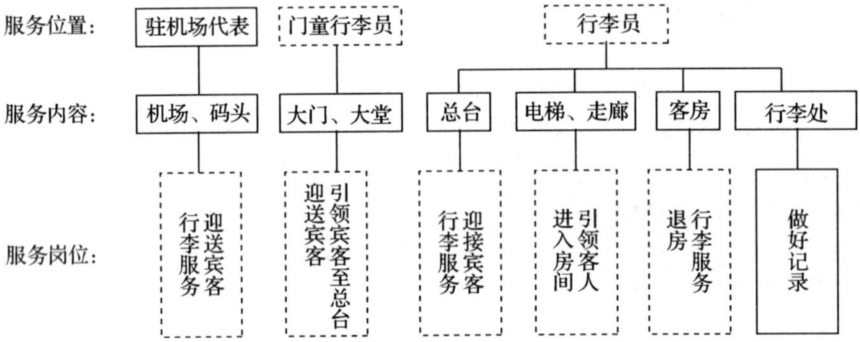

图 2-3　礼宾部对客服务流程图

(一) 礼宾部主管

1. 岗位描述

全面负责礼宾部的管理与培训等工作。落实和执行前厅部经理的指令，及时反映本部门工作情况。

2. 岗位职责

(1) 了解前一日酒店住房出租率以及当日预测住房出租率。

(2) 查看交班本，了解上一班的工作情况有无要跟进的事项。

(3) 指导监督和考核本部员工遵守纪律、执行工作程序的情况。

(4) 协调本部门与相关部门的关系，保证礼宾部更好地运作。

(5) 负责本部门设施设备的保养维护和部门各类低值易耗品的发放与使用。

(6) 安排人力准确运送团体和散客行李进出酒店。

(7) 组织培训，传达酒店的政策及工作要求。

(8) 每日当值前，认真检查上岗员工的仪容仪表。

(9) 站于柜台内，接听电话，回答客人询问。

(10) 观察大厅内的情况，维护大厅内的秩序及督导本部门员工的对客服务。

(11) 分配本部门员工的工作，及时派送各类报表、报纸、信件、传真、留言、包裹等。

(12) 安排员工完成临时性的工作。

（13）做好交接工作，认真落实每一件事，避免工作上的任何失误。

（14）负责各项委托代办业务。

（二）礼宾部领班

1. 岗位描述

礼宾部领班向礼宾部主管负责，协助主管做好部门管理工作，带领门童、行李员、驻机场代表等为客人提供优质服务。

2. 岗位职责

（1）主持班前、班后会，检查员工仪容仪表。

（2）检查行李房行李的登记及保管情况。

（3）检查每班组员工维护、保养设施设备的工作。

（4）合理安排当值员工带房、送报纸、留言、传真、用餐等各项工作。

（5）负责做好租车服务。

（6）为客人提供租借物品等服务。

（7）维护大堂的正常秩序。

（8）检查当值员工的工作状况，保证客人得到满意的服务。

（9）了解酒店的服务设施和所有活动，解答客人的各种疑问，确保重点宾客得到特别服务。

（10）做好每天对本班次员工的考核记分工作。

（11）必要时接受主管委托，代理其工作。

（12）完成上级交办的其他任务。

（三）门童

1. 岗位描述

门童位于酒店服务的最前沿，他们代表全酒店人员对所有光顾酒店的客人致以问候，维持酒店正门前的交通秩序。

2. 岗位职责

（1）协助车管人员保持大堂门前车道畅通。

（2）为来店客人提供拉车门、拉门服务。

（3）热情招呼进出客人。

（4）配合行李员完成客人行李运送一条龙服务。

（5）记住常客、商务客人的姓名，尽量用姓名称呼重要客人。

（6）注意大门口的灯光照明、环境卫生，发现问题及时上报。

（7）负责注意门厅出入人员动向，做好防爆、防盗工作。

（8）了解酒店各项服务设施以及营业时间。

（9）遇到雨雪天气，应为客人存放雨具。

（10）帮助老弱病残客人上下车以及进出酒店。

（11）每日查看交班记录本。

(12) 完成上级交办的其他任务。

(四) 行李员

1. 岗位描述

行李员是大堂服务的主体，其主要任务是为客人提供迅速、准确的行李运送服务。

2. 岗位职责

(1) 查看交接班记录，了解上一班次移交事项。

(2) 为进出店零星客人提供行李服务。

(3) 负责收集、装卸团队行李，并请领队和司机确认交接。

(4) 保管行李、收送行李。

(5) 礼貌引领客人进客房，并根据实际情况，用准确、熟练的中英文向客人介绍酒店的各项服务设施。

(6) 负责留言、信件、快件的投递，并请收件人签名，回大堂后，填写相应表格。

(7) 解答客人提出的问题，主动帮助客人解决困难。

(8) 提供呼叫寻人服务。

(9) 熟悉应急处理程序，一旦有紧急情况，能单独处理。

(10) 完成上级交办的其他工作。

(五) 驻机场代表

1. 岗位描述

驻机场代表主要负责为入住酒店的贵宾及有需要的客人提供接机、接车、接船服务。

2. 岗位职责

(1) 每日上班前查阅预订报告，了解每天接送客人情况预测表，掌握每位客人的特殊要求。

(2) 向车队发接送通知单，准时抵达机场、火车站、码头等地欢迎、接待酒店客人。

(3) 尽快为客人安排回酒店的交通工具。

(4) 提供 VIP 客人信息。

(5) 负责处理客人行李问题。

(6) 根据接待工作的原则，灵活处理客人提出的各种服务要求，尽量提供酒店及旅游等方面的信息。

(7) 在淡季积极争取客源，在机场宣传、介绍酒店产品及服务，争取未预订散客入住酒店。

(8) 负责为住店客人提供满意的接送服务，保质保量完成上级下达的工作任务。

(9) 注意与车队司机协调配合，顺利完成迎接任务，及时与前台和机场联系，获取航班抵离情况，避免误接或未接到的现象产生。

(10) 搞好与其他酒店机场代表的关系及协调酒店有关部门联系机场业务。

二、礼宾部的工作任务

礼宾服务主要向客人提供店内外的迎送服务、行李服务、报刊/邮件服务以及寻人和委托代办服务等。具体而言，前厅礼宾部对外提供的服务项目包括以下内容。

（1）在机场、车站或码头、店门前迎送客人服务。

（2）疏导酒店门前车辆。

（3）提供替客人泊车服务。

（4）提供行李搬运服务。

（5）提供行李寄存服务。

（6）递送住客邮件和酒店内部邮件、留言单等服务。

（7）分发住客的报纸。

（8）提供呼叫寻人服务。

（9）提供简单的店外修理服务（如修理皮箱、鞋等）。

（10）提供穿梭巴士（Shuttle Bus）服务及预订出租汽车服务。

（11）为住客储备日用品。

（12）其他的委托代办服务及必要时的电梯服务。

三、礼宾部的设施设备

（一）行李车

1. 作用

行李车（见图2－4）主要用于搬运大件或数量较多的行李。

2. 使用方法

将行李按照上小下大、上轻下重的原则，把手同向摆放，由行李员在前方拉动行李车以搬运行李。

（二）雨伞架

1. 作用

雨伞架（见图2－5）主要用于雨天摆放雨伞，既可以避免雨伞丢失，又可以避免雨水滴在地面，造成地滑。

图2－4　行李车

图2－5　雨伞架

2. 使用方法

首先用钥匙开锁，放入雨伞，再扭动钥匙将锁锁住即可。

（三）行李网

1. 作用

行李网（见图2－6）在行李存放或团队行李入店时使用，罩住行李以防错拿行李。

2. 使用方法

用行李网罩住行李（全团行李）即可，需要有人照看，以防行李丢失。

（四）寻人牌

1. 作用

寻人牌（见图2－7）用于机场、车站等的接站以及店内寻人时，由服务员高举寻人牌服务。

图2－6 行李网

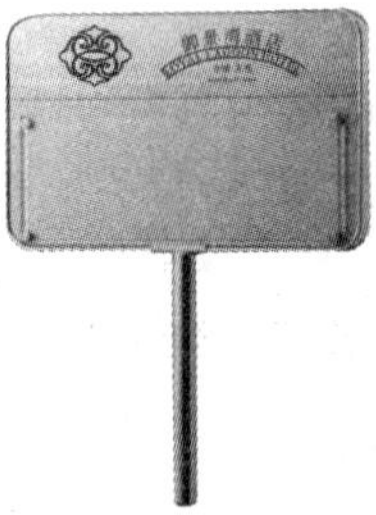

图2－7 寻人牌

2. 使用方法

首先打印或书写客人姓名等信息，由驻机场代表高举于出站口等候客人的到来，或由礼宾员高举于店内公共区域内寻人。

单元二 迎送客人服务

迎送客人服务分为店外迎送和门厅迎送两部分，由驻机场代表、迎送员、行李员共同完成。下面以任务形式分别介绍店外和门厅迎送客人服务。

任务一 店外迎送客人服务

店外迎送服务主要由驻机场代表提供。酒店在其所在城市的机场、车站、码头设点派出代表，接送抵离店的客人，争取未预订客人入住本酒店。这是酒店设立的一种服务规范，既是配套服务，也是酒店根据自己的市场定位所做的一项促销工作。

［任务描述］

张先生预计于8月20日搭乘南方航空公司CZ6366航班从北京首都机场抵达武汉天河机场。

［任务准备］

（1）学生分组：以3~4人为一组。
（2）教学师资：专职教师、兼职教师。
（3）接机用具准备：寻人牌。
（4）教学情境：模拟机场接机口。

［任务实施］

酒店在机场、车站、码头均设有服务台（服务台往往比较醒目，并有酒店店徽标志）。若没有设服务台，则由驻机场代表身穿制服，手持特征明显的寻人牌等候客人，寻人牌应钉有长0.5米左右的把手，正面应是中英文对照的酒店名称和客人的中文或英文名字。

驻机场代表应具有强烈的责任心、自觉性，有较高的外语交流水平，熟悉酒店的客情，掌握主要客源国旅游者的生活习俗、礼仪，有较强的应变能力、业务推销能力和人际交往能力等。

驻机场代表的服务程序包括以下三项内容。

1. 客人抵达前

（1）熟悉次日、当日客情，在预订客人抵达前一天，向预订处索取“宾客接车通知单”，了解客人姓名、人数、所乘航班号及接待规格等信息。

（2）根据接机预测报告，安排好机场与酒店间运行的穿梭巴士或向车队下达出车指令。

（3）客人抵达当天，根据所乘航班时间提前做好接机准备，如在寻人牌上醒目写明预接客人的姓名等。

（4）密切注意航班变更、取消及延迟的最新消息。若有变化，则与管理人员联系，作出适当调整。

2. 客人抵达后

（1）接到客人后，主动问候，表示欢迎，并向客人介绍自己的身份和任务，同时帮助提取行李，引领客人上车。

（2）根据客人房号（已排房）开立账单，将车费录入客人账目或由司机收费。

（3）使用电话通知前厅礼宾值班台有关客人抵店信息，包括客人姓名、所乘车号、离开时间、用房有无变化等；如果客人属贵宾，则应通知酒店大堂副理，并告知其客人离开机场（车站）的时间，请他安排有关部门做好迎接工作。

（4）一旦出现漏接或在机场找不到客人的情况，应立即与酒店接待处联系，核查客人是否已自己乘车抵店，并向有关部门反映情况，以便采取补救措施。

（5）应掌握酒店当天客房出租情况，积极向未预订客人推销本酒店，主动介绍本酒店的设备设施情况，争取客人入住。

3. 客人离店时

（1）客人离店时，驻机场代表与礼宾行李组及车队取得联系，弄清客人姓名、所乘航班、离店具体时间、行李件数及其他要求。

（2）协助客人托运行李和办理报关手续。

（3）与客人告别，感谢客人光临酒店，并欢迎客人再次光临。

[任务总结]

由驻机场代表提供的店外迎送是前厅礼宾服务的延伸，也是酒店整体对客服务的延伸和扩展。越来越多酒店开始重视并在国际空港设置驻机场代表岗位，使得此类服务更具专业性。

[知识或技能拓展]

见面礼节盘点

1. 握手

握手是大多数国家相见时最常用的礼节，广泛运用于社会各阶层。行握手礼时，一般要求主人主动，男士必须光手，女士则可以戴手套。另外，握手不能交叉。

2. 鞠躬

鞠躬是日本最常用的见面礼节。日本是一个极其注重礼节的国家，见面时一般都要互相问候，脱帽鞠躬，眼睛向下，表示诚恳。日本妇女温柔、体贴，每天鞠躬无数次，对男子亦十分尊重。除了日本之外，朝鲜人见面也行鞠躬礼。

3. 双手合十

这种礼仪多见于信奉佛教的国家，比如说泰国。泰国人见面时往往低头问候，并将双手合十于胸前。晚辈见长辈双手举到前额高度，平辈到鼻子高度，而长辈还礼则只需到胸前即可。

（资料来源：http://world.people.com.cn/GB/9858660.html）

任务二　门厅迎送客人服务

门厅迎送服务也称为“店内迎送服务”，是对客人进入酒店正门时所进行的一项面对面的服务。门童是代表酒店在门口迎送客人的专门人员，是酒店形象的具体表现。一般安排身材高大、英俊、目光敏锐、经验丰富的青年男性担任此项工作，但也有用气质好的女性或稳重、讲究礼节的老年男子担任门童的情况。

[任务描述]

（1）李先生乘出租车抵达本酒店，将于两日后离店。

（2）一个美国 20 人旅游团乘旅游大巴抵达本酒店，将于两日后离店。

（3）VIP 客人陈先生乘车抵达本酒店，将于两日后离店。

［任务准备］

（1）学生分组：以3～4人为一组。

（2）教学师资：专职教师、兼职教师。

（3）教学用具：用夹板制作的车门能开合的汽车模板。

（4）教学情境：模拟酒店入口。

［任务实施］

门厅迎接员要承担迎送客人，调车，协助保安员、行李员等人员工作的任务，通常站在大门一侧或台阶下、车道边，站立时应微挺胸，眼睛平视，表情自然，双手自然下垂或前交叉相握，两肢间隔与肩同宽。

迎送客人服务程序如下。

一、迎客服务

（一）散客步行抵店时

（1）客人到达酒店时，门童应主动、热情、面带微笑向客人点头致意，并致问候或欢迎语，同时用手势示意方向，为客人拉开大门。

（2）若行李员距离较远，应使用规范手势，切忌大声喊叫，以免扰乱前厅安静的气氛。

（二）散客乘车抵店时

（1）将客人所乘车辆引领到适当的地方停下，以免酒店门前交通阻塞。

（2）面带微笑，使用恰当的敬语欢迎前来的每一位客人。

（3）趋前开启车门，用左手拉开车门成70°左右，右手挡在车门上沿，为客人护顶，防止客人碰伤头部，并协助客人下车。

1）原则上应优先为女宾、外宾、领导老年人开车门，如一时辨别不清车内客人的性别、国籍、年龄，应先开朝向台阶一侧的后门，如有必要或需要再开前门，最后开另一侧的后门。

2）若遇到客人行动不便时，立即上前搀扶，并提示行李员为客人准备轮椅。

（4）及时为客人拉开酒店正门，如果客人行李物品较多，应主动帮助提拿，并提醒客人清点件数，带好个人物品，进入大厅时应立即交给行李员。

（5）如果遇到下雨天，应主动打伞接应客人下车进店，并提醒客人可以将雨伞锁在门口的伞架上。

情景：

一辆高级轿车向酒店驶来，停在酒店门前，门童迎上去看清车上有三位欧美客人，两位男士坐后面，女士坐前排，小李上前一步，以麻利的规范动作为客人打开后门，做好护顶，再开前门，女士满脸不悦。请问为什么女士不悦？

答案：欧美人讲究女士优先原则，所以应先为前排女士开门。

（三）团队乘车抵店时

（1）团队客人到店时，待客车停稳后，门童站立在车门一侧，迎接客人下车，主动点头致意、问候。

（2）协助行李员卸行李，注意检查有无遗漏物品。

（3）招呼行李员引领客人进入酒店大堂。

二、送行服务

（一）散客离店时

（1）客人离店时，门童应主动为客人叫车，将车引至便于客人上车又不妨碍其他车辆的停放位置。

（2）协助行李员将行李装入汽车的后舱，请客人确认无误后关上后舱盖。

（3）请客人上车，右手挡住车门上沿，防止磕碰客人头部，并向客人道别，预祝客人旅途愉快，欢迎客人再次光临。

（4）轻轻关上车门，切忌夹住客人的衣、裙等，面带微笑，后退一步，挥手道别，目送客人以示礼貌，并说“再见”、“一路平安”等礼貌用语。

（5）如果客人暂时外出，可以说“一会儿见”，避免客人反感。

情景：

王太太接到朋友来电，该朋友称将马上到酒店探望她，王太太非常激动，直奔大堂。10分钟过去了，王太太的朋友还没出现，王太太不得不到往大厅外雨棚走去，门童见到后说：“请走好，欢迎下次光临。”王太太一会儿在酒店大厅外，一会儿在酒店大厅内，往返多次，门童只是机械地说：“请走好，欢迎下次光临。”请问该服务出现了什么问题？

答案：门童在服务中太过于机械了，没有了解到客人行为的真正目的。

（二）团队离店时

（1）送别团队客人时，门童应站立在车门一侧，向每一位上车的客人点头致意，欢迎客人再次光临，主动搀扶老人或行动不便的客人。

（2）待客人全部到齐，司机关门后，伸手示意司机开车，并目送客人离去，表示感谢客人光顾。

三、门厅VIP迎送服务

门厅VIP客人迎送是酒店对下榻的VIP客人的一种礼遇。门童应根据客房预订处发出的接待通知，做好充分准备。具体准备工作如下。

（1）根据需要，负责升降某国国旗、中国国旗、店旗或彩旗等。

（2）负责维持大门口秩序，协助做好安全保卫工作。

（3）正确引导、疏通车辆，确保大门前交通畅通。

（4）讲究服务规格，准确使用VIP客人姓名或头衔向其问候致意。

四、其他日常服务

（一）保持大门的环境清洁

大门是酒店门面，虽然门童不负责清扫，但有责任保持门口及大厅的清洁，发现有杂物时，立即通知保洁员予以清除，发现纸屑、烟蒂时，应捡起投入垃圾桶内。

（二）检查大门的完好程度

随时检查大门的完好程度，发现问题应及时报修。

（三）做好门前安全工作

协助保卫人员做好门前保安工作，注意门前来往客人，保持高度的警惕性，拒绝衣冠不整者或做不正当买卖者进店，必要时通知保安部甚至公安部门处理，确保酒店安全。

（四）回答客人问讯

在大门外，门童经常会遇到客人有关店内情况的问讯，如酒店内有关设施和服务项目，有关会议、宴会、展览会等，以及市区的交通、游览点和主要商业区情况，门童均应给予客人正确、肯定的答复。如没把握，可表示歉意，并请客人到问讯处询问，绝不能说“不知道”或“不清楚”。

（五）指挥疏导门前交通

要掌握酒店门前交通、车辆出入以及停车场的情况，准确迅速地指示车辆停靠地点；及时疏导车辆，保持门口、车道通畅，维护门口良好秩序。在用车高峰时或雨雪天时，主动为客人调度、联系车辆。

（六）填写服务指南卡

对不熟悉酒店周围环境的客人，门童应热情耐心地问清客人所去目的地，然后告诉司机，并填写“服务指南卡”以记下车号、日期、时间及目的地，然后将卡片交给客人保留。

［任务总结］

门童是客人抵店后遇到的第一位酒店服务员，其服务水平的高低直接影响着客人对酒店的第一印象。门童工作看似简单，却涉及礼宾礼仪的众多知识，如见面礼仪、拉车门的顺序等，同时，门童工作的高重复性也时时考验着员工的意志和耐心。

［知识或技能拓展］

酒店门童服务三要素

门童岗是所有出入酒店客人必经的通道，门童的形象代表了客人对酒店的第一感知。

那么，怎样才能让客人在短时间内认知门童的服务，享受到酒店服务的温馨呢？这就要求门童必须具备以下三个要素。

第一要素：细心观察

只有通过细心观察，才能够抓住对客服务的切入点，进行正确分析，推断出客人的下一个需求和未来需求是什么。细心观察具体是指观察客人到店的交通工具、性别、年龄、衣着、随身物品等信息，从而推断出客人是本地人还是异地人，是商务客人还是政府官员，是刚下飞机还是刚下火车等。观察一定要细心，不放过客人所流露出的每一点信息、每一个标志、每一个号码、每一个举动，为下一步服务奠定坚实的基础。

第二要素：适时服务

适时服务就是要做到适时适地、恰如其分地为客人提供卓越服务，并让客人有所感知，认可其服务。门童要做好以下几点：① 时时刻刻都以标准的站立姿势站在自己的岗位上；② 细心观察自己视野中即将通过门庭的客人；③ 当客人距手拉门 5 米时，面带微笑并用眼神关注客人；④ 在客人距离手拉门 1.5 米时，迅速用标准、规范的动作打开门；⑤ 在客人从服务人员面前经过时，面带微笑点头示意，并用得体的语言问候客人。

第三要素：有道别声

门童工作是迎送客人，迎完了客人之后如何送客是决定服务是否完整的一个衡量标准。若客人离开酒店时也能感受到温馨的服务，这样的服务才是标准的、合格的。作为门童，与客道别要做到以下几点：① 用眼神去关注客人；② 微笑面对客人，并点头示意；③ 在客人即将通过的瞬间打开车门；④ 配以得体的道别语言；⑤ 目送客人离开视线，若客人有其他需求，应及时进行跟进服务。

（资料来源：http://www.canyin168.com/glyy/qtgl/qtlg/200911/18292.html）

单元三　行李服务

酒店的行李服务是由前厅部的行李员提供的，其工作岗位位于酒店大堂一侧的礼宾部（或大厅服务处），位置比较显眼，能够观察客人进出。为了能做好行李服务工作，要求行李组领班及行李员必须具备下列素质。

（1）掌握酒店服务与管理的基础知识。

（2）了解店内、店外诸多服务信息。

（3）熟悉酒店内各条路径及有关部门的位置。

（4）掌握酒店内餐饮、客房、娱乐等服务内容、服务时间、服务场所及其他相关信息。

（5）掌握酒店所在地名胜古迹、旅游景点及购物场所的信息。

（6）熟知礼宾部、行李员的工作程序及操作规则、标准。

（7）具备良好的职业道德，诚实，责任心极强。

（8）性格活泼开朗，思维敏捷。

（9）能吃苦耐劳，做到眼勤、嘴勤、手勤、腿勤。

（10）善于与人交往，和蔼可亲。

下面将以任务形式分别介绍散客行李服务、团队行李服务和行李存取服务。

任务一　散客行李服务

［任务描述］

李先生乘出租车抵达酒店，随身携带两件行李。

［任务准备］

（1）学生分组：以 3 ~4 人为一组。

（2）教学师资：专职教师、兼职教师。

（3）教学用具：行李车、行李登记单、小件行李若干等。

（4）教学情境：模拟酒店入口、酒店大堂、客房。

［任务实施］

一、散客抵店行李服务

散客抵店行李服务的程序与标准如下所述。

（一）出门迎接

当客人抵店时，行李员出门迎接，并主动向客人表示欢迎。

（二）协助客人提取行李

客人下车后，行李员将客人行李卸下车，并请客人一起清点行李件数，检查行李有无破损。根据行李的多少决定是否需要使用行李车。对于客人的贵重物品和易碎物品，行李员不必主动提拿，如果客人要求帮助，行李员应特别小心，轻拿、轻放，防止丢失和破损。

（三）引领客人到前台接待处

引领客人时，要走在客人的左前方，距离两三步远，步伐节奏与客人保持一致。遇到拐弯处或人多时，要注意回头招呼客人。

（四）看管行李，等候客人

客人办理入住登记手续时，行李员应站在前台一侧客人身后 1.5 米处，看管行李，听候召唤。

（五）引领客人进入房间

（1）入住登记完毕后，主动趋步向前从接待员手中领取房间钥匙，引领客人至客房。在途中应主动热情地问候客人，并适时介绍酒店特色、新增设的服务项目、特别推广活动等。

（2）到达电梯时，要注意相关礼节：让客人先进电梯，行李员进电梯后，按好电梯楼层，站在电梯控制牌处，面朝客人，并主动与客人沟通；电梯到达后，让客人先出电梯，行李员随后提行李跟出。

（3）敲门。进入房间前，先向客人介绍如何使用钥匙开门及其他钥匙的用途，然后按照酒店既定程序敲门、开门，以免接待处客房登记重复给客人造成不便。

（六）房间服务

（1）进房。开门后，应先开总开关，确定客房属可售房后，手势示意请客人先进。将行李放在行李架上或按客人吩咐放好。

（2）介绍房内设施及使用方法。注意选择介绍的内容和介绍方法，避免出现没完没了的空洞“介绍”，诸如“这是卫生间”、“这是电视机”等。向客人介绍客房设施设备及使用方法时可按如下内容介绍。

1）介绍该房间楼层紧急疏散图示。

2）向客人介绍电话使用方法，店内各主要服务部门的电话号码，以及介绍床头柜上控制板的电器、照明、温度控制等开关的使用方法。

3）重点介绍酒店有特色的服务。

4）扼要说明电视节目内容。

5）打开冰箱，介绍小酒吧服务，并提醒客人注意放在酒吧上的价格表。

6）提示客人洗衣袋、洗衣单摆放位置并介绍洗熨衣服务。

7）介绍卫生间冷热水、晾衣绳及电源的使用方法。

在介绍的过程中，始终关注客人的表情及神态，并回答客人提问。如果客人曾经住过本酒店，则可不必介绍。

（七）离房

离开前，应询问客人是否还有吩咐。如客人无其他要求，则向客人道别，祝客人愉快，然后将房门轻轻拉上，迅速离开。

（八）登记

返回行李处，填写“散客入住行李搬运记录”（见表2-11）。

表2-11 散客入住行李搬运记录

日期：

Date:

房　号 Room. No.	上楼时间 Up Time	行李件数 Pieces	行李员 Bellboy	预订离店时间 Departure Time	备　注 Remarks

二、换房行李服务

换房行李服务的程序与标准如下。

（1）接到接待处换房通知后，应问清客人房号，并确认客人是否在客房。

（2）进入客人房间前，应先敲门，经客人同意后方可进入。

（3）请客人清点要搬运的行李及其他物品，并小心地将其装上行李车。

（4）引领客人进入新换的客房后，将行李重新放好，收回客人原有的客房钥匙和住房卡，并将新的客房钥匙和住房卡交给客人。然后向客人道别，离开客房。

（5）返回大厅，将客人的原客房钥匙和住房卡交给前厅接待员，并告之换房完毕。

（6）做好换房记录。

（7）前厅接待员用电话与客人联系，询问其对所换房间是否满意等。

三、散客离店行李服务

散客离店行李服务的程序与标准如下。

（1）站立于大门附近，注意大厅内客人动态。客人携行李离店，则应主动上前提供服务。

（2）当接到客人要求运送行李的通知后，应礼貌地问清房号、姓名、行李件数和搬运时间等，做好记录。

（3）按门铃，通报自己的身份，得到客人允许后，进入客房。

（4）帮助客人清点行李，检查行李是否有破损情况，如有易碎物品，则贴上易碎物品标志。给行李系上填好的行李卡（注明“OUT”字样、房号、件数等）。

（5）若客人不在房内，应请楼层服务员开启房门，并取出行李，核对件数。注意检查房内有无客人遗忘的物品等。

（6）来到大厅后，应先到前台收银处确认客人是否已结账。若客人仍未结账，应礼貌地告诉客人收银处的位置。

（7）再次请客人清点行李件数。确认无误后，将行李装上车，并提醒客人交回客房钥匙。向客人道别，祝客人旅途愉快。

（8）返回大厅，填写“散客离店行李搬运记录”（见表2－12）。

表2－12　散客离店行李搬运记录

日期：

Date:

房　号 Room No.	预订离店时间 Departure Time	行李件数 Pieces	行李员 Bellboy	车　号 Car No.	备　注 Remarks

［任务总结］

行李装载着客人出行的用品和旅途的收获，不论其贵重与否，对客人都十分重要。为客人提供周到的行李服务，是每个行李服务员必须做到的事情。按照行李服务程序和标准进行操作，能帮助行李员更好地为客人提供优质、高效的服务。

［知识或技能拓展］

搬运行李的技巧

当客人行李件数较多时，行李员需要用到行李车为客人提供行李服务。搬运行李时，客人的贵重物品、易碎品，如手提包、笔记本电脑、照相机等，应让客人自己保管。

装行李车时，应注意将行李按照上小下大、上轻下重、把手同向的原则摆放。意思就是说将大件、硬件、重件放在下面，小件、软件、轻件装在上面。同时，为了方便行李员从行李车的一侧而不是来回奔跑于两侧来装卸行李，行李的把手则要同向摆放。搬运行李时还要注意，不可用力过猛，更不可用脚踢客人的行李。

（资料来源：http://www.17u.net/bbs/show_ 7_ 492784.html）

任务二　团队行李服务

［任务描述］

一个美国20人旅游团乘旅游大巴抵达本酒店，定于两日后离店。

［任务准备］

（1）学生分组：以3~4人为一组。

（2）教学师资：专职教师、兼职教师。

（3）教学用具：行李车、行李登记单、行李网、行李牌等用具。

（4）教学情境：模拟酒店入口、酒店大堂。

［任务实施］

一、团队抵店行李服务

旅行社一般备有行李车，由专职的行李押运员运送团队行李。酒店行李员只负责店内行李的运送与收取。

团队抵店行李服务的程序与标准如下。

（1）团队行李到店时，行李员与行李押运员进行交接，清点行李件数，检查行李有无破损，然后双方按各项规定程序履行签收手续。

（2）行李如有破损或短缺，必须请行李押运员签字证实，并通知陪同和领队。

（3）将行李放在指定的地点，标上团号，拴上行李牌，摆放整齐，若需等候用房分配表，则用行李网将行李罩住。注意不同团体的行李之间应留有空隙。

(4) 在每件行李上挂上酒店的行李标签，待客人办理入住登记后根据接待处提供的团体分房表，认真核对客人姓名，并在每张行李标签上写上客人房号。填写房号要准确、迅速，然后在团体行李登记表的每一房号后面标明入店的行李件数，以方便客人离店时核对。

(5) 将写上房号的团队行李装上行李车。装车时应注意以下两点。

1) 硬件在下、软件在上，大件在下、小件在上，并特别注意有“请勿倒置”字样的行李。

2) 同一团队的行李应放于同一趟车上，放不下时分装两车；同一团队的行李分车摆放时，应按楼层分车，应尽量将同一楼层或相近楼层的行李放在同一趟车上；如果同一层楼有两车行李，应根据房号装车；如果同一位客人有两件以上的行李，则应把这些行李放在同一车上，应避免分开装车，以免客人误认为丢失行李。

(6) 到达客房时，行李员应将行李放在房门一侧，先按门铃或敲门。

(7) 客人开门后，主动问候，将行李放到房间，请客人当面确认；如果客人不在房间，应请楼层服务员开门，将行李放入房间。

(8) 对于破损和无人认领的行李，则应把行李放在一边，并在行李标签上注明团号及入店时间，然后将其放到行李房储存备查，并尽快与陪同或导游联系，确定物主的姓名、房号，尽快送给客人。

(9) 分送完毕后，返回行李处，填写“团队行李进出店登记表”（见表2-13），并按团体入住单上的时间存档。

表2-13 团队行李进出店登记表

日期：

<table>
<tr><td>团队名称</td><td></td><td>人数</td><td></td><td>抵店日期</td><td></td><td>离店日期</td><td></td></tr>
<tr><td></td><td>时间</td><td>总件数</td><td>行李押运员</td><td>酒店行李员</td><td>领队签字</td><td colspan="2">车号</td></tr>
<tr><td>进店</td><td></td><td></td><td></td><td></td><td></td><td colspan="2"></td></tr>
<tr><td>离店</td><td></td><td></td><td></td><td></td><td></td><td colspan="2"></td></tr>
<tr><td rowspan="2">房号</td><td colspan="3">进店件数</td><td colspan="3">离店件数</td><td>行李收取时间</td></tr>
<tr><td>行李箱</td><td>行李包</td><td>其他</td><td>行李箱</td><td>行李包</td><td>其他</td><td>备注</td></tr>
<tr><td></td><td></td><td></td><td></td><td></td><td></td><td></td><td></td></tr>
<tr><td></td><td></td><td></td><td></td><td></td><td></td><td></td><td></td></tr>
<tr><td>合计</td><td></td><td></td><td></td><td></td><td></td><td></td><td></td></tr>
<tr><td colspan="4">进店
行李主管：
日期/时间：</td><td colspan="4">离店
行李主管：
日期/时间：</td></tr>
</table>

二、团队离店行李服务

团队离店行李服务的程序与标准如下。

(1) 根据团队接待计划和当日领队或陪同的通知，安排次日团队预离店的行李运送事宜，确定收取行李时间。

（2）行李员在规定时间内，依照团号、团名及房间号码，按时到楼层及客房门口收取行李，记录每个房间的行李件数，并系好行李牌。

（3）如客人暂不在房间，门口又无行李，不可擅自开门收取行李，应及时通知值班台，尽快与领队或陪同人员联系。

（4）把行李集中到行李处，整齐码放排列，与领队或陪同清点件数，确认无误后，双方签字。如果暂时不运走行李，应加罩行李网并妥善看管。

（5）待运送行李的车辆到达后，与行李押运员清点、检查行李，办理交接手续，协助行李押运员将行李装车。

（6）填写“团队行李进出店登记表”并存档。

［任务总结］

团队是酒店的重要客源之一。当团队客人抵店时，大堂区域会出现短暂的拥挤和噪声，行李员必须提供优质、高效的服务才能使舟车劳顿的客人尽快休息，同时让大堂迅速恢复平静；否则，将会影响到大堂的其他客人。因此，行李处提前熟悉团队接待计划、预先安排好充足的人手就显得十分重要。

［知识或技能拓展］

行李员是酒店的招牌

行李员的工作其实并不简单，要用心才能做好。除了基本的车门服务、搬运行李、引领服务、安排出租车外，行李员还应该把服务做得更加细化、到位。例如，在入住高峰时段疏导酒店大厅门前的来往车辆；帮助客人记下其所乘坐的出租车车牌号，以方便客人在没有索要发票却有东西遗忘在车上时查找。

在对行李员进行入门培训时，除了英语及基本的礼仪培训外，还应注重对行李员进行世界各国、各民族风俗习惯及地方地理知识的培训。因为入住酒店的国外宾客很多，不同国家有不同的风俗习惯，在接待方式的细节上就会不同。例如，有些国家、民族不习惯他人用右手为其开车门，有的不喜欢他人为其开车门时“护顶”，还有的忌讳女士为他们送鲜花表示欢迎。这些不仅是文明礼仪的问题，也是对客人人格及信仰尊重的问题。

任务三　行李存取服务

除了在客人抵、离店以及换房时为其提供行李运送服务外，行李员还要负责住店客人的行李物品寄存等服务。各酒店一般只为住店客人提供该服务，外来客人的行李原则上不予寄存。

［任务描述］

王华先生需要寄存三件行李，晚些时候来取。

［任务准备］

（1）学生分组：以 1 ~ 2 人为一组。

（2）教学师资：专职教师、兼职教师。

（3）教学情境：礼宾服务台。

［任务实施］

由于各种原因，客人希望将一些行李暂时存放在礼宾部。礼宾部为方便住客存取行李，保证行李安全，应有专门的行李房并建立相应的制度，同时规定必要的手续。

一、对寄存行李的要求

（1）行李房不寄存现金、金银首饰、珠宝、玉器以及护照等身份证件。上述物品应请客人自行保管，或放到前厅收银处的保险箱内免费保管。已办理退房手续的客人如想使用保险箱，需经大堂副理批准。

（2）酒店及行李房不得寄存易燃、易爆、易腐烂或有腐蚀性的物品。

（3）不得存放易变质食品、易蛀仪器及易碎物品。如客人坚持要寄存，则应向客人说明酒店不承担赔偿责任，并做好记录，同时在易碎物品上挂上“小心轻放”的标牌。

（4）如发现枪支、弹药、毒品等危险物品，要及时报告保安部和大堂副理，并保护现场，防止发生意外。

（5）不接受宠物寄存。一般酒店不接受带宠物的客人入住。

二、行李寄存服务

行李寄存服务的标准如下。

（1）客人寄存行李时，行李员应主动问候客人，热情接待，礼貌服务。

（2）确认客人身份。请客人出示房卡，确认客人为住店客人。

（3）了解客人寄存行李要求，是短期寄存（24小时内）还是长期寄存（超过24小时）。

（4）礼貌地询问客人其寄存的行李中，是否有贵重物品或需要特殊处理的物品，并做好记录。

（5）请客人填写“行李寄存单”（见表2－14和表2－15），并签名。

（6）将寄存卡的上联（提取联）交给客人，提醒客人注意保存，将下联（寄存联）系在客人行李上。如果行李超过两件，则应用绳子串系在一起摆放在行李架上。

（7）检查行李。客人寄存行李的同时，行李员应认真仔细检查每件行李是否已上锁，并提醒客人行李内不能放入贵重物品或易燃、易爆、违禁品等。如客人执意要寄存未加锁的行李时，行李员应将寄存行李的规章给客人看，并将未上锁的小件行李在客人面前用封条将行李封好。如发现未上锁的行李或购物袋无法上锁时，应及时通知领班，向客人说明后，把行李放在安全的地方。

（8）将寄存的行李有秩序地摆放好，以免客人领取时错拿。

（9）经办人需及时在“行李寄存记录本”上进行登记，并注明行李存放的件数、位置及存取日期等情况。如属非住客寄存、住客领取的寄存行李，应通知住客前来领取。

表 2－14　行李寄存单（正面）

姓名 NAME：________________
行李数目 LUGGAGE：________________
日期　　　　　　时间 DATE：________ TIME ________
房号 ROOM NO.：________________
客人签名 GUEST'S SIGNATURE：________________
行李员签名 BELLBOY'S SIGNATURE：________________
请注意背面的条件 Note Conditions on Reverse

表 2－15　行李寄存单（反面）

CONTRACT RELEASING LIABILLTY No charge being inside for the receipt and storage of the property for the check which is issued, it is agreed by the holder in accepting this check that the hotel not be liable for loss or damage to the property caused by negligence of the hotel or by water, fire, theft, moths or any other case. If the property represented by the check is not called for within six months, the hotel may, at its option, sell it without notice, at public or private sale. The hotel is authorized to deliver the property to any person presenting this check. 如已签发此存放行李收条，绝不收取任何费用，但持有人应同意本酒店绝对不负任何由本酒店疏忽或由水浸、火烧、盗贼、虫蛀或其他意外等造成的损失或破坏之责任。如行李存入超过六个月，本酒店将会在不通知的情况下拍卖所有行李。本酒店有权将行李交给任何持有此收条的人士而不需要身份证明。

三、行李提取服务

行李提取服务的标准如下。

（1）主动问候客人，请客人出示提取联，并与寄存联核对。

（2）询问客人行李的颜色、大小、形状、件数、存放的时间等，以便查找。

（3）核对无误后，将行李物品从行李架上取下，交给客人，请客人当面清点并签字。

（4）将寄存卡的上联和下联装订在一起存档。

（5）如住客寄存、他人领取，要请住客把代领人的姓名、单位或住址写清楚，并请住客通知代领人带“行李寄存单”的下联及证件来提取行李。行李员要在“行李寄存记录本”的备注栏内做好记录。

（6）如果客人遗失了“行李寄存单”，应请客人出示有效身份证件，核查签名，并请客人报出寄存行李的件数、形状特征、原房号等。确定是该客人的行李后，请客人写一张领取寄存行李的说明并签名（或复印其证件）。将客人所填写的证明、证件复印件、“行李寄存单”上联订在一起存档。

（7）来访客人留存物品让住店客人提取的寄存服务，可采取留言的方式通知住客，并参照寄存、领取服务的有关条款进行。

［任务总结］

行李寄存服务看似简单，但一定要按照程序给客人办好手续，切不可因客人比较熟而简化甚至不办理手续，这样做会给服务留下隐患。

单元四　委托代办服务

本单元将以任务形式分别介绍委托代办服务内容和金钥匙服务。

任务一　委托代办服务内容

［任务描述］

某日，陈女士驾车来到酒店，由于天气原因需要租借雨伞。

［任务准备］

（1）学生分组：以 1 ~ 2 人为一组。

（2）教学师资：专职教师、兼职教师。

（3）教学情境：模拟酒店入口、礼宾服务台。

［任务实施］

酒店礼宾部在做好日常服务工作的同时，在力所能及的前提下，应尽量帮助并完成客人提交的各项委托代办业务。前厅礼宾部的委托代办服务范围广泛，常见的服务项目如下所述。

一、泊车服务

有些酒店的前厅礼宾部专设泊车员负责车辆的停放工作。其服务标准如下。

（1）当客人驾车来到酒店，泊车员将车钥匙寄存牌给客人，礼貌地提醒客人保管好随身携带的物品，然后将客人的车开往停车场。

（2）泊车员应注意车内有无遗留的贵重物品以及其他物品，车辆有无损坏之处，并将停车的车位、车号、经办人等内容填写在工作记录本上。

（3）当客人需要用车时，请其出示寄存牌，核对无误后，泊车员去停车场将客人的汽车开到酒店大门口交给客人，并在记录本上注明具体时间。

泊车服务对泊车员素质要求较高，除受严格的专业训练、拥有优秀的驾车技术和很强的安全意识以外，更应具有高度的责任心。

二、出租服务

本任务描述中的情况属此类服务。为了增加酒店服务项目，满足客人需要，酒店大多数提供出租雨伞、自行车和酒店专用车服务。租用手续简单方便，填好租用单、预交定金、说明有关规定后即可提供。比如预订出租车服务，出租车可以是酒店自有的，也可以是出租汽车公司在酒店设点服务的，还可以是由行李员及前厅部其他员工用电话从店外预约的。当客人要求订车时，应告知客人有关手续和收费情况。出租车到达大门口时，行李员要向司机讲清客人的姓名、目的地等，必要时充当客人的翻译，向司机解释客人的要求。为避免客人迷失方向，可填写一张“向导卡”给客人，在卡上注明客人要去的目的地及本酒店的名称、标志及地址。如果客人赶飞机或火车，行李员还应提醒客人（特别是外宾）留出足够的时间提前出发，以免因交通阻塞而耽误了行程。

三、呼叫寻人服务

应来访者的要求，大厅信使或传呼员（也可由行李员兼任）可协助其在酒店规定的公共区域内呼叫寻人。传呼员举着装有柔和灯光及清脆、低音量铃铛或蜂鸣器的寻人牌，在酒店大堂吧、游泳池、健身中心等区域寻人。在提供此项服务时，应注意自己的步伐节奏及铃铛音量的控制，以免破坏公共区域的气氛。

四、旅游服务

酒店礼宾部应建立旅游景点和旅行社档案，因地制宜地推荐和组织客人旅游。有些酒店设有专门的旅游部为住客提供旅游服务。在获悉客人旅游要求后，礼宾部员工可按如下步骤为客人提供服务。

（1）登记客人的姓名、房号、日期及人数，掌握客人的基本情况。

（2）向客人推荐有价值的旅游线路。

（3）向旅游公司或旅行社预订，为客人联系声誉较好的旅游公司或旅行社。

（4）告知客人乘车地点及准确时间。

（5）向客人说明旅途注意事项。

五、电梯服务

越来越多的酒店使用自动电梯，既方便客人又节省酒店人力。但有些酒店为了彰显其浓厚的人情味，仍由礼宾部派出电梯服务员专门为客人操控电梯，此时，应特别注意体现礼貌礼节和服务个性化。

六、递送转交服务

递送转交服务的内容包括客人的邮件、传真文件、物品，酒店的各种报刊、信件、表单等，以上内容通常由行李员分送到客人房间或酒店相关部门。

（一）递送服务

（1）行李员按当日客房状况显示的住客情况，派送客房报纸，并填写报纸递送记录。

（2）递送住客邮件、传真时，应先按铃或敲门，主动问候，然后再请客人当面确认签收。

（3）递送留言时，可从门缝塞进去，以免打扰客人。

（4）客人暂时不在房间时，应作留言提示。

（5）对无此收件人的邮件，经反复核准后予以退回邮局。

（二）转交服务

转交服务是指住店客人的亲戚朋友、接待单位或其他有关人员送给客人的物品，因客人外出见不到面，又不能久等，而委托酒店转交给客人。

（1）接受物品时，首先要确认本店有无此客人，然后请来访者填写一式两份的委托代办单，注明来访者的姓名、地址、电话号码，以便联系，还要注明转交物品的名称和件数。

（2）接受物品时一定要认真检查，并向来访者说明不寄存易燃易爆、易腐烂物品。

（3）较交鲜花、水果等，可以先送到客人房间摆放好，并将赠送者的名片夹在上面。

（4）如果是住店客人转交物品给来访者，则要请住店客人写明来访者的姓名。待来访者来领取时，要请他出示证件并签名。

七、快递服务

（1）了解物品种类、重量及目的地。

（2）向客人说明有关违禁物品邮件的限制。

（3）如为国际快递，要向客人说明海关限制和空运限制。

（4）提供打包和托运一条龙服务。

（5）为快递公司上门收货（联邦快递、DHL 和国内的 EMS）。

（6）记录托运单号码。

（7）将托运单交给客人，并收取费用。

（8）贵重或易碎物品交专业运输公司托运。

八、简单店外修理服务

为方便住客，礼宾员也提供简单的店外修理服务。当客人的行李箱、旅行袋、照相机、眼镜、鞋等随身用品意外损坏后，可由行李员帮忙修理。对店内无法修理的物品需送往店外修理时，应注意以下三点。

（1）弄清客人期望的修复要求、时间及费用。将物品包装放好，及时送店外修理。

（2）在接受及交还修理物品时，均应作记录，并请客人签名。

（3）酒店往往只收取实际发生的维修费用及必要的交通费用。

［任务总结］

委托代办服务范围较广，客人要求随机性强、变化快，各酒店对此类服务虽有比较明确的规定，但仍需前厅人员急客人所需，竭尽全力地为客人排忧解难。要做好委托代办服务，必须保持和发展同店外有关单位的沟通及良好合作关系。

任务二　金钥匙服务

［任务描述］

一位住店客人反映护照不知何时丢失，希望金钥匙小李帮助查找。

［任务准备］

（1）学生分组：以 1 ~ 2 人为一组。
（2）教学师资：专职教师、兼职教师。
（3）教学情境：模拟酒店入口、礼宾服务台。

［任务实施］

一、金钥匙的概况

金钥匙的全称为“国际酒店金钥匙组织（ UICH）”，是一个国际性的酒店服务专业组织。金钥匙服务最早由法国在 1929 年率先提出，他们将“客人委托、酒店代办”式的个性化服务上升为一种理念。1952 年，在此基础上成立了酒店业委托代办的组织——金钥匙组织。斐迪南·吉列先生是一名金钥匙，他为金钥匙事业呕心沥血，是金钥匙组织的主要创始人，并被尊称为“金钥匙之父”。经过多年的发展，国际酒店金钥匙组织已拥有超过 4 500 名来自 34 个国家的金钥匙成员。1997 年 1 月，在意大利首都罗马举行的国际金钥匙年会上，中国被接纳为国际酒店金钥匙组织的第 31 个成员国。

金钥匙是一种委托代办（Concierge）的服务概念，Concierge 一词最早起源于法国，原意为钥匙保管者，指古代酒店的守门人，负责客人的迎送和酒店钥匙的保管。随着酒店业的发展，其工作范围不断扩大，在现代酒店业中，该词已成为为客人提供全方位、一条龙服务的岗位，只要不违反道德和法律，金钥匙可尽力办到任何事情，以满足客人的要求。例如，安排车到机场、车站、码头接客人；根据客人的要求介绍各特色餐厅，并为其预订座位；联系旅行社为客人安排好导游；当客人需要购买礼品时帮客人在地图上标明各购物点等；当客人要离开时，在酒店里帮助客人买好车、船、机票，并帮其托运行李物品；如果有需要，还可以订好下一站的酒店并与下一城市酒店的金钥匙落实好客人所需的相应服务。

二、金钥匙的内涵

在国际上，金钥匙已成为高档酒店个性服务的重要标志，有人称其为现代酒店之魂，它在很大程度上决定了一家酒店是否可以冠以豪华头衔。金钥匙的含义包括以下五个方面。

（1）金钥匙是一种服务标志。两把金光闪闪的交叉钥匙代表着酒店委托代办的两种主要职能：一把金钥匙用于开启酒店综合服务的大门，另一把金钥匙用于开启该城市综合服务的大门，也就是说，这是一种综合服务总代理的醒目标志。国际金钥匙组织标志和中国金钥匙组织标志分别如图2－8和图2－9所示。

图2－8　国际金钥匙组织标志

图2－9　中国金钥匙组织标志

（2）金钥匙代表着酒店顶级的专业化服务，这种服务虽不是无所不能，但以“追求卓越、尽善尽美”为宗旨，涵盖了客人所需要的接、送、买、印、修、订、寄、取、租、代等广泛的服务内容，凡是不违背法律和社会道德的服务，都是金钥匙服务的业务范畴。

（3）“金钥匙”是对酒店中专门为宾客提供金钥匙服务的个人或群体的称谓，他们是酒店的形象大使和综合服务代言人，只有他们才有资格在由金钥匙组织指定的燕尾服上带上国际酒店金钥匙组织的交叉金钥匙徽章，为客人提供金钥匙服务。

（4）金钥匙是一个以“友谊、协作”为原则的合作网络，网络成员通过掌握丰富的信息并使用共同的价值观和信息高速公路形成庞大的服务网络，来为超常服务提供强大的保障。

（5）金钥匙是个国际性专业化组织，该组织是全球酒店中专门为客人提供金钥匙服务并以个人身份加入组织而形成的国际专业服务民间组织。

情景：

在酒店里，某客人向服务人员要地图。

做法1：服务人员热情地找出地图并微笑着交给客人，这就是我们普遍认为的服务好。

做法2：如果那名服务人员不满足于仅把地图交给客人，而是进一步征询其意见，问客人想到什么地方，他可以帮忙在地图上找到，并画出最佳路线图，而且需要的话，他还可以为客人准备一辆车。这就是“金钥匙”的工作。

金钥匙的特别之处在于：不仅干好一般服务人员的分内事，而且干客人认为是分外的事；不但要想客人之所想，而且想客人所未想；不仅让客人满意，而且使客人喜出望外。

三、金钥匙的素质要求

金钥匙以其先进的服务理念和真诚的服务思想，通过其广泛的社会联系和高超的服务技巧，为客人解决各种各样的问题，为酒店服务创造奇迹。因此，金钥匙必须具备很高的综合素质。

（一）思想素质

忠诚是国际金钥匙组织对金钥匙的最基本要求，即对客人忠诚，对酒店忠诚，对社会和法律忠诚，遵循“客人至上，服务第一”的宗旨，有敬业、乐业精神。

（二）能力要求

（1）能通晓多种语言，语言表达清晰、准确。由于金钥匙服务只有在高档酒店才能提供，而高档酒店的客人通常来自世界各地，对服务的要求也很高。因此，金钥匙必须通晓多种语言，起码能讲英语和日语两种外语。

一个金钥匙常是这样工作的：他刚送走一位意大利客人，现在又与德国客人用德语交谈，手里握着一封待处理的用葡萄牙文写的信件，两位美国人5分钟后要求来找他解决运输一辆崭新轿车的事情，商务中心正要送一份从西班牙发来的要求安排一次重要社交活动的传真文件。

（2）身体健康，精力充沛，能适应长时间站立工作和户外工作。

（3）彬彬有礼，善解人意，乐于和善于与人沟通。

（4）有耐心，热爱本职工作。

（5）处事机智老练，应变能力强。

（6）具备很强的人际交往能力和协作能力，能建立一个广泛的社会关系网。

（三）业务知识技能

（1）熟练掌握本职工作的操作流程。

（2）掌握中英文打字、电脑文字处理等技能。

（3）掌握所在酒店的详细信息资料，包括酒店历史、服务设施、服务价格等。

（4）熟悉本地区三星级以上酒店的基本情况，包括地点、主要服务设施、特色和价格水平。

（5）熟悉本市主要旅游景点，包括地点、特色、服务时间、业务范围和联系人。

（6）掌握一定数量的本市高、中、低档的餐厅、娱乐场所、酒吧的信息资料，包括地点、特色、服务时间、价格水平、联系人。按照中国酒店金钥匙组织会员考核标准，申请者必须掌握本市高、中、低档的餐厅各5个，娱乐场所、酒吧5个（小城市3个）。

（7）能帮助客人购买各种交通票据，了解售票处的服务时间、业务范围和联系人。

（8）能帮助客人安排市内旅游，掌握其线路、花费时间、价格、联系人。

（9）能帮助客人修补物品，包括手表、眼镜、小电器、行李箱、鞋等，掌握这些维修处的地点和服务时间。

（10）能帮助客人邮寄信件、包裹、快件，懂得邮寄事项的要求和手续。

（11）熟悉本市的交通情况，掌握从本酒店到车站、机场、码头、旅游点、主要商业街的路线、路程和出租车价格（大约数）。

（12）能帮助外籍客人解决办理签证延期等问题，掌握有关单位的地点、工作时间、联系电话和手续。

（13）能帮助客人查找航班托运行李的去向，掌握相关部门的联系电话和领取行李的手续等。

四、金钥匙的服务项目

金钥匙的服务内容涉及面很广：向客人提供市内最新的流行信息、时事信息和举办各种活动的信息，为客人代购歌剧院和足球赛的入场券，为域外举行的团体会议作计划，为在国外城市举办的正式晚宴作计划，为一些大公司作旅程安排，照顾好那些外出旅行客人和在国外受训客人的子女，为客人把某物品送到地球另一边的朋友手中。

对中外商务旅游者而言，金钥匙是酒店内外综合服务的总代理，是在旅途中可以信赖的人，是充满友谊的忠实朋友，是解决麻烦问题的人，是个性化服务的专家。

总体而言，金钥匙的服务项目包括以下内容。

(1) 行李及通信服务：运送行李、电报、传真、电子邮件。

(2) 问讯服务：指路等。

(3) 快递服务：国际托运、国际邮政托运、空运、紧急包裹、国内包裹托运等。

(4) 接送服务：汽车服务、租车服务、接机服务。

(5) 旅游：个性化旅游服务线路介绍。

(6) 订房服务：房价、房类、折扣、取消预订。

(7) 订餐服务：推荐餐馆。

(8) 订车服务：汽车及轿车等租赁代理。

(9) 订票服务：飞机票、火车票、戏票等订票服务。

(10) 订花服务：鲜花预订、异地送花。

(11) 其他：美容、按摩、跑腿、照看小孩等。

五、金钥匙的服务理念

(1) 酒店金钥匙的服务宗旨：在不违反法律和道德的前提下，为客人解决一切困难。

(2) 酒店金钥匙为客排忧解难，“尽管不是无所不能，但一定要竭尽所能”，要有强烈的为客服务意识和奉献精神。

(3) 酒店金钥匙为客人提供满意加惊喜的个性化服务。

(4) 酒店金钥匙组织的工作口号是“友谊、协作、服务”。

(5) 酒店金钥匙的人生哲学：在客人的惊喜中找到富有乐趣的人生。

[任务总结]

金钥匙发展到今天，已不仅仅是某一个人、一个称呼、一种职业、一个服务品牌，它是一种服务理念，一种崭新的、先进的酒店文化。

[知识或技能拓展]

中国酒店金钥匙组织会员的资格要求

(1) 在酒店大堂柜台前工作的前台部或礼宾部高级职员才能被考虑接纳为金钥匙组织的会员。

(2) 21 岁以上，人品优良，相貌端庄。

(3) 从事酒店业 5 年以上，其中 3 年必须在酒店大堂工作。

(4) 有两位中国酒店金钥匙组织正式会员的推荐信。

(5) 一封申请人所在酒店总经理的推荐信。

（6）过去和现在从事酒店前台服务工作的证明文件。
（7）掌握一门以上的外语。
（8）参加过由中国酒店金钥匙组织进行的服务培训。

（资料来源：http://wenku.baidu.com/view/b02ff2c6aa00b52acfc7cae7.html）

案例研讨

案例一

“拿错行李”的投诉

早上9点是酒店退房的高峰时间，服务员小刘对礼宾服务程序还不熟练，这天，他正准备运信件，总机打电话通知行李员到1213房拿行李，而大堂行李员都忙得不可开交。小刘想表现一下自己，便自行到房间把行李装好搬上车。谁知却遭到了客人的投诉。原来前台说的是B楼的1213房，而小刘拿走了A楼1213房的行李。

点评：

本案例中，小刘的做法有以下几点不妥之外。
（1）没有正确遵守工作的程序。
（2）没有征求客人的意见。
（3）还不够成熟、稳重，缺乏工作经验，并且还有功利性需求。
（4）与前台工作人员的沟通不够。

案例二

行李箱上的小轱辘不见了

一位住店客人准备离店，行李员接到通知，立刻到该客人房间取走3件行李，推送至前厅行李间，随后扎上行李牌，等待客人前来点收。

客人结完账，找行李员清点行李时，好像忽然发现了什么。他颇为不悦地指着一只箱子说：“这只箱子上的小轱辘被你碰掉了，我要你们酒店负责！”

行李员听罢感到很委屈，辩解道：“我到客房取行李时，您为什么不讲清楚？这只箱子原来就是坏的，我在运送时根本没有碰撞过呀。”

客人一听火冒三丈：“明明是你弄坏的，自己不承认还反咬我一口，我要向你的上司投诉。”这时前厅值班经理听到有客人在发脾气，马上走来向客人打招呼，耐心听取客人的指责，同时仔细观察了箱子受损的痕迹，向行李员询问了操作的全过程，然后对客人说：“我代表酒店向您表示歉意，这件事自然应该由本店负责，请您提出赔偿的具体要求。”

客人听了这话，正在思索该讲些什么的时候，前厅值班经理接着说：“由于您及时让我们发觉了服务工作中的差错，我们非常感谢您！”

客人此时感到为了一只小轱辘没有必要小题大做，于是不再吭声。前厅值班经理抓住时机顺水推舟，和行李员一起送客人上车，彼此握别。

点评：

本案例中，前厅值经理在没有搞清楚箱子究竟如何受损的真相之前，就果断地向客人表示愿意承担责任，这种做法是十分明智的。他这样做的原因有以下三条。

（1）行李员到客房内取行李时没有查看行李是否完好无损，也没有当场绑上行李牌请客人核对行李件数，而是到了行李间才绑上行李牌。

（2）在行李员已和客人争辩起来时，前厅值班经理的做法有助于缓和气氛，避免矛盾激化。

（3）前厅值班经理懂得，如果把“对”让给客人，把“错”留给自己，在一般情况下，客人不会得寸进尺。相反，如果前厅值班经理硬要和客人争个是非曲直的话，那后果是不言而喻的。

上述这种事件既然已经发生，那么谁是谁非的结论恐怕难以争得明白，或许也不存在谁是谁非的问题。相反，客人越是“对”了，酒店的服务也就越能使客人满意。从这个意义上来理解，客人和酒店大家都“对”了。

案例三

装错行李

早上8:00，某酒店大堂内，几批团队客人陆续离店。酒店大门口同时堆了五堆行李，其中四堆都加了行李网，有一堆是日本团的行李，因马上就要装车走就没有加网罩。离日本团行李1米远的地方是加了网罩的美国团的行李。行李员小王和小李根据日本团领队的意思将该团行李装车，并清点数目为23件后，请领队签字。领队因正忙于其他结账事宜，未仔细核对就在行李表上匆匆签了字。

10分钟后，美国团也要结账离店。小王和小李将网罩掀掉后装车，清点数目为30件，与进店时行李数目相符，请领队签字。可是领队说他的团进店时行李的确是30件，但刚才有一名客人又放了一个包在行李堆中，所以行李总数应为31件。小王和小李又清点了一遍行李，还是30件，而且来到大厅加上网罩后，没见有别人动过，因此认为这堆行李数应该不会错的。领队急忙将那位少了一件行李的客人叫来询问。客人说他确实把行李放在了本团队的行李堆旁边。小王又问客人有没有放到网罩内，客人说没有。小王和小李明白了，客人这件行李一定被误装到日本团的车上去了。

最后，大堂经理了解到情况后，与日本团的旅行社联系，让其将该客人的行李放在机场，待酒店派人去机场安全取回行李。

点评：

由于客人事先没有告诉行李员，又放了一件行李到行李堆中，并且还把行李放错了地方，所以装错行李的责任不在店方。但是该店的行李员也有一定的责任。由于行李没有加网罩，所以在将行李最后装车的时候，应该再清点一遍，这样也就会发现多出了一件行李。此后，如果行李员再细心点，就会发现两堆行李的标签不同。当然，日本团领队因为匆忙没有检查行李，也有责任。由于丢失行李将会严重影响到客人的旅程，因此，酒店或行李员应采取以下措施。

（1）加强酒店行李员的安全知识，做到接待每件行李的时候都要细心。

（2）运送团队行李，或一次运送行李较多的时候，要安排专人守候，做到寸步不离。

（3）进出店时，一定要核对行李标签及件数，若发现有问题，应查明原因，有疑问要找领队确认。

（4）团队行李要严格分区摆放，加上行李网，并有明显的区分标志。

（5）行李员不仅要做好团队行李的记录，也有责任提醒领队在签字前核对行李件数，做到万无一失。

案例四

行李牌的故事

中午12点多，一位客人提着行李箱走出电梯，径直往行李房走去。正在行李房当班的服务员小徐见到了就招呼说："钱经理，您好！今天是什么风把您给吹来了？"钱先生回答说："住得挺好的，生意也顺利谈完了。现在就到你这儿寄存行李，下午出去办点事，准备赶晚上6点多的班机回去。""好，您就把行李放在这儿吧。"小徐态度热情，从钱先生手里接过行李箱，对他说："您快去忙吧！"钱先生问："是不是要办个手续？""不用了，咱们是老熟人了，下午您回来直接找我取东西就行了。"小徐爽快地表示。"好吧，那就谢谢你了！"钱先生说完便匆匆离去。

下午4点30分，小徐忙碌地为客人收发行李，服务员小童前来接班，小徐便把手头的工作交给小童，下班离店。4点50分，钱先生匆匆赶到行李房，不见小徐，便对当班的小童说："您好，我的一个行李箱中午交给小徐了，可他现在不在，请您帮我提出来。"小童说："请您把行李寄存牌交给我。"钱先生说："小徐是我的朋友，当时他说不用办手续了，所以没拿行李寄存牌。你看……"小童忙说："哟，这可麻烦了，小徐已经下班了，他下班时也没有向我交代这件事。"钱先生焦急地问："你能不能给我想想办法？""这可不好办，除非找到小徐，可他正在回家路上。""请你无论如何想个法子帮我找到他，一会儿我就要赶6点多的班机回去。"钱先生迫不及待地打断了小童的话。"他正在挤公交车，家又住得远，现在无法跟他联系。"小童表示无可奈何。"我的行李提不出来，我就得误班机了！"客人沮丧之极。"对不起，先生。"小童表示无能为力。"唉，想不到熟人帮忙，反而误了大事。"钱先生不无抱怨地自言自语。

点评：

规章制度是在管理服务的大量实践中总结出来的"规则"，是保证酒店正常运转、维护客人利益必不可少的规定，酒店服务人员必须严格执行。本案例中，客人因行李不能及时提出而误了班机，其责任在于行李房服务员小徐违反了服务规程，当引以为戒。

（1）小徐遇上熟人钱先生存放行李，决不能图方便随便免去手续，应照章办事，发给行李寄存牌。

（2）小徐在下班前应将钱先生寄存行李之事交代给下一班的小童。这样，开始没有办理登记手续的过错也能得到弥补。当然，行李房服务员小童坚持照章办理，在没有凭据和得到上一班服务员交代的情况下决不轻易发放行李，虽然客观上给客人带来麻烦，但这一做法是正确的，无可非议。

案例五

租借物品马虎不得

一次雨天，某酒店的几位客人准备外出办事，由于每间房间配的一把雨伞不够用，于是来到酒店大堂礼宾处要求借几把雨伞。礼宾处的行李员小张在核实了客人的身份后，便将雨伞借给了他们。

几个小时过去后，几位客人高兴地回来了，但是在客人归还雨伞的时候，问题发生了，行李员发现其中一把雨伞的两根伞骨已经损坏。行李员便按照酒店的规定向客人索赔30元。但是客人坚持说借雨伞的时候已经破损了，一时间双方都难以解释清楚。争辩已久，客人也厌烦了，最终表示愿意按照酒店的规定赔偿，但坚持雨伞的损坏与自己无关。此时前厅经理正好路过，在了解情况后，由于分不清雨伞究竟是何时损坏，为了维护酒店的声誉，争取回头客，前厅经理决定不再要求客人赔偿。

点评：

（1）租借物品的时候，行李员一定要仔细检查向客人提供的物品，不能将有丝毫破损的物品租借给客人。

（2）请客人检查租借品，确认无误后，按照规定填写“物品租借单”。

（3）一旦租借物品损坏，酒店首先必须搞清楚损坏的物品到底是谁的责任，只有在分清责任的前提下，才能决定是否向客人要求索赔。

案例六

2 000只孔雀和4 000只鸵鸟

某年的春交会期间，商贸云集广州白天鹅酒店，2023房的泰国客人给酒店金钥匙柜台打了一个电话，说想买2 000只孔雀和4 000只鸵鸟。在大多数酒店职员看来，这似乎是一个不可能完成的事情，因为在广州几乎没有机会见到这么多来自远方的动物。但在金钥匙的字典中，“不可能”是不轻易出现的，没有看见、没有听说过不等于没有，金钥匙不应该随便说“对不起”。金钥匙小孙就是这样一个人。在接到这一特殊的委托代办任务后，大家都觉得这事只能向动物园打听，但动物园说只有几只孔雀和鸵鸟。正在一筹莫展之际，金钥匙小孙忽然想到几年前曾看到过一篇报道，内容是关于有一位姓方的“广州市十大杰出青年”办了一个野生动物养殖场。经过耐心的查找和同事的帮助，小孙终于找到了该养殖场的地址和电话。不知是运气还是缘分，这家养殖场还真有大量的孔雀和鸵鸟。这样，在客人提出要求后的25分钟内，小孙已帮客人找到了购买这批动物的途径。第二天上午，小孙为客人安排了一辆车和一位翻译，把客人送到了养殖场洽谈有关购买的事宜。这位泰国客人非常满意，因为酒店金钥匙的能力和效率确实超出了他原来的想象。

点评：

金钥匙不是一个简单的工作技能标志，而是一项永无穷尽的事业。万能的金钥匙已经成为世界性的知名品牌，可以毫不夸张地说，一个酒店拥有金钥匙相当于给酒店增加了一颗星，其无形资产的效应是长远的。

相关链接

VIP 接待中的金钥匙服务

按照传统服务观念，酒店只为走进酒店消费的客人提供服务，而引进金钥匙服务理念后，酒店开拓了一个全新的服务空间，扩大了服务的内涵和外延。要把与酒店有联系的人都看做客人，让客人一接触到酒店的人、事、物，就能享受到最好的服务，从而培养一批忠实的客人。虽然这种认识还没有普及，但酒店正尝试着从 VIP 客人接待中实践和发展金钥匙理念，并总结出以下一些经验。

一、对 VIP 客人的迎接

（一）存在的问题

过去，酒店在迎接 VIP 客人的到来时，通常召集各部门负责人，位于感应门内两侧列队欢迎，这样虽显得隆重，但存在不少弊端。具体如下。

（1）VIP 客人下车后，第一眼看到的并不是很多人迎接他，而是门外没有人迎接他，一进门刚一定神，却又发现许多人在用掌声欢迎他，先冷后热，使得客人对酒店的第一印象不好。

（2）接待 VIP 客人的过程，也是各部门为做好接待准备最忙乱的时候，这时把各部门最有经验的总指挥调离阵地，到大堂里去毫无意义地等待一个小时又一个小时的，无疑是舍本取末。

（3）在酒店大堂门口迎接 VIP 客人的都是酒店里的主要负责人、经理等，但由于客人不认识他们，因此客人未必会领酒店的情。

（二）正确的接待方法

中国传统礼仪是到正门外迎接，但对非常重要的客人，还要到路上去接，这样才显得隆重。基于对中国传统礼仪的继承与发展，目前很多接待 VIP 客人的服务从机场就开始，由金钥匙全程跟进，随时发现客人的需求，并协调各部门予以满足。具体而言，正确的接待方法如下。

（1）金钥匙第一个出现在 VIP 客人身边，全程跟进服务，并将店内的迎接从感应门内（正门内）延伸到感应门外（正门外），甚至延伸到机场。VIP 客人一下机、一下车时就鼓掌、握手、献花，然后簇拥着 VIP 客人进入酒店相关区域，再由相关区域负责人上前亲自服务。这样层层递进，在各个区域都体现出最高规格的接待。

（2）每次 VIP 客人接待，酒店营销部都派专人负责给 VIP 客人摄影录像留念，逐步建立起 VIP 客人到店的客史档案。

（3）抽调几名服务员成立礼仪小组服务队，VIP 客人进店时，礼仪小姐引领在前，而不是像过去那样由管理人员匆匆引领。现在，管理人员簇拥在 VIP 客人周围就可以了。

（4）成立军乐队，烘托接待气氛。VIP 客人的车一出现，就由整齐美观的军乐队奏曲。

二、对 VIP 客人的欢送

（一）存在的问题

过去，酒店对 VIP 客人的接待往往有头无尾，重接不重送，即使送也只是召集各部门负责人站在正门口鼓几下掌，毫无特色和程序可言，同时也存在弊端：VIP 客人出房间，上、下电梯，进大堂都觉得冷冷清清，没人簇拥，与来时形成强烈反差；到酒店门口时，才看见几位穿着各种服装的陌生人员在鼓掌欢送，丝毫感觉不到亲切和被尊重。

（二）正确的接待方法

（1）VIP 客人一出房间，金钥匙已在门口等候，还有部门负责人依次握手相送，行李员随后提着行李，簇拥着客人下电梯。

（2）酒店礼仪小组献花或赠送其他纪念品，酒店相关领导已在电梯两旁迎接，簇拥着 VIP 客人进大堂、出正门、上车，酒店人员列队纷纷挥手相送，同时军乐声响起。此外，金钥匙随从送到机场。

（资料来源：http://www.fjjdrcw.com/Article/7892.html）

小结

礼宾服务就是要以礼待客，时时刻刻以发现客人的需求并满足客人的需求为工作原则。作为酒店前厅服务的“窗口”，礼宾服务是给客人留下“第一印象”和“最后印象”的关键服务阶段。要做好礼宾服务，不仅要掌握相应的服务程序和标准，更要有强烈的对客服务意识，那就是“尽管不是无所不能，但一定要竭尽所能”。

考核指南

一、基础知识考核

（一）考核内容

1. 门童在迎接和送别乘车散客时，应注意哪些服务细节？
2. 门厅迎接员有哪些工作职责？
3. 有些酒店会安排举止稳重、讲究礼节礼貌的老者充当门童，请分析其中的原因。
4. 散客和团队抵店时的行李服务程序分别是什么？
5. 如何做好客人存取行李服务？
6. 客人丢失行李寄存卡提取行李时，应如何处理？
7. 驻机场代表一旦出现误接或在机场找不到客人，应立即与（　　）取得联系。

   A. 机场　B. 酒店　C. 机场问讯　D. 酒店前厅经理
8. “Doorman”指的是（　　）。

   A. 门童　B. 行李员　C. 问讯员　D. 接待员
9. 下列有关行李服务的说法中，不正确的是（　　）。

   A. 客人的贵重物品和易碎品，应让客人自己拿。

   B. 在乘坐电梯时，应先请客人进出电梯。

   C. 离开客房前，应询问客人是否还有其他吩咐。

   D. 来到客房后，应先请客人进入客房。
10. 国际金钥匙协会对“金钥匙”的最基本要求是（　　）。

A. 忠诚
B. 身体强健，精力充沛，彬彬有礼，善解人意
C. 通晓多种语言
D. 有极强的耐性、韧性

（二）考核方式

笔试或口试。

二、服务技能考核

（一）考核内容

1. 情景模拟分组操作驻机场迎接宾客服务。
2. 情景模拟分组操作门厅迎接普通散客抵店、残疾客人抵店、信仰佛教客人抵店服务。
3. 情景模拟分组操作散客、团队抵店行李服务。
4. 情景模拟分组操作行李寄存和提取服务。
5. 情景模拟分组操作转交物品委托代办服务。
6. 实践操作将行李装到行李车上、从行李车上卸行李。
7. 实地采访一位星级酒店金钥匙，请其谈谈担任金钥匙角色的体会。

（二）考核方式

实验室现场操作。

项目三　前台接待

导读

酒店期望通过开展客房预订业务来提高客房出租率，但它只是一种预约销售方式。只有待客人进入酒店并办理了入住登记手续，客房商品的销售才算真正完成。接待处是销售客房及酒店产品的主要处所，也是酒店和客人发生联系的第一环，其服务质量会影响接待处前厅客房销售、协调服务、建账结账、客史档案等工作，会直接影响到客房的出租率和营业收入，也会影响到客人对酒店服务与管理的评价。

学习目标

1. 明确接待处的工作职责。
2. 掌握不同客人前台接待服务程序和标准。
3. 掌握客房状况、客房分配等前台接待相关知识。
4. 能正确填写和使用前台接待中需要使用的各种表格和设备。
5. 能准确、熟练地为散客、团队、VIP 客人办理入住接待业务。
6. 学会正确显示和控制客房状况的方法。
7. 具备客房分配艺术与接待技巧。
8. 掌握接待工作中常见问题的处理对策，具备处理前台特殊事件的应变能力。
9. 掌握前台接待良好的礼貌礼节。
10. 培养学生良好的团队合作、人际沟通交流与协调能力。
11. 培养学生较强的心理承受能力。
12. 养成整洁有序的行为习惯。

引导案例

某酒店系一家四星级标准建造的酒店。由于所处地段不甚理想，散客客源不是很多，所以该酒店以接纳团队为主。某日该店将有 6 个团队抵店，由于 506 房客将延迟至下午 17:00 退房，故前台早班员工将韩国团由原来安排的 506 房换至 516 房，并在团队资料及电脑上分别作了调整，但房卡及团队欢迎卡上却忘了更改。

20:30，该韩国团一行抵店，中班员工未发觉房卡及欢迎卡上的资料与团队资料及电脑中不符，当即为客人办理好入住手续，客人拿上房卡便上了房间，致使电脑中 516 房为住房（而实为空房），客人真正入住的是 506 房（但电脑上显示为空房）。22:30，因电脑显示 506 房为 OK 房，前台员工便将此房分派给一位散客，客人办完手续上了楼层，不到 3 分钟便打电话下来质问："你们怎么搞的，房间里有其他人在，我要找大堂副理投诉。"

实战学习

单元一 接待处的介绍

接待处又称“开房处”，通常配备有主管、领班和接待员。接待处是酒店为住店客人提供入住登记、房间分配和客人在住店期间所需的询问、叫醒、留言等服务的最重要的部门。它具有管理关于客人的电脑资料信息和推销客房的职能，是营销和经营信息的中心。接待处24小时对客服务，是酒店和宾客接触的重要桥梁，是酒店向宾客提供服务的主要窗口。

一、接待处的岗位介绍

（一）接待处主管

1. 岗位描述

按照本部门各项业务指标要求，全面负责房务安排、前台问讯、入住接待和结账、留言等有关服务工作。协助前厅部经理检查和控制前台的工作程序，保证下属各班组之间与酒店其他部门之间的衔接和协调，督导员工为客人提供优质高效的服务。

2. 岗位职责

（1）向前厅部经理负责，对接待处进行有效管理。

（2）协助制订接待处的岗位责任制、操作规程和其他各项规章制度，并监督执行。

（3）协调前厅服务及工作程序，负责前台班次调整及工作任务安排。

（4）审核当日、次日的房况和房务安排，准确掌握房态。

（5）督导下属员工及时准确地把客人资料输入计算机，审核客史档案记录、补充、存档等项工作。

（6）掌握VIP客人抵离店动态，亲自参与VIP等重大活动的排房和接待工作。

（7）调查和处理客人的投诉和特殊要求。

（8）及时申领添加前台各种办公用品、宣传品等。

（9）对前台计算机、传真机、复印机等专用设备安排维护保养工作，确保设备正常运转。

（10）按计划实施对下属员工的岗位技能培训，强化员工的销售意识，不断提高员工的业务水平和素质。

（11）按部门要求对下属员工执行规章制度情况及工作表现进行考核评估。

（12）做好下属员工的思想工作，帮助有困难的员工解决实际困难，充分调动员工的工作积极性。

（13）做好接待处的安全防范工作。

（二）接待处领班

1. 岗位描述

协助主管做好接待处的管理工作，确保接待服务质量，并承担责任。

2. 岗位职责

（1）检查、打印营业报表，并督促分送酒店领导和有关部门。

（2）认真核对客房状况，及时准确地掌握房态。

（3）检查下属员工出勤、仪容仪表及服务质量。

（4）与预订、行李及客房服务中心保持业务联系，协调合作。

（5）为团队和重要客人办理入住手续，并将信息及时通知有关部门，共同做好接待工作。

（6）对客人要求协助等特殊要求，立即安排或及时汇报。

（7）发生意外事件时，应立即向大堂副理和前台主管汇报。

（8）按规定录入和统计境外和境内客人户籍资料。

（9）检查并确保前台各种用品、宣传品齐全，计算机、复印机等设备使用正常。

（10）督导接待员按照规定，认真做好客人住宿登记和验收工作，并注意做好协查通缉犯工作。

（11）认真细致地做好领班的交接班，并检查督促各岗位做好交接班工作。

（三）接待员

1. 岗位描述

负责住店客人的接待工作，为客人办理入住登记手续，查验客人的付款和住宿证件，分派房间，掌握客房出租情况，主动、热情地为客人提供优质的接待、问讯等服务。

2. 岗位职责

（1）保持一种友好的、整洁的、好客的形象面对客人。

（2）以严谨而礼貌的态度服务客人，认真对待客人的一切投诉及服务方面所提出的要求。

（3）为入住客人登记和分配房间，同时积极地销售房间。

（4）通知有关部门当天的到达、离店、换房和有特殊要求的事项。

（5）做好 VIP 客人入住的各项准备工作。

（6）为客人办理换房、加床、续住等手续。

（7）负责发放客房钥匙。

（8）负责将有关客人抵离店情况的资料进行整理、归档。

（9）适时补充接待工作必需的表格与文具用品。

（10）填写、录入并统计入住散客及团队客人登记单。确保所有的登记单保质保量地填写完成。

（11）按查控要求，发现可疑情况立即采取措施。

（12）保持总服务台清洁整齐，检查所需的表格、文具和宣传品是否齐全。

（13）认真核对掌握客人的生日资料，并做好礼品单的派送工作。

（14）掌握房态和客房出租情况，制定客房出租报表。

（15）认真核对上一个班次输入计算机的客人资料，及时、准确地输入当班的客人资料。

（16）掌握住店客人动态，做好客人住店期间的服务工作。

（17）了解当天房间的使用情况。内容应包括：昨日的住房率、平均房价、当天的预订到达、预计离店、VIP 准备情况等，并了解后 3 天的订房情况。

（18）掌握酒店内发生的一切重要活动和事宜。如 VIP 客人活动宴会、酒会、会议室的使用、最新的促销活动等。

二、接待处的工作任务

（1）接待住店客人，办理住宿手续，负责分配房间。

（2）向有关部门提供接待信息或下达接待指令。

（3）承办客人的委托代办事项或交相关部门执行。

（4）推销客房。

（5）编制当天营业报表。

（6）编制次日退房名单和长期住店名单。

（7）校对空房、实房，掌握房态情况。

小资料

前厅入住登记的目的

对酒店前厅部来说，入住登记是对客服务全过程的一个关键阶段，这一阶段的工作效果将直接影响到前厅的销售客房、提供信息、协调对客服务、建立客账与客史档案等各项功能的发挥。办理入住登记手续也是酒店与客人之间建立正式的合法关系的最根本一步，它的主要目的包括以下五项。

（1）遵守国家法律中有关户口管理的规定。

（2）获得住店客人的个人资料，这些资料对搞好酒店的经营与服务是至关重要的。

（3）满足客人对客房与房价的要求。

（4）为客人入住后，各种表格、文件的形成和制作提供了可靠的依据。

（5）向客人推销酒店的服务与设施。

（资料来源：http://www.canyin168.com/glyy/qtgl/qtzs/200904/15219.html）

三、接待处的设施设备

接待处的设施设备主要有电脑、复印机、制卡机、验钞机、电话、房间状况控制盘、档案柜、打时器、信用卡机等前台接待设备。

单元二　客房状况控制

客房是酒店综合服务产品的核心部分。客房状况如何，即房态的控制及状态如何，都会对客房销售产生直接影响。前台接待人员在分配客房、确定房价时，很大程度上要依赖于对客房状况的掌握和控制。

客房状况显示是指将酒店每一间客房所处的状态、类型、住客状态等，随时全面、准确地显示出来的一项基础管理工作。酒店通常具有两种客房显示系统：客房短期状况显示系统和客房长期状况显示系统。客房短期状况也称“客房现状”，该系统能够显示每一周客房的当前状况；客房长期状况也称“客房预订状况”，该系统能够显示未来某一时段某种类型客房的可销售数量或不同房态。

建立合适的客房状况显示系统和良好的控制客房状态是做好酒店客房销售工作以及提高接待服务水平的前提。酒店的客房随客人的入住、离店等情况随时处于各种状态之中，前台接待处只有掌握、控制好即时、即刻的客房状况，才能准确、高效地进行客房销售。

一、客房状况显示的作用与方式

（一）客房状况显示的作用

（1）客房状况显示系统可以及时为酒店销售、预订和接待部门提供准确的客房待售、预售、已销售及不能销售的状况，获得重要的信息，为分析客房销售状况及制定预订的决策提供依据。

（2）在销售淡季，可以使管理及服务人员从中及时分析原因，结合价格调整、公关促销等营销手段和措施加大客房销售力度，提高出租率，减少房费损失。

（3）在销售旺季，除了满足预订需求，尽量为排房提供更大的选择空间等要求以外，通过客房状况差异统计分析，还可以找出造成损失的原因，并采取积极、有针对性的措施，改善管理，提高服务水平，达到增加营业收入的目的。

（二）客房状况显示的方式

1. 客房状况显示架

在未使用计算机进行管理的酒店，客房状况显示架是客房现状最有效的工具，它可以持续地显示全部客房及住房情况。客房状况显示架呈45°角，安装在前台内侧工作台上，接待员将表示客房不同状况的卡条放入客房状况架槽口或取出，控制和了解客房状况及住客情况。

2. 信号灯显示系统

信号灯显示系统通常采用不同颜色的信号灯来显示“走客房”、“住客房”、“空房”等几种主要的房态。该系统将客房服务中心或楼层、前台接待及问讯和收银处连接起来，达到掌握房态、传递信息和协调合作的目的。例如，服务员清扫完客房，经检查合格后，楼层主管就可以将一个插头插入特殊的钥匙孔内，则客房状况显示架上的信号灯就会显示出表示该客房可以出租的颜色。同样，开房员和收银员也可以通过操作控制灯光信号的开关，来传递客人入住和结账离店的信息。灯光显示加快了信息沟通的速度，给客房销售工作创造了便利的条件。

3. 计算机控制系统

使用计算机管理系统，客房各种状态分别由客房部、前台等予以转换和控制，达到掌握和控制房态的目的。例如，客房部每天通过由计算机提供的楼层住客状况表来完成卫生清扫的组织安排。“走客房”（待清扫房）清扫完毕，主管或领班经检查并确认可以重新出租后，通过电话通知或利用客房部终端设备输入计算机，使客房由“走客房”改为“可租房”；客房出租时，前台接待员则将客人资料及客房出租等信息输入计算机，使“可租房”转换为“住客房”；客人结账退房后，收银员将客人已结账信息输入计算机，使客房由“住客房”变为“走客房”等。各种房态都可以通过计算机输入、显示、变更、自动转换来反映客房状况，达到控制客房状况的目的，从而为客房预订和销售服务。

二、房态分类与控制

（一）房态分类

（1）空房（Vacant Room）：已完成清扫整理工作，可随时出租的客房。

（2）住客房（Occupied Room）：该客房已出租，住店客人正在使用，尚未离店。

（3）走客房（Checkout Room）：客人已结账离店，待清扫或正在清扫的房间。

（4）待修房（Out of Order Room）：因房间设施设备故障，待修或正在修理而不能出租的房间。

（5）保留房（Blocked Room）：为接待会议、团队或重要客人而提前预留的房间。为客人保留客房时，接待员应熟悉预订资料，弄清保留的原因及客人情况，并填写保留房记录簿。

此外，对于下列几种状态的客房，客房部在查房时，应注意掌握并通知前台。

（1）外宿房（Sleep out Room）：客人在外留宿未归，前台接待员应做好记录并通知大堂副理及客房部，大堂经理会双锁客人的房间，以保证该客房安全，待客人返回时，大堂副理为客人开启房门。

（2）携少量行李的住客房（Room Occupied with Luggage）：住店时只携带少量行李或不带行李的客人所住的客房。为防止逃账等意外情况，客房部应将此情况通知前台。

（3）请勿打扰房（DND）：若客房门口“请勿打扰”灯亮，或门把手上挂有“请勿打扰”牌，服务员则不能进房间提供服务。所以，有必要对此种客房状况加以关注，超过酒店规定时间，应由前台或客房部打电话与客人联系，弄清情况，以防客人发生如患急病等意外事件。

（4）双锁房（Double Locked Room）：有时，住客为了不受干扰，在房内把门双锁，对这种客房要加强观察，因为可能是客人误操作，在离开房间时无意把门双锁了，也可能客人生病甚至死亡。当酒店发现客房内设备严重受损，客房内有暴露的贵重物品，或发生刑事案件时，酒店管理部门也会作出双锁客房的决定。

（5）酒店自用房：酒店临时自用或给酒店内部接待宾客用房。

（二）房态控制

对于已使用计算机系统管理的酒店，控制房态是比较容易的，其房态变更和转换过程是实时和自动的，屏幕显示直观，一目了然。而采用传统的客房状况控制架及信号灯显示系统等手工控制房态的酒店，控制房态则比较复杂和困难，而且容易出现差错。这种酒店主要采用变换客房状况卡条，按时正确填写和交换、核对控制表格，加强多方面信息沟通等方法来控制房态。

1. 按时填写房况控制表格

（1）客房状况报告。接待员每日在规定时间内，依据客房状况架显示的各种房态及预订资料进行统计，并定时填写此表。

（2）客房状况调整表。接待员填写此表具有两方面作用：① 有助于接待处与预订处之间的信息沟通；② 有助于前台掌握临时取消预订、未预订抵店、延期离店、提前离店的客人情况，从而有助于做好客房销售工作。

（3）客房状况差异表。此表是反映和记录前台显示的各种客房状态与客房部统计结果所存在差异的表格。接待员依据客房状况显示架所显示的各种状况，核对客房部按规定时间送来的报告后填写此表。前台将此表副本送达客房部，然后再予以核实确认。

2. 加强房况控制信息沟通

销售部、预订处、客房部、前台接待处、收银处之间应保持信息沟通顺畅，并及时调整、纠正偏差，确保客房现状显示系统的准确性。接待处将每天实际出租房间数、临时取消、预订未到、换房、提前离店、延期离店等信息填入客房状况调整表，并提供给预订处，预订处根据该表格更新、补充、取消预订汇总表相关内容，为准确预测未来的出租率奠定良好的基础。前台接待处及时将客人入住、换房、离店等信息通知客房部，客房部将客房的实际状况信息反馈给接待处，双方按时进行核对，并实施房况控制。另外，双方还可以就客人特殊要求、客房维修计划、保养维护计划等事项进行及时沟通，使客房始终处于设备完好率高、卫生清洁、配置用品齐全等使客人满意的待租和使用状态。接待员在客人入住后及时建立客账，并交给收银处存档、累计客账。客人住店期间的住房变化，由接待处人员以变更单、换房表等形式通知收银处。客人离店后，收银员立即通知接待处或客房部，由客房部及时安排走客房的卫生清扫，尽快使客房进入到待租的状态中。

三、客房状况的转换与核对

现时的客房状况总是在不断变化的，这就要求接待处随时掌握客房动态，及时传递房态变化的信息。

（一）入住

客人在办理完入住登记手续后，接待员应立即制作客房状况条，将“空房”改为“住客房”，或将资料输入计算机，完成计算机系统的房态变更。因此，这项操作不能粗心大意，否则，就会影响客房状况控制的准确性。

（二）换房

换房有两种可能，一种是由住客提出，另一种是酒店自身要求。例如，住客未按时离店，也可能由于需要集中排房而向客人提出换房。因此，必须慎重处理，并按换房服务操作手续进行换房。换房时，应注意以下几点。

（1）在搬运客人物品时，应安排两人以上的服务人员在场，并事先征得客人同意。

（2）问清（或解释）换房原因。

（3）填写客房、房租变更单，送达相关部门或岗位。

（4）更改住房卡或客房状况卡条相关内容。

（5）填写客房状况调整表。

（6）将换房原因记入客史档案。

（三）退房

为客人办理完结账和退房手续后，应立即通知客房服务中心，同时改变客房状态。采用计算机管理系统的酒店，此项工作可实现将房态由已结账房到待清扫房的自动转换。

（四）关闭楼层

通常，酒店根据淡季时接待客流量下降、降低能耗和物耗、计划维护设备、组织人员培训等经营需要，会关闭部分客房和楼层。接待员应在接到准确的指令后，在计算机或客房状况架中及时进行调整。

（五）核对房态

由于前台的工作量较大，而且客房状态经常处于变化之中，虽然酒店可以通过计算机进行查询，掌握客房的现时状态，但是，实际工作中可能出现差错，造成前台接待处的房态与客房实际房态不符。因此，必须进行房态的核对，以防止重复售房等现象的发生。

总之，正确控制客房状况，主要是为了有效地销售客房。无论采用何种客房状况显示系统，都要加强前台接待、收银、预订与客房部之间的房态变更、转换控制，保持信息沟通及协作，最终提高对客服务的效率和质量。

单元三　受理入住接待程序

本单元将以任务形式分别介绍散客入住接待、团队入住接待、VIP 客人入住接待和商务楼层客人入住接待的受理。

任务一　受理散客入住接待

[任务描述]

（1）根据预订处提供的预订资料，上午 11:00 左右，一对来自于印尼的中年华侨夫妇将入住本酒店。

（2）前台接待员张小姐在前台，三位男士走向前台，经询问，他们未预订，准备入住酒店三天。

[任务准备]

（1）各项散客接待资料、用具的准备。

（2）根据当天客源情况，确定人员安排。

（3）学生分组：以 3 ~ 4 人为一组。

（4）教学师资：专职教师、兼职教师。

（5）教学情境：模拟前台接待。

［任务实施］

一、接待前的准备工作

为保证对客服务工作的高效率和高质量，酒店必须做好客人入住登记前的各项准备工作。

（一）接待信息资料准备

在帮助客人办理入住登记手续或分配客房之前，接待员必须掌握以下接待工作所需的信息。

1. 房态报告

在客人到店前，接待员必须获得较为具体的房态报告，并根据此报告排房，以避免给客人造成不便。

2. 预抵店客人名单

预抵店客人名单为接待员提供即将到店客人的一些基本信息，如客人姓名、客房需求、房租、离店日期、特殊要求等。

在核对房态报告和预抵店客人名单时，作为接待处的管理人员，应该清楚以下两件事情，并采取相应的措施：① 酒店是否有足够的房间去接待预抵店客人；② 酒店还剩余多少可出租的房间去接待无订房而直接抵店的散客（Walk-in Guests）。

3. 客人历史档案

客人历史档案简称"客史档案"。高星级酒店均有客人历史档案，在计算机的帮助下，接待员很容易查到客人在酒店的消费记录，只要客人曾经在该酒店住宿过，根据客人的历史档案情况，即可采取适当措施，确保客人住得开心。

4. 有特殊要求的预抵店客人名单

有些客人在订房时，可能会提出额外的服务要求，接待员必须事先通知有关部门做好准备，恭候客人的到来。如预抵店客人要求为婴儿配备婴儿床，接待员（主管）则应为客人预先安排房间，然后让客房部准备婴儿床并将其放到指定的房间，客房部还应适当为客人准备一些婴儿用品，如爽身粉等。这一切工作都必须在客人抵店前做好。

5. 预抵店重要客人名单

酒店必须对重要客人给予足够的重视，如事先预留客房、免费享受接机/接车服务、在客房办理登记手续及安排专人迎接等。酒店常把预抵店重要客人名单印发至前厅各部门及酒店相关对客服务部门，让他们在接待服务过程中多加留意。

6. 黑名单

黑名单即不受酒店欢迎的人员名单。主要来自以下几个方面：公安部门的通缉犯，当地酒店协会会员、大堂副理的有关记录，财务部门通报的走单（逃账）客人，信用卡黑名单。

在计算机联网的酒店里，以上信息资料不断地更新，接待员可通过计算机网络轻易获取。

（二）其他准备工作

在客人到店前，接待员除应获得以上信息资料外，还应做好以下工作。

1. 预先分配房间

为方便客人，并对客房分配进行有效管理，接待员应根据预订确认书中的订房要求，提前制定客房预分方案。

2. 用具准备

准备好入住登记所需的表格、用具，准备好钥匙，查看客人是否有提前到达的邮件等。

3. 检查预留房状况

对于给客人预留的房间，接待员要与客房部保持密切联系，注意掌握客房状况的变化情况。

二、散客入住接待

受理散客入住接待的基本流程如图 2－10 所示。

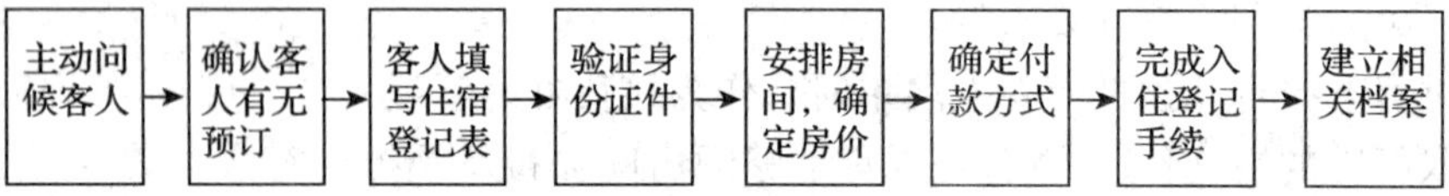

图 2－10　受理散客入住接待的基本流程

（一）主动问候客人

客人到达接待处时，接待员应面带微笑，热情迎接，主动致意问候，并表示乐于为客人提供服务。如果已经知道客人的姓名，应用姓名称呼客人。

（二）确认客人有无预订

为客人办理住宿登记时，接待员应首先弄清客人是否订房。

（1）对于已经订房的客人，接待员应核对当日抵店客人名单，从计算机中迅速查到客人姓名，调出订房资料，复述订房要求，特别是房间类型与住宿天数。

（2）若客人持有订房凭证，接待员应将副本留下，作为向代理机构结算的凭据，向客人复述凭证所列各项内容，如订房凭证发放单位的印章、客人姓名、酒店名称、居住天数、房间类型、抵离店日期等，并回答客人询问。

（3）对于已付定金的客人，应向客人确认已收到的定金数额。

（4）对于未预订而直接抵店的客人，问清其用房要求，同时查看当日可出租客房的情况。然后根据酒店客房状况，针对客人的需求，向客人推销客房。如果酒店不能满足客人的要求，也应设法为客人联系其他酒店，尽量帮助客人，以在客人心目中塑造酒店的美好形象。

（三）客人填写住宿登记表

客人到达酒店住宿时，需要做的第一件事就是在前台办理接待入住登记手续，填写住宿登记表。各酒店设计的住宿登记表的格式和项目不尽相同，但内容一般包括两类：一类是国家法律对户口管理所规定的登记项目，例如客人的姓名、国籍、出生年月、地址、有效证件、职业等；另一类是酒店在运行和管理中需要了解的登记信息。住宿登记表分为国内旅客住宿登记表（表2－16）和境外旅客临时住宿登记表（表2－17）。填表总的要求是不缺项、不漏项，字迹清晰，外文缩写规范。

表2－16　国内旅客住宿登记表

编号：　　　　　　　　房号：　　　　　　　　房租：

<table>
<tr><td colspan="2">姓　名</td><td>性别</td><td>年龄</td><td colspan="2">籍　贯</td><td colspan="2">工作单位</td><td>职　业</td></tr>
<tr><td colspan="2"></td><td></td><td></td><td colspan="2">省　市　县</td><td colspan="2"></td><td></td></tr>
<tr><td colspan="2">户口地址</td><td colspan="5"></td><td>从何处来</td><td></td></tr>
<tr><td colspan="4">身份证或其他有效证件</td><td colspan="2"></td><td>证件号码</td><td colspan="2"></td></tr>
<tr><td rowspan="3">同宿人</td><td>姓名</td><td>性别</td><td>年龄</td><td>关系</td><td rowspan="3">备注</td><td colspan="3" rowspan="3">1. 贵重物品请存放在前台保险箱内保存，以防丢失
2. 退房请交回钥匙
3. 房租不包括房间里的付费物品</td></tr>
<tr><td></td><td></td><td></td><td></td></tr>
<tr><td></td><td></td><td></td><td></td></tr>
<tr><td colspan="2">姓　名</td><td>性别</td><td>年龄</td><td colspan="2">籍　贯</td><td colspan="2">工作单位</td><td>职　业</td></tr>
<tr><td colspan="2">付款方式</td><td colspan="4">□现金　□旅行支票　□信用卡</td><td colspan="3">预付款：____________</td></tr>
<tr><td colspan="2">抵店日期</td><td colspan="4"></td><td>离店日期</td><td colspan="2"></td></tr>
<tr><td colspan="2">客人签名</td><td colspan="4"></td><td>接待员签名</td><td colspan="2"></td></tr>
</table>

填表人：

表2－17　境外旅客临时住宿登记表

Registration form of temporary residence for visitors

IN BLOCK LETTERS：　　　　DAILY RATE：　　　　ROOM NO. ：

<table>
<tr><td>SURNAME：</td><td>DATE OF BIRTH：</td><td>SEX：</td><td>NATIONALITY OR AREA：</td></tr>
<tr><td>OBJECT OF STAY：</td><td>DATE OF ARRIVAL：</td><td>DATE OF DEPARTURE：</td><td>COMPANY OR OCCUPATION：</td></tr>
<tr><td colspan="4">HOME ADDRESS：</td></tr>
<tr><td colspan="3">PLEASE NOTE：
1. Chect out time is 12:00 noon
2. Safe deposit boxes are available at cashier counter at no charge. Hotel will not be responsible for any loss of your property
3. Visitors are requested to leave guest rooms by 11:00PM
4. Room rate not including beverage in your room
5. Please return your room key to cashier counter after check-out</td><td>On checking out my account will be settled by：
CASH：
T/A VOUCHER：
CREDIT CARD：
GUEST SIGNATURE：</td></tr>
</table>

续表

For clerk use				
护照或证件名称：	号码：	签证种类：	签证号码：	签证有效期：
签证签发机关：	入境日期：	入境口岸：	接待单位：	
REMARKS：	CLERK SIGNATURE：			

接待员应在保证质量的前提下，为长途旅行的客人缩短办理入住登记的时间。对于已办理预订手续的散客或常客，由于酒店已掌握较完整的资料，酒店实行预先登记，即在客人到达之前根据预订单的内容，代为客人填写登记表。当客人抵店以后，如果没有异议，则签名即可。对于没有预订而直接抵店的客人，只能请他们填写空白登记表。填写时，接待员应尽量提供帮助，以缩短办理入住登记的时间。如果客人对表格的要求存有疑问，接待员应礼貌地向客人解释。若客人填写困难，接待员可代为填写，向客人询问情况时，语气要和蔼。客人填好登记表，接待员应表示感谢。

（四）验证身份证件

填好登记表后，请客人出示有效证件，证件种类主要有护照、签证、身份证、军官证、士兵证等。在查验证件时，要注意证件有无涂改、伪造；核对照片是否与持证人相符；核对登记表内容是否与证件一致，是否正确、齐全；注意证件的有效期、入境日期和入境口岸等。查验完毕归还证件时，应礼貌地称呼客人的姓氏，并向客人表示感谢。下面主要介绍国内旅客和境外旅客持用证件。

1. 国内旅客持用证件

国内旅客持用证件主要包括中华人民共和国居民身份证、身份证回执、临时身份证、中国护照、军官证、警官证、士兵证、文职干部证、军警老干部离休荣誉证、军警老干部退休证明书、一次性住宿有效凭证、港澳居民来往内地通行证、台湾居民来往大陆通行证。这里重点介绍港澳居民来往内地通行证和台湾居民来往大陆通行证。

（1）港澳居民来往内地通行证也称“回乡证”，是港澳居民来往内地时使用的一种旅行证件。

（2）台湾居民来往大陆通行证是台湾居民来往大陆的旅行证件，由公安部出入境管理局授权的公安机关签发或委托在香港和澳门特别行政区的有关机构代为办理。该证有5年有效和一次有效两种；实行逐次签证，签证分一次往返有效和多次往返有效。

2. 境外旅客持用证件

（1）中华人民共和国旅行证。它是护照的代用证件，是我国驻外使、领馆颁发给不便于发给护照的境外中国公民回国使用的一种证件；包括一年一次入出境有效和两年多次入出境有效两种。

（2）中华人民共和国入出境通行证。它分为两种：一是为未持有我国有效护照、证件的华侨入出我国国境而颁发；二是为回国探亲旅游的华侨因证照过期或遗失而补发，分一次有效和多次有效两种。该证件由我国公安机关出入境管理部门签发。

除以上两种外，还包括外国人持有的证件，即护照。

（五）安排房间，确定房价

1. 安排房间

有技巧地编排房间能为客人在入住时省去不少麻烦。客人远途跋涉，身心疲劳，实在不愿在前台逗留太久，只希望能尽快得到分配的房间，放下行李休息，因此，准确地分配房间将给客人留下良好的第一印象。

（1）预订客人。针对预订客人，为了减少客人等候时间，同时方便客房的分配与管理，接待员应在客人抵店之前，根据其订房要求，提前预留适当的房间。但酒店内同类型客房也存在差异，如位置、景观、内部装饰等方面，因此，具体的房号一般应征得客人意见之后再确定。

（2）未预订客人。接待员为没有预订的客人安排房间时，要主动、耐心地询问客人的具体住房要求，在充分了解客人用房需求的基础上，根据酒店的现时房态向客人推荐两三种不同类型、价格的房间供其选择，并对不同类型房间的状况、特点加以详细介绍，尽量满足客人的各种要求。

2. 确定房价

客房确定后，接待员就可以在价格折扣范围内，或根据酒店的信用政策规定进行定价。对于办理预订并提前由接待处预留房间的客人，在征求客人意见后确定房号及价格。注意必须遵守预订确认书中已标明的价格，不能随意变更。对事先没有预订而直接抵店，尤其是初次到店的客人，根据当时的可租房状况和酒店未来用房需要，热情地向客人推荐、介绍客房并报价和定价。房价确定后，注意向客人重复，得到客人的确认。

（六）确定付款方式

确定付款方式主要是为了确定客人住店期间的信用限额，加快退房结账时的速度，并确保酒店的利益不受损害。客人常采用的付款方式有现金结账、信用卡结账、传单结账、转账方式结账、支票结账、有价订房凭证、他人代付等。

1. 现金结账

如果客人用现金结账，客人入住时则要交纳一定数额的预付金。预付金额应超过住宿期间的总房租数，具体超过多少，由酒店自定，一般为一天的房租，结账时多退少补。

2. 信用卡结账

（1）辨明客人所持的信用卡，是否属中国人民银行规定的可在我国使用且本酒店接受的信用卡。

（2）核实住客是否为持卡人。

（3）检查信用卡的有效期及信用卡的完好程度。

（4）在 POS 机上作信用卡预授权。

（5）将信用卡交还客人，将已印制好的信用卡签购单与制作的账单一起交前厅收款处。

3. 传单结账

传单结账是指客人向与酒店有订房合同的旅行社购买酒店的客房，房租交付给旅行社，旅行社给客人签发传单，客人凭此传单入住指定的酒店，无须再向酒店支付房租，房租由旅行社与酒店按订房合同解决。如果客人持旅行社传单结账，接待员应告诉客人，房租之外的费用必须由客人自行支付，如洗衣费、长途电话费等，因此客人仍然要交纳一定的押金。

4. 转账方式结账

转账方式结账一方面可以大大简化客人抵（离）店账务手续，另一方面可以促使公司、旅行社等客源组织单位不断为酒店带来新的、更多的客源。因此，酒店对这些客户单位的信用、财务状况等应有清楚的了解和认识。接待员将客人要求与预订单上记载的付款方式核准无误后，向客人具体说明转账款项范围，如房租、餐费、电话费、洗衣费等。同时当面说明办理客人自付项目的有关手续及规定。

5. 支票结账

通常国内企业、公司等用支票结账，国外客人使用旅行支票支付费用。因此，酒店有关部门必须加强对前台接待员、收银员有关核对支票的业务培训。在实际操作中要注意以下几方面的情况。

（1）拒收字迹不清和过时失效的支票。

（2）核查支票持有者的有效身份证件并登记。

（3）对于有背书的二手支票，应请客人再次背书。

（4）对于疑惑之处，接待员或收银员应当面问清，并立即向财务主管负责人汇报或向银行查询。现在银行计算机系统更加完善，酒店也普通使用计算机联网系统及时验证支票，这对于空头支票等损害酒店利益的现象发生具有高效的保护作用。

6. 有价订房凭证

酒店为了扩大客源市场，与客房预订代理商订有合同。这些由代理商介绍的客人，通常在当地已交付费用（包括房费等），并持订房凭证到酒店登记入住。前台接待员应注意以下事项。

（1）核实订房凭证正本和副本是否有效及一致。

（2）核实相关联的预订单和传真订单内容是否一致，有无差异。

（3）礼貌地提醒客人为其在店内其他消费选择支付方式。

7. 他人代付

有些客人提出为其他客人代为支付在店费用。前台接待员应坚持请客人填写“承诺付款书”并签字确认。承诺付款书通常为一式三联：一联由同意代付账的客人保存，一联与收银处客账存放在一起，另一联由前台接待处保存备查。另外，还要仔细核查付款人的信用状况及付款能力。

对于一些熟客、常客、公司客户等，酒店为了表示友好和信任，通常会为他们提供免交押金的方便。免交押金的名单一般由酒店的营业部或财务部门印发，订房部员工在订房单的备注内容中注明，接待处则灵活处理。

（七）完成入住登记手续

在确定付款方式后，接待员主要做以下几项工作以完成入住登记手续。

（1）填写房卡。接待员在完成以上工作后，一般还要填写房卡，请客人签名并交给客人。房卡（Hotel Passport）也称"欢迎卡"、"钥匙卡"或"酒店护照"，它起着证实客人身份的作用，同时也有促销、向导和说明的作用。一般在客人抵店前填写，或在客人入住填写登记表时，由接待员填写。这种折页式的房卡除了有总经理欢迎辞、客人姓名、房号、有效期等内容外，通常还印制有酒店服务设施、位置、服务时间、会客须知等相关内容，起到了服务指南和推销的作用。

（2）将客房钥匙交给客人，介绍客房楼层位置、房号、电梯、餐厅等。

（3）有些酒店还会向宾客提供用餐券、免费饮料券、各种促销宣传品等，并询问客人喜欢阅读的报纸，以便准备提供。

（4）检查钥匙架是否有客人邮件和留言。

（5）提醒客人将贵重物品寄存在酒店免费提供的保管箱内。

（6）安排行李员引领客人到房间及运送行李。

（7）向客人道别，并致祝愿语。

（8）有些酒店接待员待宾客进房 7～10 分钟后，再通过电话与客人联系，询问其对客房是否满意，并对其光临表示感谢。

（八）建立相关档案

入住登记程序最后阶段的工作是及时、准确地将有关住客的信息、资料通过输入电脑、制作表格等手段，通知有关部门，其做法如下。

（1）客人办理完入住登记手续离开前台后，接待员把客人的入住信息及时通知客房部，以便客房部服务员做好接待准备工作。

（2）使用打时机，在入住登记表的一端打上客人入住的具体时间（年、月、日、时、分）。

（3）将客人入住信息输入计算机内，并将与结账相关事项的详细内容输入计算机客账单内。

（4）将填写好的表格、资料分类存档，以便建立客史档案。

（5）标注"预期到店一览表"中相关信息，以示客人已经入住。

（6）对于未使用计算机的酒店，要制作客房状态卡条，插入客房状况显示架，并填写多联客房状况卡条，送交相关部门的岗位。

（7）制作客人账单。

1）在印制好的账单上打印客人姓名、抵店日期、结账（离店）日期、房号、房间类型及价格等，然后将账单（一式两联）与住宿登记表（账务联）及信用卡签购单一并交收银处保存。

2）对于转账客人，一般需制作两份账单：一份（A 单）记录应由签约单位支付的款项（已在合同及预订单、登记表中标明范围），是向签约单位收款的证明；另一份（B 单）则是记录客人自付的款项。

[任务总结]

客人办理入住登记的过程是对酒店服务设施的第一印象。如果受到了热情的接待，客人将会积极地配合酒店的工作，并希望从酒店其他部门也得到同样热情的服务。否则，客人不仅不会对酒店的服务及设施产生兴趣，而且还将会在住宿期间挑剔酒店提供的服务和设施。通过本任务的实施，学生应掌握接待前准备工作、客人入住登记工作并熟悉相关表格，运用所掌握到的入住接待程序和方法，熟练地为散客办理入住登记手续。散客入住登记程序如图 2－11 所示。

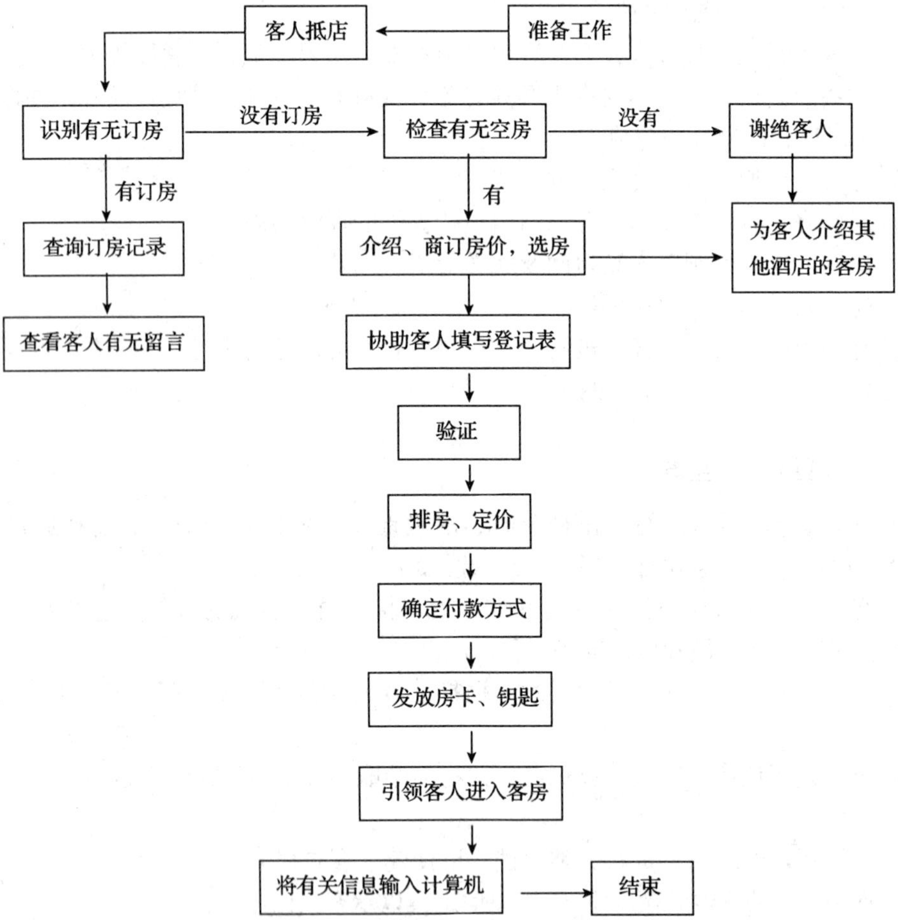

图 2－11　散客入住登记程序图

[知识或技能拓展]

前台境外人员接待常识

一、护照种类

（1）普通护照（Passport）。

（2）公务护照（Service Passport）。

（3）外交护照（Diplomatic Passport）。

（4）官员护照（Offical Passport）。

二、签证种类

C——乘务；D——定居；F——访问；G——过境；J1——常驻记者；J2——临时记者；L——旅游；M——免签；U——公务；W——外交；X——学习；Y——礼遇；Z——职业。

三、登记具体要求

（1）所有填写日期的位置统一按8位数填写。

（2）所有境外人员登记单要求保留2个月，并按日期区分备查。

（3）登记时基本信息必须以主页信息为准，不应按签证页信息。

（4）寻找入境章时一定要找最后一次入境的章。

（5）每客必登并复印（证件主页、签证页及入境章页），登记单员工需签字，并与复印件附一起后统一装订格式，结账离店后按日期顺序放入文件夹。

（6）填写国籍时必须填写中文，并写全。

（7）代用证件回执单的有效期为7天（回执单上办理日期起的7天内）。

（8）护照丢失证明单的有效期为30天（证明单上办理日期起的30天内）。

（9）护照种类必须写清哪种护照，并熟记相应种类英文单词。

（10）调房后登记单与社会信息采集系统必须及时修改，保证信息正确。

（11）团体登记时不要以旅行社提供的团体信息单登记，应收集客人证件一一登记复印。

（12）外国人永久居留证件签证种类为D定居。

（13）居留许可：任职者及家属、就业者及家属、常驻记者及家属、学习、其他。

（14）证件号码填写完整不得自行删减（如62NO1234567，勿只登数字），字母与数字有空格的无须空格，数字后面有字母的不要遗漏。

（资料来源：http://www.canyin168.com/glyy/qtgl/qtlg/201007/22873.html）

任务二　受理团队入住接待

［任务描述］

（1）深夜，前台服务员接待一批游客，游客饥肠辘辘。

（2）某公司拟在酒店召开技术研讨会，下午100人的会议团队将抵达酒店。

［任务准备］

（1）团队接待资料的准备。

（2）根据当天客源情况，确定人员安排。

（3）学生分组：以3～4人为一组。

（4）教学师资：专职教师、兼职教师。

（5）教学情境：模拟前台接待。

［任务实施］

一、团队入住接待

（一）接待前的准备工作

（1）根据团队接待任务通知单中的用房、用餐、用车及其他要求，在客人抵店前与计算机或客房状况显示架核准，进行预排房并确认。

（2）提前准备好团队钥匙、欢迎卡、餐券、宣传品等，并装入信封内。

（3）制作团队客房状况卡条，插入显示架，控制已预排好的客房。

（4）将团队用餐安排提前通知餐饮部或有关餐厅。

（5）酒店机场代表按预订处所作的计划安排，逐项落实有关车辆、行李员与团队领队、陪同联系接洽等事宜，并与酒店随时保持联系，通报团队抵达或延迟等信息，使前台接待及相关部门随时做好各种准备。

（6）大堂副理、团队联络员应在大厅等候团队客人的到来，并通知房务中心，以便做好团队接待准备。

（二）团队入住接待工作

（1）大堂副理、销售部团队联络员及前厅服务人员迎接团队，致欢迎词，并引领至团队接待区域，简要介绍酒店服务设施和服务项目。

（2）根据团队通知单相关项目内容与团队领队或陪同核对，将旅行社等接待单位提供的客人按房号予以分配，并将“团队客人住宿登记表”（见表2－18）交给团队陪同。对于团队客人，可根据接待要求，将登记表提前交给陪同或会务人员，以便在团队客人抵店的途中，或抵店后在大厅休息区，或客房内填写。

（3）由团队领队或陪同依据名单，将钥匙信封分发给客人。

（4）团队领队或陪同确认团队人数、房间数、付款方式、用餐时间、是否安排叫醒服务及离店要求等有关事项。

（5）将准确的房号、名单送到礼宾部，礼宾部负责安排行李员将行李送至客人房间。

（6）接待员填写“在店团队统计表”（见表2－19），制作相关表格资料，录入或送达有关部门。“在店团队统计表”包括团队名称、团队编号、抵离日期、用房总数、总人数以及转账数额等。

（7）接待员制作“团队客人接待单”（见表2－20），交收银处保存建账。

为了做好大型团体的接待工作，酒店往往单独设置接待处专门处理团体入住工作，以避免造成大堂秩序混乱。团体开房的程序相对于零散客人比较简单，因为往往不需对每个成员都单独进行入住登记和派房，只需办理一次集体入住手续即可。

表2－18　团队客人住宿登记表

Registration form of temporary residence for group

团队名称：Name of group　日期：Date　年 Year　月 Mon　日 Day　至 Till　月 Mon　日 Day

房　号 （ROOM NO.）	姓　名 （NAME IN FULL）	性　别 （SEX）	出生年月 （DATE OF BIRTH）	职　业 （PROFESSION OR OCCUPATION）	国　籍 （NATIONALITY）	护照号码 （PASSPORT NO.）

续表

签证号码：	机关：	种类：
有效日期：	入境日期：	口岸：

留宿单位：______________　　　　接待单位：______________

表 2－19　在店团队统计表

序号	团队编号	团队名称	抵店日期	离店日期	客房数	人数			转账款项	自付款项
						外宾	华侨	内宾		
1										
2										
3										
4										

至：总经理　销售部　大堂经理　收款员　前厅部　接待部　制表人：

表 2－20　团队客人接待单

团队名称				编　号	
到达时间	月 日 时 分	交通工具		抵店时间	
离店时间	月 日 时 分	交通工具		退房时间	
人数	客人	陪同			全陪姓名
	计人	计人			地陪姓名
用房数	房型	房数	人数	房费	客房布置及要求
领队房号		付款方式		房费	按合同价 元/间天（人民币）
膳食	餐别				
	标准	元/人天（房费内包含） （房费内不包含）			日　餐 日　餐
	餐差				
风味或宴会		月　日　时　分，共　桌计　人，标准　元/人 （房费内包含） （房费内不包含）			
确认事项：					
备注：					

二、会议团入住接待

会议团有些来自国内，有些来自国外。其入住接待程序如下。

（1）会议团到达前一天接待员应根据会议团订房表及会议团名单或分房表妥善分好客房。无后两项信息的，应事先准备好足够的客房及相应的钥匙，会议团到达后由会务组人员分房。

（2）会议报到当天，一般由会务组在大厅的一角设立报到处，接待与会客人。会议报到后的有关事项和日程安排应事先印好，人手一份，或在大厅内张贴使每位客人知道。接待员应把准备好的客房钥匙交会务组，并准备足够的入住登记表。

（3）会议客人多数不是同一时间到达，每到一位客人，接待员或销售部人员应协助会务组人员为与会者分房并分发钥匙，分发入住登记表请客人当场填写并收回，实在无法收回的应记下房号，稍候上门收取。

（4）接待员收回入住登记表并登记每位客人的最终房号，打印一份会议团安排房表交总机室、问讯处，便于酒店为客人提供服务。

（5）如果会务组未提供团体分房表，接待员也应尽量了解客人房号，并了解会务组房号。如果有关于该会议的问讯或电话，一律转接到会务组。

［任务总结］

团队客人是酒店的重要客源，接待好团体客人对建立稳定的客源市场、提高酒店的出租率、保持与增加收入有重要的意义。在接待团队过程中，既要保持与散客一样的服务标准，同时要注意维护前厅正常服务程序和气氛。

［知识或技能拓展］

团队接待的“四个预”

酒店必须对团体的接待给予高度的重视，努力做好服务工作。其中，做好“四个预”非常重要，即“预订要详，预备要细，预料要够，预后要察”。

一、预订要详

团体接待，无论是会议团体，还是旅游团体，一般都要先做接待协议书、接待合同之类的书面接待文件。在这个书面文件中，名称（团体名称、会议名称）、人数、抵离时间、交通工具、房间类型、房价、餐价、用餐方式、菜品、结账方式等，都应尽可能详尽说明。而且有些虽不必见于书面的事项，也要有所了解，为下一步的接待服务打下一个良好的基础。如除了解人数外，还应进一步确定其国籍、男女比例，甚至老幼等某些特殊情况，以便有针对性地服务。譬如，某酒店接待某一团时，仅有11人，人数虽不多，但除了领队是中年人外，其他皆为70多岁的老人，将于次日乘早班船离去。由于事先未掌握年龄结构这个情况，该酒店未配备相应接待力量，早晨起床后，老人们行动较为迟缓，影响了查房、退房速度，到了大堂，又有人遗忘了物品，致使结账时间远远超过了预定的时间。久久滞留，又影响了下一个团体的出团，导致了客人的投诉。

二、预备要细

在做接待的准备工作时一定要细心、细致。预订部门（有的是销售部）在团体接待预订后，就应将该团体的资料及时提供给前厅部、客房部、餐饮部，甚至车场等相关接待部门或经营场所，通知到相关人员，以便及时做好服务接待的衔接和准备工作。准备工作要尽可能细，每个环节都要考虑到，而且环环之间要相扣，不要脱节。某酒店的总经理收到了一封客人的投诉信："我公司在10多天前就在贵店订了两间总统套房，拟接待某银行行长等人，商洽某工程项目贷款事宜。而当客人抵达时，却因贵店总统套房正在维修，将我们的贵宾安排在次之的房间，引起了客人的不满，致使洽谈受到不良影响……"事情的经过是这样的：这家公司为接待贵宾，提前10天就到这家酒店的预订部订了总统套房，而该套房正在维修，部门间沟通不灵，预订人员也疏忽，导致订实不符。此次客户投诉显然是预先准备不细造成的。

三、预料要够

客观世界是复杂的，情况又是不断变化的。酒店的团体接待中，由于客人相对集中、人数相对较多、时间相对较紧、工作量相对增大，往往容易出现一些服务接待不及时、不周到、不尽意、不完善的地方，甚至出现一些意外情况。这就需要接待员对一些情况事先有一些估计，即预料。当然，有些情况也很难估计，预料难以做够。有这样一个例子：某团客人到达酒店时，领队说少安排了一个房间，但酒店前台接到的通知确是此数，一查旅行社预订的传真也是如此。原来是由于旅行中，一对夫妻因事突然产生不和，到达当地非要分居不可。而客房较紧，排不上房，领队为避免客人怪罪，故称酒店安排少了。这种始料不及的情况，不可能是绝无仅有。为此，在预料时，要尽可能充分些、把问题估计得足够些，订计划时尽量留有余地。

四、预后要察

团体客人离店时和离店后的工作要做，而且还要做好。例如，尽可能准确地落实客人离开酒店的时间，提前通知客房做好查房准备；行李房及时将团体行李运到大堂，等候客人清点；前台做好退房准备、总收银台做好结账准备等；还要检查所有委托代办的工作是否已办妥，账款是否结清，有无其他服务要求，如叫早服务、提前用餐、安排出租车、行李托运、托邮等；还应检查客人有无遗留物品、设备是否完好等。销售部门还要征求客人的意见，及时反馈，以便今后改进工作。团队走后，要系统地建立客史档案，与客人保持联络，加强与团体单位感情交流，为再一次的合作，打下一个良好的基础。

（资料来源：徐文苑，饭店前厅管理与服务，清华大学出版社，2001年）

任务三　受理VIP客人入住接待

［任务描述］

国家外交部部长将抵达酒店。

［任务准备］

（1）VIP客人接待资料的准备。
（2）根据当天客源情况，确定人员安排。
（3）学生分组：以3~4人为一组。
（4）教学师资：专职教师、兼职教师。
（5）教学情境：模拟前台接待。

[任务实施]

一、接待前的准备工作

(1) 从预订处“次日抵店客人一览表”、“VIP 客人通知单”(见表 2-21)上，了解抵店的 VIP 客人的详细情况：客人姓名、国籍、人数、抵离日期、接待单位、订房种类和接待规格等。

(2) 按订房要求安排房间，选择同类房间中方位、视野景观、环境和房间保养等最好的客房，并通知客房部进行环境布置、房内物品配备等，并把 VIP 房号通知行李组、电话总机室、保安部等相关部门。

(3) 将客人登记表、VIP 客人房卡提前填好，准备好客房钥匙，一起装入 VIP 客人欢迎信封。

(4) 查看有无客人信件及其他代客收到的物品，转交物品、留言，以便及时转交，并做好记录。

(5) 通知房务中心，安排楼层员工迎接客人。

(6) 通知餐饮部宴会预订处安排用餐地点、特色菜肴及菜单打印等。

(7) 根据 VIP 客人接待规格呈报表(见表 2-22)，通知有关部门把水果、鲜花、浴袍、酒水、糕点、巧克力等免费赠品和总经理名片、总经理签字的房卡及酒店推广业务用的宣传纪念品在 VIP 客人到达前放入客房。赠品的多少，由酒店根据 VIP 客人的重要程度来定，由订房处或公关部开单供有关部门执行。

(8) VIP 客人抵店前数小时，前台主管与大堂副理应共同检查各项准备工作：水果、鲜花、酒水、糕点、巧克力等免费赠品是否一切到位，房间状态是否正常，礼品发送是否准确无误。

表 2-21　VIP 客人接待通知单

No.

<table>
<tr><td>姓名(团体)身份</td><td></td><td>国籍</td><td colspan="2"></td></tr>
<tr><td>人数</td><td>男　　女</td><td>房号</td><td colspan="2"></td></tr>
<tr><td>抵店日期</td><td></td><td>班次</td><td colspan="2"></td></tr>
<tr><td>离店日期</td><td></td><td>班次</td><td colspan="2"></td></tr>
<tr><td>拟住天数</td><td></td><td>接待标准</td><td colspan="2"></td></tr>
<tr><td>客人要求</td><td colspan="4"></td></tr>
<tr><td>接待单位</td><td></td><td>陪同人数
身份</td><td>男：</td><td>女：</td></tr>
<tr><td>特殊要求</td><td colspan="4"></td></tr>
<tr><td>审核人</td><td></td><td>经手人</td><td colspan="2"></td></tr>
</table>

备注：

年　　月　　日

表 2－22　VIP 客人接待规格呈报表

<table>
<tr><td>贵宾情况</td><td colspan="5"></td></tr>
<tr><td>情　况
简　介</td><td colspan="5"></td></tr>
<tr><td>审
批
内
容</td><td colspan="5">1. 房费：A. 全免　B. 赠送会客室一间　C. 房费按________折收取　D. 按________元收费
2. 用膳：在________餐厅用餐，标准________元/人（含/不含饮料）
3. 房内要求：A. 鲜花　B. 小盆景　C. 水果　D. 果盘　E. 葡萄酒及酒杯　F. 欢迎信　G. 名片　H. 礼卡　I. 酒店宣传册
4. 迎送规格：A. 由________总经理迎送　B. 由________部总经理迎送　C. 锣鼓迎送　D. 欢迎队伍
5. 其他</td></tr>
<tr><td>呈报部门</td><td></td><td>经办人</td><td></td><td>部门经理</td><td></td></tr>
<tr><td colspan="6">总经理批署</td></tr>
</table>

二、抵店时的接待工作

（1）VIP 客人抵店时，大堂副理应出面接待，并热情地向客人表示欢迎问好（带姓氏）。

（2）大堂副理向客人介绍酒店设施，并亲自将客人送至房间。

（3）大堂副理协助客人登记，将准备好的欢迎信封和登记表带进客房，请客人在房间里登记、签字，然后收回住客登记表，进行验证。这是酒店接待贵宾享受的特殊礼遇。这项工作事先要通知相关楼层做好准备。

（4）大堂副理和行李员完成各项工作后，向客人道别，退出房间，轻轻将门关上。

三、信息储存

（1）复核 VIP 客人资料的正确性，将 VIP 客人的情况输入电脑，或制作客房状况卡条插入显示架。

（2）在计算机中注明 VIP 客人，并将 VIP 客人抵店的信息通知有关部门，以提示其他部门或人员注意。

（3）将客人的订房资料及登记资料整理归档，为 VIP 客人建立历史档案，以便日后查录参考资料。

[任务总结]

VIP 是酒店给予在政治、经济以及社会各领域有一定成就、影响和号召力的人士的荣誉，是酒店完善、标准的接待规格服务对象，是酒店优质服务体系的集中体现。凡是 VIP 客人的入住接待工作都应认真细致、反复检查，不能出现任何差错。

［知识或技能拓展］

VIP 的等级

一、特级贵宾

（1）国内外有杰出影响的政治家、政府官员。

（2）国际上有影响的人士或对酒店的经营与发展有重要影响的人士。

二、A 级贵宾

（1）副省（部）级以上政府官员或领导。

（2）国家旅游局正局级以上领导。

（3）国内外著名企业、集团、酒店、旅行社总裁。

（4）国内外文化界、艺术界、教育界、体育界知名人士及社会名流。

（5）对酒店的经营与发展有重要贡献或影响的人士。

三、B 级贵宾

（1）厅（局）级以下政府官员或领导。

（2）各地企业界、金融界、新闻界人士及社会名流。

（3）国家副局级领导、国家旅游局正处级领导、省旅游局副局级领导。

（4）星级酒店、旅行社总经理、副总经理等旅游业人士。

（5）对酒店经营与发展有较重要影响的人士。

四、其他

总经理根据实际情况划定为贵宾客人。

（资料来源：http://www.xjhttour.cn/hotel/35/t-12235.html）

任务四　受理商务楼层客人入住接待

［任务描述］

李先生是酒店的常住客人，今天将入住商务楼层客房一间。

［任务准备］

（1）客人接待资料的准备。

（2）根据当天客源情况，确定人员安排。

（3）学生分组：以 3～4 人为一组。

（4）教学师资：专职教师、兼职教师。

（5）教学情境：模拟前台接待。

［任务实施］

一、商务楼层

商务楼层（Executive Floor）是高星级酒店（通常为四星级以上）为了接待高档商务客人等高消费者客人，向他们提供特殊的优质服务而专门设立的楼层。

商务楼层被誉为“店中之店”，通常隶属于前厅部。住在商务楼层的客人，不必在前台办理住宿登记手续，客人的住宿登记、结账等手续直接在商务楼层专人负责办理，以方便客人。在商务楼层通常还设有客人休息室、会客室、咖啡厅、报刊资料室、商务中心等，因此，商务楼层集酒店的前厅登记、结账、餐饮、商务中心于一身，为商务客人提供更为温馨的环境和各种便利，让客人享受更加优质的服务。

二、商务楼层客人入住服务程序

（一）客人入住前的准备工作程序

（1）查阅订单。

（2）根据客人的历史档案或订单的特别要求安排房间及输入计算机。

（3）检查订车情况。

（4）准备好登记卡。

（5）准备好住房卡、钥匙。

（6）准备好欢迎信并交客房台班放进房间。

（7）预送鲜花、水果。

（二）入住登记程序

（1）接到客人抵店信息后，迅速找出其订房资料及登记卡。

（2）通知所在楼层台班准备欢迎茶。

（3）迎接及引导客人到休息室。

（4）询问客人喜爱什么饮料，并迅速送上饮品。

（5）请客人出示有效证件，并代客填写。

（6）确认客人的入住天数、房间种类及房价。

（7）请客人在登记卡上签名。

（8）如可能的话，请客人留下名片。

（9）询问客人的付账方式，刷信用卡或收保证金。

（10）发放住房卡和房间钥匙。

（11）在登记卡上打上时间，输入计算机。

（12）在送客人进房间之前应介绍商务楼层设施与服务，包括早餐时间、下午茶时间、鸡尾酒时间、图书报刊赠阅、会议服务、免费熨衣服务、委托代办服务等。

（13）在客人左前一步引领客人进房间，与客人交谈，看是否能给客人更多的帮助。

（14）示范客人如何使用钥匙卡，连同欢迎卡一同给客人，介绍房间设施，并祝客人居住愉快。

（15）通知前厅行李员根据行李卡号和房间号在10分钟之内将行李送到客人房间。

（16）在早餐、下午茶、鸡尾酒服务时间，接待员应主动邀请新入住的客人参加。

（17）做好客人的计算机档案。

［任务总结］

每一位入住商务楼层的客人都要受到贵宾般的接待。高贵优雅的环境及细致快捷的服务能为商务客人在生意上的成功和生活上的享受创造极佳的条件。

单元四　前台接待常见问题的处理

入住登记过程是前台接待中一项操作性强又十分细致的工作，接待人员在实际工作中，难免要遇到各式各样的问题，下面将以任务形式分别介绍换房、离店日期变更、住房情况变更、房间紧缺等问题的处理。

任务一　换房的处理

［任务描述］

酒店的服务员刘小姐在前台，此时来了一位客人，高声嚷嚷："房间是什么空调，一晚上噪音，也不制冷，我要换房。"

［任务准备］

（1）模拟操作用具的准备。

（2）学生分组：以3～4人为一组。

（3）教学师资：专职教师、兼职教师。

（4）教学情境：模拟前台接待。

［任务实施］

一、了解换房原因

（一）客人要求换房的原因

（1）正在使用的房间在其价格、大小、种类、噪声、舒适程度以及所处的楼层、朝向等方面不合客人的意。

（2）客人在住宿过程中，人数发生变化。

（3）卫生条件太差，经客人提出后改善不明显。

（4）客房设施设备出现故障，需要维修时间较长。

（5）现住客续住，影响到指定预订该房客人的入住。

（6）其他接待任务不能使客人满意。

（二）酒店要求客人换房的原因

（1）正在使用的客房突然发生了一时无法修复的故障。

（2）由于酒店的疏忽，同一客房在同一天分配给了两批不同的客人，其中一批客人应作换房处理。

（3）由于钥匙丢失必须给该房的客人换房。

（4）由于集中使用某一幢楼、某一楼层、某一区域客房，或让团体房集中于某一幢楼、某一楼层、某一区域而需要给客人换房。

（5）由于某客房发生了凶杀、失窃、死亡等意外事件，为保护现场而必须封锁该房，该房内如还有住客应换房。

二、查看客房状态资料，为客人安排房间

客人提出要求调换房间时，首先要通过计算机查看客房状态资料，了解是否有符合客人需要的房间。如果暂时没有，则需向客人说明。若房间档次升高，则要加房费（酒店自身原因要求客人换房时除外）并要对客人带来的不便表示歉意。

三、填写换房通知单，为客人提供换房时的行李服务

如能满足客人的要求，则请服务员或行李员带客人进新房间，并立即填写“房间/房租变更单”（见表2－23），这张“房间/房租变更单”一式多份，由行李员分送客房、问讯处、贵重物品保管员、收银员、预订员、电话总机等有关部门和人员。向客人发放新的房卡与钥匙，由行李员收回原房卡与钥匙。

表2－23　房间/房租变更单

房间/房租变更单 ROOM/RATE CHANGE LIST	
日期（DATE）__________	时间（TIME）__________
宾客姓名（NAME）__________	离开日期（DEPT DATE）__________
房号（ROOM）　由（FROM）__________	转到（TO）__________
房租（RATE）　由（FROM）__________	转到（TO）__________
理由（REASON）__________	
当班接待员（CLERK）__________	行李员（BELLBOY）__________
客房部（HOUSEKEEPING）__________	电话总机（OPERATOR）__________
前台收银处（F/O CASHIER）__________	
问讯处（MAIL AND INFORMATION）__________	

四、接待员更改计算机资料，更改房态

换房后，相关部门修订原有资料。如接待员应更正客房状况控制架上（或电脑中）的房态记录；客房部服务员接到此单后，按退房要求对原住房进行检查，并按走客房进行清扫；电话总机更改资料，方便电话转接；前厅收银处接到通知单后，转移客账；问讯处更改资料，方便邮件转交和访客查询；礼宾部及时协助客人提拿行李等。

五、换房过程中的问题处理

（1）若因客满而无法为客人换房时，应记录下客人的要求，并答应客人次日为其优先换房。当夜如客房条件确实很差，应报值班经理视具体情况给客人一定的折扣。

（2）有时酒店由于客满，客房非常紧张，不得不在客人外出期间给客人换房或合并客

房。此种情况下，接待员应事先与客人联系，得到客人许可后，请客人把行李整理好，然后通知行李员把行李搬到给客人换好的客房。此时大堂副理、保安员和行李员都应该在场，必须确认客人的所有东西都已搬到另一个房间。

（3）若换房导致房费发生变化，应立即通知收银处以保证客人账单资料的准确性。

［任务总结］

由于种种原因，客人在住宿期间可能换房，尽管这样会在一定程度上给酒店的服务、接待与管理工作带来不便，酒店还是应该尽量满足客人的要求，使客人获得最大限度的满足。

任务二　离店日期变更的处理

［任务描述］

因生意上的谈判不是很顺利，王先生拟在酒店多住两天，推迟离店。

［任务准备］

（1）模拟操作用具的准备。

（2）学生分组：以 3 ~ 4 人为一组。

（3）教学师资：专职教师、兼职教师。

（4）教学情境：模拟前台接待。

［任务实施］

客人在住店过程中，因情况变化，可能会要求提前或延期离店。

一、客人提前离店

如果客人要求提前结账离店，接待员应通知预订处更改有关预订记录，并通知客房部清扫房间，同时要更改房态。

二、客人延期离店

（1）接到客人续住要求后，要问清客人姓名、房号、续住时间，然后与预订处联系，核实订房情况，确定是否能够满足客人的续住要求。

（2）如果可以，接待员要填写“推迟离店通知单”（见表 2 - 24），通知客房部、预订处、收银处等相关部门，并更改计算机中相关资料。

（3）若用房紧张，无法满足客人延期离店要求，则应主动耐心地向客人解释并设法为其联系其他住处，以征得客人的谅解。如果客人不肯离开，前厅人员应立即通知预订部，为即将到店的客人另寻房间。如实在无房，只能为即将来店的临时预订客人联系其他酒店。

处理这类问题的原则是：宁可让即将到店的客人住到别的酒店，也不能赶走已住店客人。

表 2-24 推迟离店通知单

姓名（NAME）＿＿＿＿＿＿ 房间（ROOM）＿＿＿＿＿＿ 可停留至（IT ALLOWED TO STAY UNTIL）＿＿＿＿＿AM ＿＿＿＿＿PM 日期（DATE）＿＿＿＿＿＿＿＿＿＿＿＿ 前厅部经理签字（FRONT OFFICE MANAGER SIGNED）＿＿＿＿＿＿＿＿＿＿＿＿

［任务总结］

旺季时，前厅部应采取相应的有效措施，尽早发现客人推迟离店的信息，以争取主动。例如，在开房率高峰时期，提前一天让接待员用电话与计划离店的住客联系，确认其具体的离店日期和时间，以获取所需信息，尽早采取措施。

任务三　住房情况变更的处理

［任务描述］

刘先生刚办完入住登记手续，上了楼层，不到 3 分钟便打电话下来质问："你们前台怎么搞的，房间里有其他人在……"

［任务准备］

（1）模拟操作用具的准备。

（2）学生分组：以 3～4 人为一组。

（3）教学师资：专职教师、兼职教师。

（4）教学情境：模拟前台接待。

［任务实施］

住房情况变更主要包括以下三种情况：登记入住后离店；登记后无法进房；抵店时，发现房间已被占用。本任务描述中情况属第三种。下面分别介绍三种情况的处理方式。

一、登记入住后离店

登记入住后离店是指客人办理完住宿登记手续之后，刚刚入住房间或者尚未入住，就要求离开酒店。同行业人士将此情况称为"开房后离店"。开房后离店有时是由于酒店招待不周，设施或服务项目不能满足客人要求，房价过高或服务员态度恶劣；有时是因为客人自身原因，如客人收到紧急电话、电报或信件通知，不得不迅速离开酒店。对于这种情况，处理方式如下。

（1）如果离店时间合理，理由充分，即使客房已经使用，酒店也可免收房费。

（2）当客人离店时，接待员要迅速在登记卡上做出标记并要求主管签字。客人的账单和其他控制单据上都要做出类似的标示。

（3）接待员要严格控制类似客房状况，争取及时将客房出租给零散客人，否则很容易造成客房闲置。

二、登记后无法进房

有时由于客情较旺或客人提前抵店，客人即使登记后仍无法进房。对于这种情况，处理方式如下。

（1）在未接到客房部关于客房已打扫、检查完毕的通知前，接待员不能把走客房安排给抵店客人，因为客人对客房的第一印象非常重要。

（2）礼貌地向客人解释，请客人到大堂喝茶并稍候。总之，要尽量缓和客人等待的迫切心情。

（3）可为客人提供寄存行李服务。

（4）可先为客人提供一间临时客房，然后再分派客人所要求的正规房间。由于这种处理方式会增加成本，故在特殊情况下才能用。

（5）与客房部联系，请他们加派人手赶快打扫。

（6）等客房打扫、检查完毕后，才可让客人进房间。

三、抵店入住时，发现房间已被占用

有时由于工作的疏忽，接待处已将客房出租，但未能及时更改房态，或由于未能与客房部及时沟通，而不能掌握客房的实际状态，以致客房被重售。这类情况会给服务工作带来不利的影响，也会使新到的客人和原来的客人感到不悦，酒店应给予重视。在出现这种情况时，可按如下方式处理。

（1）如果发现客房重售，要向双方客人致歉。

（2）请新入住客人在楼层稍候，或安置其到大堂、咖啡厅入座，并为客人送上一杯茶，以消除其烦躁的情绪，并尽快重新安排客房。

（3）等房间安排好后，应由接待员或行李员亲自带客人进房，并采取相应的补救措施。

（4）注意提醒前厅收银处做好建账工作。

［任务总结］

针对客人住房情况发生变更的情况，前台接待员要妥善处理，稳定好客人的情绪，以给客人留下良好印象。

任务四　房间紧缺的处理

［任务描述］

10 月 2 日 17:00，酒店走进一位客人，对前台接待员小胡说："我是上海来的林先生，上海南北订房中心为我预订了一个标准间。"小胡礼貌地对客人说："对不起，我们的客房已经满了。"客人很生气，随即向经理投诉。

［任务准备］

（1）模拟操作用具的准备。

（2）学生分组：以3～4人为一组。

（3）教学师资：专职教师、兼职教师。

（4）教学情境：模拟前台接待。

［任务实施］

房间紧缺情况下，酒店常会遇到未预订客人不能被接纳和预订客人不能被接纳两种情况。本任务描述中的情况属后者。下面分别介绍这两种情况的处理方式。

一、未预订客人不能被接纳

在销售旺季，酒店常会出现无法接纳客人的现象。接待员除对贵宾、常客予以特殊关照、积极安排以外，对其他未办预订，甚至初次到店的客人应持同样心态，妥善处理。可建议客人暂时租用给予最大折扣价的套间或在客房内加床，然后再换房等；或积极联系附近相同档次的酒店。然而，有一些客人到达时间已晚，在其他酒店也很难找到空余房间，因而坚持说自已办理了预订手续，面对类似情况，接待员可按如下方法处理。

（1）询问客人是否携带预订确认单。

（2）询问客人是哪位员工为其进行预订的，提醒客人确认是否在本酒店订房。

（3）通过计算机系统，当面再次核对客人的全部预订记录，查看客人是否把订房日期记错。

（4）再次核对客人姓名拼写。有时客人姓氏会因发音相似或相同而写错，有时客人的姓与名还会被颠倒。

（5）如果客人的预订是由旅行社代理的，请客人与旅行社进一步联系核实。

（6）如果经过上述核对手续后证实客人根本没有订房，接待员应该请其耐心等候，以免客人感到尴尬。

接待员要意识到，无论是由于接待员、预订员的工作失误，无法找到相应的预订记录，还是客人根本没有办理预订手续而声称已订房，接待员都应该热情地为客人联系解决住宿问题。因为解决好诸如此类的难题，对提高酒店声誉，培养“忠诚客人”都是非常有益的。

二、预订客人不能被接纳

（一）持有预订确认单，酒店却无法提供客房

例如，酒店超额订房比率过高或者受交通、气候等因素的影响，使得客人超过酒店的容纳人数，造成预订客人不能被接纳；客人持有预订确认单，酒店却无法提供客房，客人会非常生气，某些客人会因此在大堂吵闹不停。这类事情的发生会给酒店造成极坏的影响。对于这种情况，可按如下方式处理。

（1）酒店一旦出现类似问题，接待员首先要汇总核实所有的资料，估算可供出租的客房。

（2）对比客房状况控制架和客房部报告，寻找其中的差错，通知那些应该退房的客人立即办理退房手续。

（3）检查有问题而不能出售的客房，能否及时维修使用。

（4）如果上述工作仍然无济于事，持有预订确认书的客人仍然不能被接纳，接待员应按酒店实行超额订房造成客人无房的方法解决。

（二）由于无法抗力因素，客人延迟入店，而酒店无法提供客房

对于未办理保证类预订的客人，如果由于航班延误、交通、身体患病等客观因素或无法抗拒的原因而延迟入住时，接待员应根据排房、预留房及待租房具体情况，热情地接待这类客人，并对客人入住酒店表示感谢，而不能以“预订已被取消”、“现在无房”等言语简单、生硬地回绝。具体而言，应按如下方式处理。

（1）首先，应向客人赔礼道歉，解释问题出现的原因。同时要求所有接待人员对客人的回答一致，否则会造成接待工作更大的混乱局面。

（2）及时为客人联系其他酒店，酒店可能采取负担客人部分或全部房费的方法来弥补客人的损失。

（3）将客人姓名列入非常重要人物表，一旦房间有空立即通知客人返回。

（4）如果会议团体的成员不能被接纳，让会议组织者向客人解释。会议组织者可通过在房间内加床的办法解决这一问题。当然，酒店与会议组织者之间良好的关系是解决这类问题的前提。

（5）如果酒店不能接纳旅游团队的成员，最好通过团队陪同或领队向客人解释，避免由于沟通不善造成误会。

（6）如果客人从旅行社获得订房，而酒店却无法接纳，酒店要特别照顾好这些客人，维持好酒店、旅行社和客人之间的关系。否则，客人可能再也不会“光顾”这家旅行社，间接连带影响酒店的声誉。

（7）对于不被接纳的客人，都应寄送一封由总经理亲自签署的道歉信，表达酒店的歉意和诚意，并希望客人下次光临。这样做可化解矛盾，缓和酒店与客人间的关系。

［任务总结］

酒店经营旺季，入住登记服务过程中出现最棘手的问题就是无法为前来投宿的客人提供所需要住房。为提高出租率，保证经济效益，接待员必须依据住客资料、报表、预订资料，同各部门及时联络，对开房情况认真核查，避免房间的重租及漏租情况的发生。

任务五　其他常见问题

［任务描述］

李总与合作企业约好 16:00 洽谈生意，而办理入住手续客人太多，李总等候时间太久，产生抱怨。

［任务准备］

（1）模拟操作用具的准备。

（2）学生分组：以3～4人为一组。
（3）教学师资：专职教师、兼职教师。
（4）教学情境：模拟前台接待。

［任务实施］

除前述四个任务中介绍的问题外，酒店还会遇到其他问题，下面列示了几个常见问题的处理。

一、客人不愿意登记或登记时有些项目不愿意填写

有部分客人为减少麻烦，出于保密或显示自己特殊身份和地位等目的，住店时不愿登记或登记时有些项目不愿填写。此时，接待员应按如下方式妥善处理。

（1）耐心向客人解释填写住宿登记表的必要性。

（2）若客人怕麻烦或填写有困难，可代其填写，只要求客人签名确认即可。

（3）若客人出于某种顾虑，担心住店期间被打扰，可以告诉客人，酒店的计算机电话系统有“DND”（请勿打扰）功能，并通知有关接待人员，保证客人不被打扰。

（4）若客人为了显示其身份地位，酒店也应努力改进服务，满足客人需求。比如充分利用已建立起的客史档案系统，提前为客人填妥登记表中有关内容，进行预先登记，在客人抵店时，只需签名即可入住。对于常客、商务客人及VIP客人，可先请客人在大堂里休息，为其送上一杯茶（或咖啡），然后前去为客人办理登记手续，甚至可让其在客房内办理手续，以显示对客人的重视和体贴。

二、客人等候办理入住手续的时间过久

本任务描述中的问题符合这种情况。客人抵店办理入住登记的程序并不像写在纸上的程序那样一成不变，在客人抵店的繁忙时刻，人员繁杂且要求众多，接待员一时应付不过来，势必造成忙乱局面，同时客人会产生抱怨，为此，接待员在工作中要努力做到以下几点。

（1）依据客情合理安排接待人力，客流高峰到来时，保证有足够的接待员。

（2）客人抵店前，接待员应熟悉订房资料，检查各项准备工作。

（3）接待人员要保持镇静，避免慌乱，越是繁忙，越要认真仔细，不要打算在同一时间内完成几件事。

（4）保持正确、整洁的记录，因为接待工作的有效性要依靠这些记录。

（5）认真安抚、照顾好每位客人，此时，更应注重服务的礼仪礼貌。

（6）在办理过程中，接待员有时会将资料重复输入电脑，造成可售房减少。因此，接待员要保持镇静，将客人登记资料与电脑进行核对，发现重复登记及时改正。

▶ 小资料

自助登记——凯悦酒店的“一分钟OK”服务

据不完全统计，客人对于酒店前台服务的投诉主要集中在办理登记手续耗时太多上，

尤其是那些已经办理了预订手续的客人，仍然需要花费和无预订客人同样多的时间来办理入住登记手续。

上述问题很大程度上应归因于登记办理管理过程的人工控制性，而在原有的技术条件下，即使是一些世界级的大酒店也未必能完全解决这个问题。直到凯悦酒店的“一分钟搞定服务”推出后，人们才算是找到了解决的办法。

凯悦酒店在海特高科技公司的协助下研制出一种“一触即可”的自助登记系统，该机器由键盘、显示器、读卡仪、打印机和钥匙传送器构成，并安装在一个特制的黑色架子上。住客插入信用卡和身份证明，确认了姓名、房间类型选择后，机器便自动传送出1～2把钥匙，同时还打印出一份印有房号及客房路线图的登记单。整个手续办理的过程简捷省时，一般来说，凡已预订的客人只需60秒，而事先无预订的客人也只需不到90秒即可办理完入住登记手续。比起原来的人工登记，确实便利了不少。

除了入住登记外，这套系统还可以用来查阅客人消费记录、办理结账离店手续，同时酒店也可以更加有效地分派员工，加强对客服务。“一分钟OK”的“一触即可”服务自推出以后，迅速得到了广大商务酒店的青睐，因为商务客人大都喜欢便捷、有效、高质量的服务。

（资料来源：徐文苑，饭店前厅管理与服务，清华大学出版社，2004年）

三、客人质疑预付金手续

由于酒店客源的复杂性和客人付款方式的多样性，酒店坏账、漏账、逃账的可能性始终存在。酒店可以采取客人预付款项或离店时收款两种方式。

客人在办理入住登记手续时，如果表示用现金支付费用，酒店为了维护自身的利益，常要求客人预付一定数量的押金，结账时多退少补。尤其对首次住店的客人、无行李的客人、无客史档案的客人及以往信用不良的客人更应采用预交押金方式。押金的数额依据客人的住宿天数而定，主要是预收住宿期间的房租。一些酒店为方便客人使用房间内长途电话（IDD、DDD）、饮用房内小酒吧（Mini-bar）的酒水、签单洗衣费等，常会要求客人多预交一天的房租作为押金。在一些时候，客人的钱只够支付房租，而不够支付额外的押金，遇到这种情况，接待员要请示上级作出处理。

对于表示使用信用卡结算的客人，在验证之后，通常不需要预付，但在信用卡内预授一定金额，规定消费限额。

在办理预付金手续时，若有客人承诺为其他客人代付款项，应请其填写承诺付款书并办理与其要求相符合的信用程序。

接待员在耐心解释信用政策的同时，也要视情况灵活处理，对回头客及信用良好的客人可适当放宽信用政策。对随身钱款不足但住店天数较多的客人，可以建议客人根据付款能力确定住店天数，不要轻易回绝这类客人。

四、客人带走客房内物品

有些客人或是为了留做纪念，或是贪小便宜，常会随身带走浴巾、茶杯、电视机遥控器、书籍等客房用品。此时，接待员应巧妙地请客人提供线索帮助查找：“房间里的××东西不见了，麻烦您在房间找一找，是否忘记放在什么地方了，或是收拾行李太匆忙顺便夹在里面了。”为客人解决问题留出余地。若客人仍不承认，则应耐心解释：“这些物品是非纪念品，如果您实在喜欢，可帮您在客房部联系购买。”切忌草率要求客人打开箱子检查，以免使客人感到尴尬，或伤其自尊心。千万不可与客人斗“气”争“理”，只有保全客人的“面子”，问题才容易解决。

五、客人有特殊要求

对于客人在入住时提出的“不接听电话”、“房号保密”、“每日按时叫醒”等特殊要求，接待员应予以高度重视，通知总机、客房部、保安部等有关部门和岗位，并在电脑中作特殊标志，让客人感到酒店对他们的尊重，创造良好形象。

六、客人有不良记录

若有不良记录的客人光顾酒店，接待员要凭以往经验或客史档案，认真、机智、灵活地予以处理。例如，对于信用程度低的客人，通过确立信用关系、仔细核验、压印信用卡、收取预付款等方式，确保酒店利益不受损害；对于曾有劣迹，可能对酒店造成危害的客人，则应以“房间已全部预订”等委婉说法，巧妙地拒绝其入住；对于以往住店时有不良行为，如酗酒、损坏酒店物品、赌博等的客人，应该通知有关部门密切注意，采取防范措施。

［任务总结］

不管在前台接待中遇到什么问题，都要耐心、热情、有效地为客人解决。

案例研讨

案例一

错开了两间房

一天上午，一位韩国客人来到酒店的收款台，办理退房手续。收款员小林热情地接待，并迅速打印出房费账单，递给客人。客人看罢疑惑不解地问：“我们只住了一间房间，为何要付两间房费?”小林请客人稍等，立即核实这两间房。发现其中一间房确实未曾入住过。小林向大堂值班经理汇报，值班经理通过了解，得知客人在抵店开房时，由于双方沟通上的误会，导致客人只要一间房，前台接待员小王却为客人错开了两间房。同时，客人在酒店 A 楼前台办理入住手续，但住房却在 B 楼，所以客人到 B 楼前台领取了钥匙，不过只领取了一把。在客人入住后的第二天，清扫员发现有房未住过客人，于是将情况反映给客房中心并通知前台。前台在核查后，发现该房并未退房且仍有押金，故而未再追究。在了解基本情况后，值班经理立即通知收银员只收取一间房的费用，同时向客人表示歉意，取得客人谅解，使客人满意地离店。

点评：

从整个接待过程来看，酒店存在几个环节的问题，具体如下。

（1）客人在办理入住登记时由于语言表达误会，前台接待员小王没有与客人确认好住房情况，导致错开了两间房。

（2）客人在B楼前台领取钥匙时，B楼前台接待员不细心，接到A楼前台通知到两间房，但客人只领取了一把钥匙，未与客人再次确认住房情况，未起到弥补作用。

（3）客人入住后的第二天，清扫员将未住过客人的房间情况反馈给客房中心，并通知前台，前台核查后发现房间有押金且未退房，但前台只考虑到费用足够，没有进一步追究房间未使用的原因，并且没有主动与客人联系沟通。

如果酒店在接待客人的每一个环节中都能细心些，这个错开房的误会是完全可以避免的。

案例二

1005房变成1522房

住店客人毛先生询问前台，他们公司有几间房都在10层，次日他们的老板到店，订的套房能否也安排在同层。前台员工小焦在查询电脑后，许诺客人没有问题，房号为RM1005。当天一位有预订的客人入住，订的是套房，另一位前台员工小钱查询电脑后发现只有一间1005，且有次日预抵客人占上了此房。小钱将此房号从该预订上解锁下来，先出租给当天到店的客人。待第二天毛先生带着公司老板到前台办理入住手续时，前台给客人分了RM1522房，毛先生当时很是不解，提出昨天已订好住1005房。但前台告知其1005房已经出租给别的客人了，于是毛先生很是生气，马上要求找酒店负责人投诉。

点评：

由于员工的责任心不够，而将已答应给客人的房间又出租给其他客人，这将使酒店失信于客人。本案例存在以下几方面问题。

（1）前台员工接到客人的要求后如能够满足，则应与当班的其他同事相互沟通，以免再租，在电脑中锁上该房号，并在电脑备注中注明“房号勿动。”

（2）前台员工应在交接班本上作详细记录，让其他同事也知晓此事。每个班次接班前应仔细阅读交接班本。对于本班次或以前未办完需下一班次注意的事情，上一班次员工应进行详细交接。

（3）前台员工在为客人挑选房号时，应在电脑中确认此房号是无人占用的、干净的。如发现有预订占用房号应查明原因，不可擅自将房间参与出租。

（4）当班领班应清楚当班所有情况，随时注意每位员工的操作，发现问题及时调整，随时提醒员工操作的注意事项。平时多注意加强对员工工作程序的培训，尤其是责任感的培养。

案例三

是否赠送早餐

某日，接待员小王接到住店客人2518房丁先生的电话，丁先生说自己的房价是通过艺龙公司预定的，询问该房价是否为公司协议价，为何双人间只赠送单早。小王解释道：“我们酒店的房价政策就是赠单早，如果要加一份早餐要另加98元。”丁先生表示一份早餐98元太贵了，称住过无数的五星级酒店，这样的事还是第一次遇到，他希望酒店给他一个合理的解释。

请问：

（1）入住时，接待员存在什么问题?

（2）如果你是这名接待员，如何向客人解释只赠送单早?

（3）如果你是这名接待员，如何向客人解释98元的早餐?

解答：

（1）入住时，接待员一定没有确认入住的人数（即单人或双人入住），存在“我以为……”的心态。

（2）可以这样答复客人：“丁先生，您享受的正是艺龙公司的协议价。根据我们酒店对入住客人的调查，目前出差的客人，一位客人比两位客人的入住多，所以我们酒店的房价应市场的要求分为单早价格及双早价格，且单早价格和双早价格的房价是不一样的，如果以单早的价格入住再加一份早餐需另加98元。因此我们酒店也是从客人立场出发来制定的房价，让入住的客人有多种选择，而且，您当初预订的客房是单早价格，希望您能理解。”

（3）可以这样答复客人：“其实双人入住对于酒店的成本来说是不一样的。比如：房间一次性生活用品的消耗及床单的洗涤，其双人入住的成本便不一样，所以98元的早餐价格也包括这部分成本。此外，您还可以享用本市最丰盛的早餐，所以98元的价格并不会太贵，您说呢?”

案例四

VIP客人接待工作的失败

一日，酒店即将到店的客人中，有两位是日本某跨国公司的高级行政人员。该公司深圳方面的负责人员专程赴酒店为这两位客人预订了行政楼层的客房，并将该公司其他客人的房间安排在了普通楼层。客人到店之前，相关部门均做好了准备工作。管家部按客人预订要求，提前清洁行政楼层及普通楼层的客房；前台及行政楼层接待处准备好客人的钥匙及房卡；大堂副理部则通知相关部门为VIP客人准备鲜花和水果，并安排专人准备接待。然而，就在一切准备就绪，等待VIP客人到店之际，其中一位VIP客人出现在酒店，并声称已入住在普通楼层的客房。

经过一番查证，发现该客人确已下榻酒店普通楼层的客房。但这并非客人要求，而是由于接待员的工作失误造成的。原来该VIP客人与其他客人一行三人抵达酒店时，前台接待员A核实到只有第一位客人的姓名与预订单上客人姓名相符，未进一步在电脑系统中查询另外两位客人的预订，而这三位客人自称来自同一公司，又是一起抵达酒店，A主观判断是预订单上标示的客人名字出现了偏差，并安排三位客人入住。

A主观认为是预订单上将客人姓名写错，将预订单上的客人名字更改成已入住客人之后，实际应入住普通楼层的客人在抵店时，其中一位接待员B无法查到该客人的预订。B虽然让客人出示该公司名片后确认客人为该公司员工，并马上安排此客人入住，但已使客人对酒店的服务水平产生质疑。

在查清造成上述错误的原因之后，当值大堂副理马上与客人联系，但当致电客人房间时，客人均已外出。于是酒店一方面在行政楼层为客人保留了房间，另一方面在VIP客人房间内留下一封致歉信，就此事向客人致歉。在接到VIP客人回到酒店的通知后，大堂副理亲自向他致歉，并询问是否愿意转回行政楼层。客人在接受酒店道歉之后，表示对下榻客房比较满意，无须再转去其他房间。第二天，当VIP客人离开酒店之时，当值大堂副理又专程向客人当面致歉。客人表示并不介意此次不愉快的经历，并很满意酒店对于他的重视。

虽然在VIP客人入住之时，接待员未仔细查询客人的预订而使客人未按预订入住行政楼层，导致一系列问题的产生。但由于当值大堂副理妥善安排，及时向客人致以诚挚的道歉，才使客人接受酒店的致歉，并使此次事件得以补偿，顺利平息。

点评：

上述案例中，VIP客人接待工作的失败主要体现在以下几点。

(1) 对VIP客人的接待，每个当班员工未能引起足够的重视，当值主管未尽其监督之职。

(2) 接待员工作不细致，未在客人抵店时仔细查询客人预订。VIP客人未入住已准备好的房间，使酒店相关部门为此次接待工作所作的一切准备付诸东流。虽然经酒店方的努力，客人接受了道歉，但此次接待任务的失败势必使客人对酒店的印象打了折扣。

(3) 工作准确性不够。当接待员发现客人名字与预订单不符时，主观判断是预订单上名字写错，将已预订的名字直接更改为当时客人的名字，造成其他员工无法查到已预订普通楼层房间但随后到店客人的名字，使该客人无法按预订入住。

通过本案例，可以得到以下启示。

(1) 此次VIP客人接待工作的失败是由于接待员的疏忽造成的，酒店前台接待员应端正工作态度，加强工作的细致性和准确性，以便为客人提供周到、优质的服务。

(2) "失之毫厘，谬以千里"，因为前台接待员工作中一个环节的疏忽，造成客人到店后产生一系列的问题，影响到后续各个部门的工作。所谓"100－1＝0"，即由于一位员工的疏忽，而使酒店所有部门所做的工作都在客人心目中大打折扣。

(3) 虽然酒店事后尽所有努力弥补，各相关部门花费大量时间和精力希望客人能接受酒店的歉意，却再也无法给客人留下一个完美的印象了。

(4) 工作的准确性和细致性是服务性行业的基本工作准则。酒店各岗位的工作人员要在工作中认真对待每一个工作细节，踏踏实实完成每一个工作步骤，以保证服务工作的顺利进行。对于将服务看做是行业第一生命要素的酒店业来说，只有给客人提供准确到位、细致周到的服务，才能使客人对酒店留下一个良好的印象，使酒店在竞争中立于不败之地。

案例五

旗袍惹的祸

一位很有身份的西欧女士来华访问，下榻于北方一家豪华大酒店。酒店以VIP的规格隆重接待。这位女士很满意。陪同入房的总经理见西欧女士兴致很高，为了表达酒店对她的心意，主动提出送她一件中国旗袍，她欣然同意，并随即让酒店裁缝量了尺寸。总经理很高兴能送给尊敬的西欧女士这样一份有意义的礼品。

几天后，当总经理将做好的鲜艳、漂亮的丝绸旗袍送来时，不料这位洋女士却面露愠色，勉强收下。几天后女士离店了，她把这件珍贵的旗袍当作垃圾扔在酒店客房的角落里。总经理大惑不解，经多方打听，才了解到客人在酒店餐厅里看见女服务员多穿旗袍，而在市区大街小巷，时髦女士却无一人穿旗袍，因此她误认为那是侍女特定的服装款式，故生怒气，将旗袍丢弃。总经理听说后啼笑皆非，为自己当初想出这么一个“高明”点子懊悔不已。请问：这件事是那个洋女士不讲情理，还是酒店不对呢？

点评：

酒店总经理出于对 VIP 客人的一片真诚和尊敬，主动给西欧女士赠送漂亮的中国旗袍，却引起客人的强烈不满。酒店总经理失误的根源在于没有完全站在客人的立场上，设身处地为客人着想。既然本酒店的餐厅服务员多穿旗袍，而且街上身穿旗袍的女士确实难以看到，那么送旗袍给 VIP 客人岂不有对贵宾不敬之嫌吗？虽然酒店送旗袍的本意并非如此，但产生这样的效果则是难以避免的。

其实，要表达对 VIP 客人敬意的方式是多种多样的。如为客人提供超常规个性服务。但是已经发生的这样的事故，酒店总经理不能光喊“冤枉”，而应设法与那位女士联系，表示歉意，作些解释并补送其他礼物等。另外，还要认真总结教训，避免此类事情再次发生。

案例六

标准间的“大床”

李先生在某酒店预订了 4 月 6 日的 603、605 房，但当李先生一行进房时，603、605 标间却变成了大床间（他预订的是两个单人床的标间）。

经过调查：4 月 6 日早上，前厅部下了内部通启，通知客房在 4 月 7 日中午 12 点前将 603 和 605 改造成大床间，客房中心将此事告诉楼层当值主管，当值主管考虑第二天客情较旺，人手不够，于是当天就将 603 和 605 改成了大床间，但改好后，没通知前厅。与此同时，前台于当日上午将李先生将入住 603 和 605 的事情通知了客房中心，中心服务员没及时将情况告知当值主管，致使主管过早将这两个房间改成大床间，最后造成客人投诉。

点评：

这是一个典型的因信息传达不到位，工作安排不合理，造成严重失误的案例，其主要错误有两点。

（1）主管将标间提前一天改为大床后没通知前台，自己也没了解清楚这两间房当晚是否有人入住。

（2）中心服务员接到李先生当晚入住这两间房的通知后，没有及时通知当值主管。

从这个案例中可以看出，工作应该考虑周到、安排周全，保证每位客人住店愉快，更应加强重要客人的接待安排，这对一个星级酒店的声誉影响很大。

相关链接

链接一

智能化前台接待

接待处的客房销售和客人接待一般是面对面进行的，然而在智能化的酒店前厅，特别是国外的一些酒店前厅，使用客人自行办理入住/离店手续的终端或操作亭（Express Check-in）能让客人行使越来越多的前厅功能。与酒店的管理系统连接后，自行办理入住/离店手续的终端为客人提供的选择类似于前厅服务员为客人提供的选择，主菜单基本上分为入住、退房离店、其他酒店服务和社区信息等。它既有固定的，也有移动的，有些酒店甚至将其放置在酒店与机场/码头间的穿梭巴士上供客人办理登记手续。绝大多数终端要求住店的客人持有事先的预订单及有效的信用卡，客人触摸一下计算机屏幕，系统就会提示客人的预订，查证客人的信用，认可酒店内的记账，将客人情况记入酒店管理系统，安排客房，制作钥匙，打印出一份预先账页（账页重申了住客的姓名、房价、抵达和离店的日期、房号），激活房间电话，触摸“结束”键，系统会显示祝客人在酒店期间过得愉快的画面。对于没有预订的散客，在办理入住手续时，要先将预订程序中要求的基本信息输入终端。在智能化的酒店前厅，入住登记手续/离店手续和有关问讯服务依靠计算机网络完成，客人基本上不与服务员直接接触。

（资料来源：徐文苑，饭店前厅管理与服务，清华大学出版社，2004 年）

链接二

酒店前台服务的站与坐

目前，有些国内酒店在设计时为突出酒店的经营特色，提高档次，模仿一些国外著名酒店的“坐式前台”理念，一改常见的站立式前台服务模式，让客人坐下来，同时让前台接待人员坐着服务，显得颇有新意，也有亲切感。但是应该注意到以下几点。

（1）坐式前台设计与大堂整体规划密切相关，对前台、财务室、结算台、客人休息区、贵重物品保险室等的布局都会产生影响，应统一布置。

（2）坐式前台一般适用于大型休闲度假酒店、城市度假酒店或高级公寓式酒店，尤其是有信用卡自动结算功能的先进酒店。

（3）坐式前台对前台接待人员的职业技能、素质、办理入住和结算速度的要求很高，对计算机系统的配置要求也很高，一般适用于由专业酒店管理公司管理的酒店。

（4）坐式前台是一个完整的工作单元，由接待、服务、客位、等候休息、资料等部分组成，不是简单的桌椅组合。

（5）坐式前台的数量、大小、位置、角度都与酒店的性质、规模、风格有关，应仔细论证。

所以说，坐式前台的性质、适用范围和相关的技术要求不能忽视。相比之下，站式前台要成熟一些。

（资料来源：http://blog.veryeast.cn/u/mhyl/18396.html）

链接三

客房分配

为客人迅速、准确地安排客房是体现前厅服务水平的一个重要方面。客房分配应根据酒店的客房使用情况和客人的具体要求等进行。对于团体客人和有预订的客人，一般可以预先分房；对于没有预订的客人，分房与办理入住登记手续则要同时进行。不管是哪种情况，都应有一定的要求和技巧，以提高客人的满意度。

一、排房顺序

一般而言，接待员可按如下顺序排房。

(1) 团队客人。由于团队用房量大，抵店前和离店后经常会出现预留房闲置、待售空房比较集中、数量多等情况，所以应提前分配。

(2) 贵宾和常客。

(3) 已付定金等保证类预订客人。

(4) 要求延期续住的客人。

(5) 普通预订并已通知具体航班、车次及抵店时间的客人。

(6) 未预订而直接抵店的客人。

二、排房方法

排房时应以提高宾客满意度和酒店住宿率为出发点。具体而言，排房时应注意以下事项。

(1) 尽量将团队客人安排在同一楼层或相近楼层，采取相对集中的排房原则，尽量避免团队与散客、团队与团队之间的相互干扰，同时也便于行李接送。

(2) 内外宾有着不同的语言和生活习惯，应将内宾和外宾分别安排在不同的楼层。

(3) 将残疾人、老年人和带小孩的客人尽量安排在离电梯较近的房间。

(4) 对于常客和有特殊要求的客人应予以照顾，满足其要求。

(5) 尽量不要将敌对国家的客人安排在同一楼层或相近的房间。

(6) 应注意房号的忌讳。

(7) 在经营淡季，可以集中使用几个楼层的房间，以节约劳动力，降低能耗。同时，也便于对客房进行集中维护保养。

（资料来源：徐文苑，酒店前厅管理实务，广东经济出版社，2005 年）

链接四

房价的种类

一、标准价

标准价也称“门市价”或“散客价”，即在酒店价目表上明码公布的各类客房的现行价格。此种价格未含任何服务费或折扣等因素。

二、优惠价或商务合同价

酒店与客源输送单位签订房价合约，酒店按合约的规定给予来自签约单位的客人优惠，以求双方合作。给予其的价格即为优惠价或商务合同价。该优惠价主要视其提供的客源量或在店消费量的多少而确定。

三、团队价

团队价是指酒店为吸引大批团队客人以保证基本客源而制定的折扣价格，其目的在于大量销售客房。

四、小包价

小包价是指酒店提供的综合报价，其中包括房费、餐费、交通费、浏览费等，以方便客人。

五、折扣价

折扣价是指酒店向常客、长住客或其他有特殊身份的客人提供的优惠房价。

六、家庭租用价

家庭租用价是指酒店为携带孩子的父母住店提供的折扣价格，其目的是刺激其他消费。

七、免费

免费是指酒店在互惠互利的原则下，免收住房费。免收住房费应有一套完整的审批手续。

八、淡季价

淡季价是指酒店在营业淡季，为了吸引客人的需要而采用的价格。

九、旺季价

旺季价是指酒店在营业旺季，为最大限度提高客房经济效益而采用的价格。

十、白天租用价

白天租用价是指酒店向客人收取白天租用客房的价格，通常应用于下列三种情况：① 凌晨抵店入住；② 离店超过了酒店规定的时间；③ 入住与退房发生在同一天。大部分酒店按半天房费收取白天租用价，也有酒店按小时收费。

十一、加床费

加床费指酒店收取的加床费用。

（资料来源：姜文宏，前厅客房服务技能综合实训，高等教育出版社，2004 年）

小结

前台工作看上去都是些琐碎小事，但要做好也不容易。为了营造温馨的氛围，使客人来到前台就像回到家一样温暖，前台服务员要将亲情服务融入到日常工作当中，使客人真切地感受到前台服务员的真诚和耐心。本项目主要介绍了入住登记的相关知识及接待程序，如散客入住登记程序、会议团入住登记程序、旅游团队入住登记程序、VIP 客人入住登记程序的规定，还介绍了客房状况控制、客房分配技巧以及前台接待处特殊情况事件的处理程序等内容。通过教学，使学生掌握不同客人的入住登记服务程序，学会正确显示和控制客房状况的方法以及客房排房的服务标准，培养学生对前台特殊事件的处理服务技巧、解决问题的应变能力。

考核指南

一、基础知识考核

（一）考核内容

1. 简述前台接待处的岗位职责和工作任务。
2. 主要的客房状态有哪些？如何有效地控制房态？
3. 简述前台接待人员接待准备工作的基本要点。
4. 简述入住登记的程序。
5. 客人的付款方式包括哪几种？
6. 前厅部如何做好 VIP 客人接待的准备工作？
7. 酒店出售的最大、最主要的商品是（　　）。
   A. 前厅　　B. 客房　　C. 餐饮　　D. 娱乐
8. （　　）的主要职责是办理客人入住登记。
   A. 问讯处　　B. 预订处　　C. 收银处　　D. 接待处
9. 前厅接待处的主要工作包括（　　）。
   A. 接待抵店投宿客人　　B. 办理宾客住店手续
   C. 掌握并准确显示房态　　D. 制作客房销售情况报表
   E. 负责接转酒店内外电话
10. 在客房现状显示中，“Out-of-order”指的是（　　）。
   A. 空房　　B. 住房　　C. 走房　　D. 待修房
11. 旅游旺季，住店客人要求延期居住，而当天酒店已预订满，前厅员工应（　　）。
   A. 把住店客人赶走
   B. 将抵店客人安排在其他酒店
   C. 劝住店客人调房
   D. 向抵店客人说明情况，调整其预订房的种类

（二）考核方式

笔试或口试。

二、服务技能考核

（一）考核内容

1. 实地参观某酒店前厅部接待处，观察其接待服务，并与教材进行比较，试作评价，并写出评析报告。
2. 模拟操作客房状况显示系统。
3. 分组模拟操作前厅接待服务（散客入住接待、团队入住接待、VIP 客人入住接待）。
4. 情景测试。

(1) 客人不愿意登记时或登记时有些项目不愿意填写。

(2) 繁忙时刻，客人等候办理入住手续的时间过久，以致引起抱怨。

(3) 客人刚登记入住房间时就要退房。

(4) 客人离店时要带走酒店客房物品。

(5) 客人表示不愿意交付押金。

(6) 登记后由于房间未清理出来，客人无法进房。

(7) 客人要求换房。

(二) 考核方式

实验室现场操作。

项目四　前厅系列服务

导读

酒店前厅部除了提供预订、礼宾、接待这三项常规服务外，还担负着大量为客人服务的其他工作，如问讯服务、总机服务、商务中心服务等，这些服务共同为客人营造出方便、快捷的生活和工作环境。前厅系列服务是以酒店形象代表的身份进行的，其服务的质量很重要。

学习目标

1. 了解问讯服务、总机服务、商务中心服务的知识。
2. 熟练掌握问讯服务、总机服务、商务中心服务程序和服务技能。
3. 能熟练使用相关设备设施，如复印机、打印机等。
4. 能为客人提供问讯服务、留言服务、邮件服务、打字复印服务、收发传真服务、会议室出租服务、转接电话服务、查询服务、叫醒服务等。

引导案例

一天，某酒店612房间的客人打电话给电话总机，要求开通外线电话，总机服务员在请前台服务员查了付款方式和所交押金之后，以最快的速度为客人开通了电话。过了一会儿，客人打电话问："我房间的电话开通了吗?"服务员回答："已经开通了，您在号码前加拨'0'就可以了。"客人停顿了一会儿说："我给你们提个意见，在开通房间电话后，要通知客人一声，以免我们空等。"服务员听了之后，回答说："对不起，先生。我们一定会采纳您的意见，希望您以后多给我们提宝贵意见。"

实战学习

单元一　问讯处的介绍

一、岗位认识

问讯处常设在前台，称为 Information Desk，是前台业务的一个有机组成部分。问讯处主要设置问讯处主管、问讯员等岗位。

二、岗位职责

(一) 问讯处主管

1. 岗位描述

由前厅部经理领导，负责前厅问讯处的全面工作，包括制订工作计划，培训、检查、督导下属员工工作，考核员工工作表现，确保前厅问讯处各项工作的正常开展。

2. 岗位职责

（1）参加前厅部经理主持召开的各项定期例会及其他有关会议。

（2）主持问讯处每日晨会，传达部门例会内容，安排每日工作任务。

（3）制定并完善问讯处的规章及服务工作程序，健全岗位职责。

（4）制订员工业务培训计划，组织、实施下属员工业务技能培训。

（5）充分、合理利用人力资源，安排员工班次。

（6）检查、督导本部门员工的出勤、仪容仪表、礼貌服务等情况。

（7）检查、督导员工的服务质量及劳动效率，考核下属员工工作表现。

（8）检查员工的交接班情况，落实各项接待工作。

（9）检查、落实当日重点客人、团体、大型接待活动的准备情况。

（10）参与前厅问讯服务，帮助员工解决疑难问题，防范、减少工作差错。

（11）确保与酒店其他部门的良好沟通，保证对客服务质量。

（12）完成上级交办的其他任务。

（二）问讯员

1. 岗位描述

问讯员负责客人的问讯，介绍店内服务及有关信息、市内观光、交通情况等，接待来访客人，处理客人的邮件、留言，分发和保管钥匙，掌握住客动态及信息资料，负责有关服务协调工作。

2. 岗位职责

（1）掌握情况：收集整理客人登记表，掌握当日住店客人名单及房态，以备查用。

（2）提供信息：为客人提供店内外吃、住、行、游、购、娱等信息，礼貌待客，热情服务，尽量满足客人的合理要求。

（3）管理钥匙：做好客用房间钥匙的保管及发放工作，保护客人的安全。

（4）委托代办：为客人代购车、船、机票，代购代邮物品、信件，代客订餐，为客人提供方便。

（5）代办留言：客人外出时，负责来访客人留言的保存及转送。

（6）安排会晤：根据来访者提供的姓名、房号与住客联系，经住客允许，安排会面。

（7）与房务、财务收银、礼宾部及销售部等有关部门保持联系协调合作。

（8）阅读并填写交班本，做好交接工作。

（9）积极参与酒店和部门组织的各项活动，完成上级交予的各项工作任务。

三、工作任务

（1）回答客人问讯。

（2）处理客人留言。

（3）处理客人邮件。

（4）分发保管钥匙。

四、设施设备

问讯处的设施设备主要有钥匙及信件放置架、备用钥匙架、打时机、留言单、电脑打印设备、触摸屏、宣传册架。

单元二　问讯服务

前厅问讯处的服务项目包括解答客人的各种询问、提供留言、管理客用钥匙以及处理邮件等。下面将以任务形式分别介绍这四种服务项目。

任务一　解答客人的各种询问

[任务描述]

王小姐初次下榻本酒店，询问健身房的位置、营业时间及服务项目等情况。

[任务准备]

(1) 学生分组：以 1 ~ 2 人为一组。

(2) 教学师资：专职教师、兼职教师。

(3) 教学情境：模拟酒店问讯处。

[任务实施]

酒店的客人来自全国乃至世界各地，在一个陌生的城市、陌生的酒店，客人必然有很多情况需要了解，很多问题需要询问，很多地方需要帮助，酒店要使客人满意，使客人感到方便，就必须提供问讯服务。客人咨询的问题涉及面很广，为了回答客人各种各样的问题，问讯员必须掌握大量信息，同时要准备好最新的问讯资料，为客人提供及时、准确、周到的服务。

问讯服务主要包括酒店内部情况的查询、外部情况的查询和有关住客的查询。

一、酒店内部的情况查询

有关酒店内部情况的问讯服务，内容通常涉及以下三项。

(1) 餐厅、酒吧、咖啡厅等营业场所的位置及服务时间。

(2) 宴会、会议、展览会举办场所的具体位置及时间安排。

(3) 酒店为客人提供的娱乐健身、医疗服务、洗衣服务等方面的收费标准及营业时间等。

对于上述信息内容，问讯员均应熟知，以便给予客人准确、肯定的答复。不可使用模棱两可的语句或否定词回答，如“可能还在营业吧”、“大概没下班”、“我想可能”等语言，对于不能即刻解答的问题，应请教他人或与有关部门联系核实，为客人作出圆满、肯定的答复。

对于重要客人，必要时可以安排行李员为其指引。另外，问讯员除必须熟悉本酒店所有的服务项目和服务设施外，还应积极向客人宣传和推销酒店产品。

二、酒店外部的情况查询

这类问讯服务涉及范围非常广泛，大致包括以下几方面。

（1）酒店所在地区的交通情况，如公共汽车站、地铁车站、火车站、码头、机场等。

（2）本地区著名旅游景点的位置、特色及与酒店的距离等。

（3）本地主要商业区、购物中心等商业设施情况。

（4）有关餐饮、风味小吃、娱乐场所的位置、经营特色等情况。

（5）政府部门、商业机构、领事馆、大专院校等位置及交通状况等。

（6）国内国际航班、火车车次的时刻表、价目表等情况。

（7）近期有关大型文体、会展等活动的组织、位置等情况。

为了准确回答客人的问讯，问讯员应做到热情、耐心、快速、有问必答、百问不厌。因此，问讯员必须有广博的知识，会流利的外语，熟悉酒店所在城市风光、交通情况，懂得交际礼节及各国、各民族风土人情及风俗习惯，做个有心人。对于当时不能回答的问题，问讯员应向客人道歉，然后迅速查阅有关资料，给客人一个满意的答复。

为防止语言不通而给客人带来不便，问讯处可为客人准备一种向导卡（分别用中、英文标明酒店名称、地址、电话号码及客人要去的地方），以方便客人，使其不致迷路。

小提示：问讯服务不仅是问讯处的责任，酒店的每一位员工都应成为问讯员，因为推卸责任会给客人带来不安和疑虑，影响客人对酒店的好感。

三、有关住客的查询

有关住客的查询是来访客人问讯的主要内容之一，通常应在不触及客人隐私的范围内进行回答。其查询通常有以下几个方面。

（一）查询客人是否住在本酒店

处理此类查询时，可按如下步骤进行。

1. 查询客人信息

受理访客查询时，问讯员可通过查阅计算机或入住资料显示架名单及接待处转来的入住单，确定客人是否已入住；查阅预抵客人名单，核实该客人是否即将到店；查阅当天已结账的客人名单，核实该客人是否已退房离店；查阅今后的客房订单，了解该客人今后是否会入住。

2. 答复客人

如客人尚未抵店，则以“该客人暂未入住本店”答复访客；如果客人入住在本酒店，应先以电话的形式与住店客人联系，将访客情况告诉客人，经客人同意才可以将房号告诉访客；如果客人不在房间，可通过寻人服务等方法在店内其他场所，帮助访客寻找被访的客人，或提供留言服务；如果客人已退房，则应向对方说明。

（二）查询客人房号

对这种查询应予以特别注意。这种查询多以电话查询的形式出现，酒店必须为住店客人保密，保证客人不受无关人员或不愿接待人员的干扰。因此，未经客人允许，不能将房号告诉其他客人，或直接将访客带入客房，应以委婉的口吻，礼貌地回答有关问询。

（三）保密客人查询的处理

有些客人在住店时，由于某种原因，会提出对其房号进行保密的要求。无论是接待员还是问讯员接受此要求都应按下列要求去做。

（1）此项目要求由问讯处处理。如果是接待员接到客人的保密要求，也应交问讯处处理。

（2）问清客人要求保密的程度。

（3）在值班本上做好记录，记下客人姓名、房号及保密程度和时限。

（4）通知总机室做好该客人的保密工作。

（5）如有人来访要见要求保密的客人，或来电查询该客人时，问讯员及总机均应以该客人没有入住或暂时没有入住为由予以拒绝。

（6）如客人要求更改保密程度或取消保密时，应即刻通知总机室，并做好记录。

［任务总结］

为了做好问讯服务，问讯处应备有多种资料和工具书，以便问讯员随时查看，如交通时刻表、价目表、世界地图、全国地图、本市地图、旅游景点宣传册、酒店宣传册等。现在，越来越多的酒店利用多媒体计算机向客人提供问讯服务，客人可以通过屏幕了解当地的各种新闻、体育赛事、天气预报以及交通情况等。

［知识或技能拓展］

问讯处应作否定回答的事项

（1）客人特别是境外客人询问我国政治、经济、外交、宗教等方面的一些未曾在媒体上公开过的问题。

（2）客人询问一些小道新闻，当地或外地的保密机构或场所。

（3）客人打听当地赌博、色情、黑市交易、非法活动等情况。

（4）打听某个员工、首长、知名客人、客房房价等情况。

这些问题用婉转礼貌的方式不予回答，对一些客人的不正常询问还应引起警惕并向有关部门通报，以防不测。

（资料来源：徐文苑，饭店前厅管理与服务，清华大学出版社，2004 年）

任务二　提供留言

［任务描述］

因住店客人王先生外出办事，下午才能回酒店，来访客人陈先生给他留言说 19: 00 在咖啡厅与他洽谈合同事宜。

［任务准备］

（1）学生分组：以1～2人为一组。

（2）教学师资：专职教师、兼职教师。

（3）教学用具：留言单等用具。

（4）教学情境：模拟酒店问讯处。

［任务实施］

来访者未见到住客，或者住店客人外出前未见到约定的来访者，都可以通过问讯处的留言服务，及时帮助他们传递信息。客人留言可以是口头的，也可以是书面的。口头留言由访客口述，问讯员作记录，记录后要重复一遍让访客确认。书面留言是访客自己填写留言单作为传言载体。

前厅问讯处的留言有访客留言和住客留言两类。

一、访客留言

访客留言是指来访客人对住店客人的留言。访客留言有以下三种传递方式。

（1）问讯员在接待来访客人时，经核实，由于被访客人不在房间，可以向访客建议，是否给住店客人留言，由服务员将留言转达给被访客人。

（2）填写“访客留言单”。访客留言单（见表2－25）通常被印制成一式三联，将留言单第一联粉色联放入钥匙、邮件架内，第二联蓝色联送总机，第三联白色联则装入信封，交给行李员送往客房，或将留言信封从房门下塞入房内。

表2－25　访客留言单

来自＿＿＿＿＿＿＿＿先生/女士/小姐　　致＿＿＿＿＿＿＿＿

房号＿＿＿＿＿＿＿＿

电话＿＿＿＿＿＿＿＿

□将再致电　　□请回拨　　□将回访

留言＿＿＿＿＿＿＿＿＿＿＿＿＿＿＿＿＿＿＿＿＿＿＿＿

＿＿＿＿＿＿＿＿＿＿＿＿＿＿＿＿＿＿＿＿＿＿＿＿＿＿

服务员＿＿＿＿＿＿＿＿时间＿＿＿＿＿＿＿＿

（3）亮留言灯。通过电脑系统打开客人房间内留言灯。

因此，客人可通过三种途经得知留言内容：从问讯处取钥匙时，得到留言；进入客房时，发现留言单；发现客房内留言灯亮着，通过询问话务员或问讯员，得到留言内容。

在处理访客留言时，晚班问讯员应检查钥匙邮件架，如发现孔内仍有留言单，则应立即检查该房间的留言灯是否已经关闭，如留言灯已关闭，则可将该架内的留言单作废；如留言灯仍未关闭，则应通过电话与客人联系，将访客留言内容通知客人；如客人不在酒店，则应继续开启留言灯并保留留言单，等候客人返回。在了解客人已明白留言内容后，及时关闭留言灯。

访客留言的处理程序如图2－12所示。

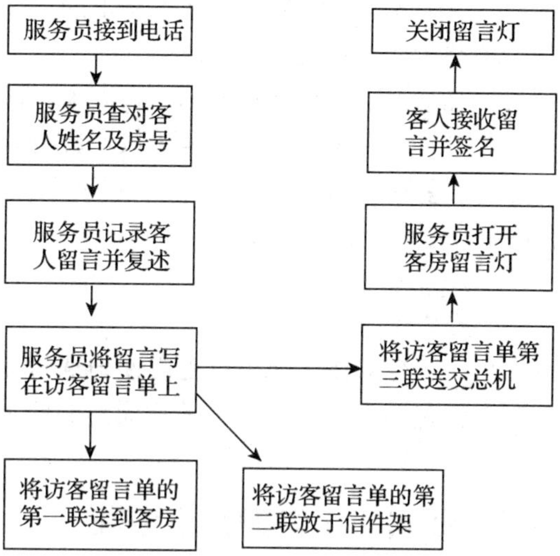

图 2－12　访客留言的处理程序

提供访客留言服务应注意以下问题。

（1）各班次交接班时应对上一班和本班次留言处理情况交代清楚。

（2）留言具有一定的时效性，要确保留言传递迅速、准确。有些酒店规定问讯员每隔一小时就通过电话通知客人，这样做的目的是让客人最迟也可在回酒店一小时之内得知留言内容，以确保万无一失。

（3）楼面客房服务员要予以配合，在客人回房间时提醒有关访客留言事宜。

（4）为了对客人负责，若不能确认客人是否住在本酒店或虽然住在本酒店，但已经结账离店，则问讯员不能接受对该客人的留言（除非客人事先有委托）。

二、住客留言

住客留言是指住店客人给来访客人的留言。

住店客人欲离开房间或酒店时，希望给来访者留言，这时问讯员请客人填写“住客留言单”（见表 2－26）。

表 2－26　住客留言单

致＿＿＿＿＿＿＿＿＿	来自＿＿＿＿＿＿＿＿＿
房号＿＿＿＿＿＿＿＿＿	日期＿＿＿＿＿＿＿＿＿
从上午/下午＿＿＿＿＿＿＿＿＿	至上午/下午＿＿＿＿＿＿＿＿＿
我将会在：＿＿＿＿＿＿＿＿＿＿＿＿＿＿＿＿＿＿	
留言＿＿＿＿＿＿＿＿＿＿＿＿＿＿＿＿＿＿＿＿	
＿＿＿＿＿＿＿＿＿＿＿＿＿＿＿＿＿＿＿＿＿＿	
服务员＿＿＿＿＿＿＿＿＿ 时间＿＿＿＿＿＿＿＿＿	

住客留言单通常印制成一式二联，问讯处和电话总机各留一联。在来访客人到达酒店后，经问讯员核实，按住客要求将住店客人所填写的留言单（应提前装入信封）交给来访

者或将留言内容予以转告。提供住客留言服务时应注意以下问题。

（1）交接班时将留言受理情况交代清楚。

（2）住客留言单上已标明留言内容的有效期限，如果过了有效期，来访客人仍未取走，也未接到留言者最近的通知，酒店才可以将留言单按作废处理。

（3）接受客人电话留言时，要听清客人留言内容，准确记录，经复述，客人确认无误后，再填写留言单，然后按留言服务程序办理。

[任务总结]

近年来，随着手机的普及，访客与住客间可以更方便地通过手机沟通，对留言服务的需求也越来越少。但是，作为酒店，要为客人提供满意周到的服务，绝不能因为用到的比较少就降低服务质量。

任务三　管理客房钥匙

管理客房钥匙，既是对客人的一项服务，也是一种保护酒店和住店客人人身与财产安全的重要手段。星级酒店一般由问讯处管理钥匙。

[任务描述]

张生先将客房钥匙遗忘在房间内，需要问讯处的钥匙开门进房间。

[任务准备]

（1）学生分组：以 3～4 人为一组。

（2）教学师资：专职教师、兼职教师。

（3）教学用具：房间钥匙等用具。

（4）教学情境：模拟酒店问讯处。

[任务实施]

一、传统客用钥匙的管理

图 2－13　机械门锁

传统客用钥匙为机械门锁（见图 2－13），在使用机械锁的酒店，住客的客房钥匙统一由问讯处发放和管理。提供此项服务，不但安全性高，而且便于前台掌握住客的进出情况，及时传递转发邮件、信函和留言等。其服务程序如下。

（1）住客凭有效房卡取客房钥匙。房卡中的姓名、房号及有效日期必须与钥匙、邮件架中卡条的姓名、房号及离店日期相一致，方可发放钥匙。

（2）对于 VIP 客人、常客、长住客，可直接将钥匙交给他们，但应准确无误。

（3）若两位客人住同一间客房，也应只发一把钥匙，特殊情况另作处理。

（4）若客人未随身携带房卡，问讯员应问清该客人的姓名，然后请客人稍候，迅速通过钥匙孔内的卡条和计算机核对，确认无误后将钥匙交给客人。

（5）若客人出示的房卡与钥匙格内的卡条不相符，应核实纠正，若属无效房卡，应立即报告主管处理。

(6) 对于已遗失房卡的住客，必须核实确认并上报作记录，方可补办房卡，发出钥匙。

(7) 若住客指派人员进房取物，必须有书面凭据，填定客房钥匙准用单，并报大堂副理、前台主管，同保安部人员一起进房取物。

(8) 若住客离店，问讯员应提醒客人归还钥匙。团队客房钥匙则由前台负责收回，必要时，请陪同或领队协助。

(9) 对于客人存放、归还的钥匙，必须立即放回该钥匙格内，不得置于前台台面上或久放于钥匙箱内。

(10) 若离店客人带走钥匙，应查明原因，并尽量找回。对于确属遗失钥匙的客房，问讯员应立即通知接待处在客房状况显示架及钥匙、邮件架相应位置注明“No Key”标记。

(11) 前台应定期在保安部、工程部的监督协助下，统计丢失及损坏的客房钥匙总量，并将客房门锁进行一次大调换，以确保安全。

(12) 对于客房备用钥匙的管理，应将其存放在备用钥匙箱内，并指定专人负责。备用钥匙的数量一般以三套为宜。

钥匙牌的大小、形状、重量、质地、饰物材料的选择，应考虑到钥匙的美观、成本、耐用度、便于携带与保存等因素。同时，在钥匙牌上不要印酒店名称，以免钥匙遗失后留下安全隐患。

二、现代化客用钥匙的管理

随着科学技术的发展，机械门锁已逐渐被新型锁匙所取代。酒店为更好地保证住客的人身和财产安全，并让其更方便地进出客房，已大多选择使用新型锁匙系统。酒店最常见的就是磁卡和 IC 卡锁。

(一) 磁卡和 IC 卡锁简介

磁卡和 IC 卡锁（见图 2-14）是利用磁卡开启的计算机控制门锁，锁内配有磁卡阅读器和计算机芯片，客人办理完入住登记手续后，可得到一张类似身份证大小的磁卡或 IC 卡，并由接待员使用计算机和配套的刷卡器，将客人的密码和特定信息录入到磁卡的磁条内（磁卡的一面涂有可存储密码信息的磁条）。

图 2-14 IC 卡锁

客人进房时，先将卡上有磁条的一面，插入磁卡锁读卡器的读卡口里，然后取出，锁中的磁头便可自动读出磁卡上的密码，并经锁中的计算机芯片运算，以判断是否属“合法磁卡”（以红、绿灯亮来标志）。若属合法磁卡，通过电磁铁带动控制锁的开关，房门即可打开（即绿灯亮起）。磁卡和 IC 卡锁往往可设置 10 亿个以上不重复密码，万一卡片丢失，可重新设置密码，使丢失的钥匙失效，因而避免了钥匙遗失或客人离店未归还客房钥匙而带来的麻烦，保密性更强。有的磁卡和 IC 卡锁上的计算机芯片能存储 200～300 条开门记录（次序、具体时间等），起到类似于飞机上“黑匣子”的作用。若将相关信息和密码输入磁卡和 IC 卡中，则该卡还能在酒店内计算机联网的营业点充当信息卡直接刷卡记录，此外，磁卡和 IC 卡还能充当客房电器的节能开关卡。

通常而言，磁卡成本低，可一次性使用，也可回收并重复使用。IC 卡是一种智能卡，由一个或多个集成电路芯片等元件组成，它可封闭成各种形状、尺寸及厚度，以方便使用。同时它还具有思维和运算的智能，便于加密，并具有防磁、寿命长、功能强等优点。

（二）磁卡和 IC 卡锁匙的管理

（1）专供客人使用的钥匙应在客人入住时才制作，每位制作磁卡钥匙的接待员或收银员有独立的密码进入制作系统。

（2）钥匙的制作者与密码应由高层管理人员派专人负责管理与控制，随时查对钥匙制作的情况。

（3）使用磁卡或 IC 卡开启房门时，应按卡片箭头方向轻轻插入门锁的插口内，插到底后平衡拨出。卡片拨出后，指示灯亮绿灯，在 10 秒内，用手下压门把手即可开门入房；若超过 10 秒未能开启房门，门锁又会自动锁上，指示灯亮红灯；若接触不良，则应重新设置新卡。

（4）客人卡在登记的时间内可开启相应的客房，如住客将卡丢失或提前离店，接待员应用新的客人卡或终止卡将门打开，原客人卡立即失效。

（5）客人结账时，将磁卡或 IC 卡钥匙交回前厅收银员，收银员应及时交给接待员。接待员在交接班时，应同时清点未制作过的磁卡数量。

（6）当计算机或发卡器出现故障时，可使用备用钥匙。备用钥匙一般配三套以上，由前厅部经理或其他指定的专人负责使用、保存。

[任务总结]

客用钥匙的管理是关乎客人人身与财产安全的大事，在工作中一定要高度重视。磁卡和 IC 卡锁同传统机械门锁相比更加智能，从钥匙的制作到使用都有据可查，员工一定要记住并保护好自己进入电脑系统的密码，以避免不必要的麻烦。

[知识或技能拓展]

酒店其他门锁简介

1. 电子密码锁

电子密码锁（见图 2－15）常被安装在酒店客房内电子密码保险箱或保险柜门上。基使用方法为：先更改原始密码，再输入设定的密码即可。

图 2－15　电子密码锁

2. 感应门锁

感应门锁（见图2－16）主要安装于客房的门上，它克服了磁卡锁和IC卡锁易磨损以及读卡器插卡口易被人破坏的不足。其使用方法为：用感应卡靠近门锁，即可打开。

图2－16　感应门锁

任务四　处理邮件

[任务描述]

赵先生在等待一份从北京来的邮件，希望邮件能够尽快送到他的手中。

[任务准备]

（1）学生分组：以1～2人为一组。

（2）教学师资：专职教师、兼职教师。

（3）教学情境：模拟酒店问讯处。

[任务实施]

前厅部问讯处处理邮件的服务包括两类：一类是分检和派送收进的邮件，即邮件服务；另一类是代售邮票及为住客寄发邮件，即邮寄服务。

一、邮件服务

在收进的邮件中，由于收件人不同，问讯员应首先对此进行分类，将客人的邮件、员工的邮件、办公单位的邮件等分开，然后在邮件收发簿上记录日期和时间，迅速、准确地发送。在处理客人邮件、信函时，问讯员必须耐心、认真，其服务程序如下。

（1）在收进的客人邮件、信函上打上时间，并按其性质分成普通类、挂号类和手送类。挂号类必须在专用的登记表上登记。如使用“住客邮件电报传真递送登记表”，内容包括日期、时间、房号、姓名、邮件种类、号码、收件人签名、收件时间、经办人等。

（2）按邮件、信函上收件人姓名在问讯架或计算机中查找其房号，然后将核实的房号注明在邮件或信函正面，并在前厅钥匙格内留下“留言单”（见表2－27）或邮件通知单，同处理上述留言一样，根据客房钥匙有无来决定是否需打开客房留言信号灯。问讯员应每晚定时检查钥匙架，如发现该住客仍未取走信件，则应派行李员将信件送入客房。

表 2－27　留言单

先生 Mr ________________
女士 Ms ________________　　房号（ROOM No.）________________
您的（电传、电报、邮件）在问询处，请您在方便的时候与我们联系
THERE IS AN INCOMING（TELEX，CABLE，MAIL）FOR YOU AT THE INFORMATION DESK，PLEASE CONTACT US AT YOUR CONVENIENCE
经手人（CLERK）________　日期（DATE）________　时间（TIME）________

（3）客人得到信息后前来取件，问讯员应请其在相应的登记表中签字，同时，问讯员也应在表上签名。

（4）待客人取走邮件或信函后，问讯员应立即撤掉原先放入钥匙格内的“留言单”，以免混淆，影响对客服务质量。

（5）若在住客中找不到收件人，问讯员应查阅当日抵店客人名单和未来几天的预订单或预订记录簿，查看宾客是否即将抵店。如果是，则在该邮件、信函正面注明宾客抵店日期，然后妥善存放在专用的信箱内，待客人入住时转交客人。

（6）若仍查找不到收件人，问讯员应核对“离店客人名单”和“邮件转寄单”，如果确认客人已离店，则应按照客史档案卡上的资料信息或转寄要求将邮件、信函转发给客人。

（7）若再查找不到收件人，问讯员应将邮件按收件人姓名字母顺序排列存放在信箱内。此后两星期内，每天每班指定一名问讯员在当日住客名单及预订抵店客人名单中继续查找，直至找到为止。若两周内仍查找不到，则将该邮件或信函退邮局处理。

（8）对于挂号、快递、电报类的邮件，问讯员应尽快转交客人。按上面程序仔细查找收件人，若找不到收件人，不宜将邮件在酒店保存过久，可考虑在四五天后退回原发出单位。

（9）对于错投类邮件、信函，问讯员应在邮件上贴好退批条，说明原因，集中由邮递员取走。若属挂号或快递类错投，应尽量在接收时确认该邮件收件人不是本店住客而拒收。若当时不能作出决定，则应向邮递员声明，暂时代收，并请其在投递记录栏内注明，然后按上述规定程序处理。

（10）对于“死信”，问讯员应退回邮局处理或按规定由相关人员用碎纸机销毁，任何人不得私拆“死信”。

（11）对于手送类邮件，问讯员应首先在专门的登记本上作记录，内容包括递信人姓名、地址、送来何物及收件人房号、姓名等，并在客人来取时请其签字。问讯员原则上不应转交极其贵重的物品或现金，此类物品最好由送物者本人亲自转交当事人。

邮件处理程序如图 2－17 所示。

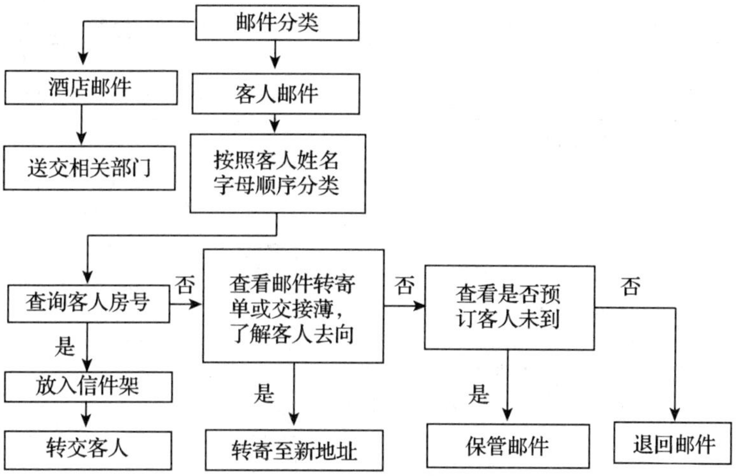

图 2－17　邮件处理程序

二、邮寄服务

为了方便住店客人，酒店也可以为客人提供邮寄服务，关键环节是准确掌握邮资标准。其服务程序如下。

（1）掌握国内外信件邮资标准。

（2）根据客人信件的重量、目的地、邮寄方式，迅速准确地计算所需邮资。

（3）当面为客人粘贴符合标准的邮票。

（4）按时将信件送往邮局。

（5）每班结束工作前，清点邮票数量和现金金额，并填写邮票、现金平衡表。

［任务总结］

随着电子邮件的兴起，传统邮件、信函的数量越来越少，但是，作为一种传统而正式的通信方式，邮件、信函有它独特的魅力，在酒店对客服务中也依然要为它保留一个位置。

［知识或技能拓展］

国内邮件资费

国内邮件资费见表 2－28。

表 2－28　国内普通邮件资费

（2006 年 11 月 15 日起执行）

（单位：元）

编号	业务种类	计费单位	资费标准	
			本埠（县）资费	外埠资费
1	信函	首重 100 克内，每重 20 克 （不足 20 克按 20 克计算）	0.80	1.20

续表

<table>
<tr><th rowspan="2">编号</th><th rowspan="2" colspan="2">业务种类</th><th rowspan="2">计费单位</th><th colspan="2">资费标准</th></tr>
<tr><th>本埠（县）资费</th><th>外埠资费</th></tr>
<tr><td>1</td><td colspan="2">信函</td><td>续重 101 ~2 000 克每重 100 克（不足 100 克按 100 克计算）</td><td>1. 20</td><td>2. 00</td></tr>
<tr><td>2</td><td colspan="2">明信片</td><td>每件</td><td colspan="2">0. 8</td></tr>
<tr><td rowspan="2">3</td><td rowspan="2" colspan="2">印刷品</td><td>首重 100 克（不足 100 克按 100 克计算）</td><td>0. 40</td><td>0. 70</td></tr>
<tr><td>续重 101 ~5 000 克每重 100 克（不足 100 克按 100 克计算）</td><td>0. 20</td><td>0. 40</td></tr>
<tr><td>4</td><td colspan="2">邮简</td><td>每件</td><td>0. 80</td><td>1. 20</td></tr>
<tr><td>5</td><td colspan="2">回音卡</td><td>每件</td><td colspan="2">0. 80</td></tr>
<tr><td>6</td><td colspan="2">挂号费</td><td>每件</td><td colspan="2">3. 00</td></tr>
<tr><td>7</td><td colspan="2">回执</td><td>每件</td><td colspan="2">3. 00</td></tr>
<tr><td>8</td><td colspan="2">盲人读物</td><td>按水陆路平常邮件寄递</td><td colspan="2">免费</td></tr>
<tr><td rowspan="2">9</td><td rowspan="2" colspan="2">普通包裹</td><td>每 500 克为一个计费单位</td><td colspan="2">按照寄递里程分区核订，具体标准详见现行《国内包裹资费表》</td></tr>
<tr><td>每件挂号费</td><td colspan="2">3. 00</td></tr>
<tr><td rowspan="2">10</td><td rowspan="2" colspan="2">保价费</td><td>每保一元（不足一元按一元计算）</td><td colspan="2">0. 01</td></tr>
<tr><td>每件最低保价费</td><td colspan="2">1. 00</td></tr>
<tr><td rowspan="2">11</td><td rowspan="2" colspan="2">存局候领手续费</td><td>函件每件</td><td colspan="2">1. 00</td></tr>
<tr><td>包裹每件</td><td colspan="2">3. 00</td></tr>
<tr><td>12</td><td colspan="2">撤回邮件或更改收件人名址手续费</td><td>每件</td><td colspan="2">3. 00</td></tr>
<tr><td rowspan="6">13</td><td rowspan="6">机要邮件</td><td rowspan="2">文件类</td><td>首重 100 克内，每重 20 克（不足 20 克按 20 克计算）</td><td>0. 60</td><td>0. 80</td></tr>
<tr><td>续重 101 ~2 000 克，每重 100 克（不足 100 克按 100 克计算）</td><td>1. 20</td><td>2. 00</td></tr>
<tr><td rowspan="2">刊物类</td><td>首重 100 克（不足 100 克按 100 克计算）</td><td>0. 40</td><td>0. 70</td></tr>
<tr><td>续重 101 克—限重，每重 100 克（不足 100 克按 100 克计算）</td><td>0. 20</td><td>0. 40</td></tr>
<tr><td>挂号费</td><td>每件</td><td colspan="2">3. 00</td></tr>
<tr><td>机要保密费</td><td>每件</td><td colspan="2">3. 00</td></tr>
</table>

说明：

1. 本埠以市属区（不含市辖县和飞地）为范围，本县以县境为范围。
2. 国内信函、印刷品邮件计费方式由原递重等额累进计费改为分首、续重分别计费。
3. 取消邮政附加费。

（资料来源：http://www.hefei.gov.cn/n1070/n305971/n306466/n309856/n310096/n310321/n5241968/5393772.html）

单元三　电话总机的介绍

一、岗位认识

电话总机是酒店内外信息沟通联络的通信枢纽。总机服务在酒店对客服务中扮演着重要角色。电话总机主要设置电话总机主管、话务员等岗位。

二、岗位职责

（一）电话总机主管

1. 岗位描述

电话总机主管为酒店总机中心的负责人，在前厅部经理的领导下，负责总机的管理工作，培训下属为店内外宾客提供优质服务。

2. 岗位职责

（1）熟悉总机话务员的所有工作。

（2）熟悉总机话务室内的一切工作程序并能熟练操作。

（3）检查、督导各话务员的考勤、服务态度、服务质量、工作程序等情况。

（4）沟通与其他部门的联系、对酒店所增设的服务项目或有改动的服务时间通知落实到每一个话务员。

（5）与电信局有关方面保持密切联系，以确保电话通信的畅通。

（6）主动帮助属下解决疑难问题，对难以搞清楚的问题，视情况请有关人员协助解决。

（7）接待 VIP 客人时，要了解客人的入住时间、房号及姓名，提醒当班人员加以重视，并做好检查。

（8）检查叫醒电话填写情况，提醒组员注意 VIP 叫醒服务，遇有字迹不清或潦草，及时核实并提醒组员。

（9）对总机话务室的工作程序和操作流程不断进行补充和改进。

（10）制订出不同时期、不同阶段的工作和培训计划，负责安排话务员的培训工作。

（11）遇紧急情况时，马上通知有关部门，注意做好保密工作。

（12）根据每一位下属的工作表现，给予鉴定及奖惩。

（13）团结关心下属，了解他们的思想动态，帮助他们处理好各项工作。

（14）视工作情况合理调整排班。

（15）定期参加部门例会，定期召开班组会议。

（16）完成上级交办的其他工作。

（二）话务员

1. 岗位描述

使用聆听技巧使来电者能流畅地说出需求，以便获得正确完整的信息；接听电话并通过总机系统转接客房或店内的个人和部门。

话务员以电话为媒介，用悦耳动听的声音为客人提供各种话务服务，被称为“看不见”的接待员和“只听其悦耳声，不见其微笑容”的酒店幕后服务大使。话务员每天要处理成百上千个电话业务，大多数公众对酒店的第一印象是在与话务员的通话过程中形成的。话务人员的服务态度、语言艺术和操作水平决定着整个总机服务的质量，影响着酒店的形象和声誉，也直接影响到酒店的整体运作。因此，话务员必须以热情的态度、礼貌的语言、甜美的嗓音、娴熟的技能，优质高效地开展对客服务，使客人能够通过电话感觉到来自酒店工作人员的微笑、热情、礼貌和修养，甚至感受到酒店的档次和管理水平。

2. 岗位职责

（1）接听电话。

（2）将进店电话转接到客房和相关部门。

（3）受理出店电话。

（4）负责接受电信局送来的话费账单。

（5）为客人接受、分发留言。

（6）记录所有叫醒服务的要求，提供电话叫醒服务。

（7）向客人提供对客服务信息。

（8）回答酒店内举办各种活动的有关问讯。

（9）懂得电话总机的操作方法。

（10）为客人和员工提供寻呼服务。

（11）负责酒店背景音乐的播放。

（12）熟悉收到报警电话后应采取的相应行动。

（13）在工程维修部下班后，负责监管包括电话设备在内的所有自动操作系统。

3. 应具备的素质

（1）修养良好，责任感强。

（2）口齿清楚，语速适中，音色甜美。

（3）听写迅速，反应敏捷。

（4）专注认真，记忆力强，熟练掌握本店本市和国际国内常用电话号码。

（5）有较强的外语听说能力。

（6）有酒店话务工作经历，熟悉电话业务。

（7）有熟练的计算机操作和打字技术。

（8）有较强的沟通能力。

（9）掌握酒店服务、旅游景点及娱乐等知识与信息。

（10）严守话务秘密。

4. 服务基本要求

（1）礼貌规范用语不离口，坐姿端正，不得与客人过于随便。

（2）铃声振响后，立即应答，高效率地转接电话。

（3）对于客人的留言内容，应做好记录，不可单凭大脑记忆，复述时，应注意核对数字。

（4）应使用婉转的话语建议客人，不可使用命令式语句。

（5）若对方讲话不清，应保持耐心，要用提示法来弄清问题，切不可急躁地追问、嘲笑或模仿等。

（6）若接到拨错号或故意烦扰的电话，也应以礼相待。

（7）应能够辨别酒店主要管理人员的声音。

（8）结束通话时，应主动向对方致谢，待对方挂断电话后，再切断线路，切忌因自己情绪不佳而影响服务的态度与质量。

三、工作任务

（1）提供转接电话及留言服务。

（2）提供查询服务。

（3）提供“免电话打扰”服务。

（4）提供挂拨长话服务。

（5）提供叫醒服务。

（6）播放背景音乐。

（7）酒店出现紧急情况时充当临时指挥中心。

四、设施设备

（1）电话交换机。交换机的种类、型号繁多。目前，较为先进的有 PABX 交换机（日本制造）、EBX 交换机（荷兰制造）、PBX 交换机等。

（2）话务台。

（3）长途电话自动计费机。

（4）自动打印机。

（5）传呼器发射台。

（6）计算机。

（7）定时钟、记事牌（白板）。

（8）播放背景音乐的设备等。

单元四　总机服务

本单元将以任务形式分别介绍总机服务中的电话转接服务、查询服务、叫醒服务以及其他总机服务。

任务一　电话转接服务

[任务描述]

王先生打电话到总机，希望与2018房的白先生通话。

[任务准备]

(1) 学生分组：以2~3人为一组。
(2) 教学师资：专职教师、兼职教师。
(3) 教学情境：模拟酒店总机房。

[任务实施]

电话转接服务的程序与标准如下。

一、接电话

话务员在总机铃响三声之内应答电话，必须礼貌、友善，且面带微笑，这时，客人虽然看不到话务员，但能感觉到话务员的笑脸，因为只有微笑时，才会表现得友善，声音才会甜美，语调才会自然、有吸引力。

二、问候客人

主动问候客人，用中英文熟练地、准确地自报家门。应答外线电话时，报出酒店名称："您好，××酒店。"应答内部电话时，报出本岗位："您好，总机。"

三、转接电话

仔细聆听客人的要求，迅速准确地接转电话，并说"请稍等"。必要时，可礼貌地请客人重述某些细节或含混不清之处，如果客人需要其他咨询、留言等服务，应对客人说："请稍等，我帮您接通××部门。"

四、播放音乐

电话占线或线路繁忙时，应请对方稍等，并使用音乐保留键，播出悦耳的音乐。

五、特殊情况操作

(1) 若转接后无人应答，铃响五声后，话务员应委婉地向客人说明："对不起，电话没人接，请问您是否需要留言？"需要给房间客人留言的电话，应转接到问讯处处理。

(2) 如果通话者只告诉客人姓名，应迅速查找电脑，找到房号后接通电话，如果通话者只告诉房号，应先了解受话人的姓名，并核对电脑中的相关信息，再根据酒店的具体规定，判断是否直接接通房内电话。

(3) 对要求保密房号的客人，如果没有要求不接任何电话，可问清来电话者姓名、单位等，然后告诉客人，询问客人是否接听电话。如果客人表示不接任何电话，应立即通知前台在电脑中输入保密标志，再遇来访或电话查询时，即答复客人未住本酒店。

(4) 如果房间客人采取了“免电话打扰”措施，应礼貌地向来电话者说明，并建议其留言或待取消“免电话打扰”之后再来电话。

(5) 如果客人打错电话进来，应有礼貌地对客人说：“对不起，您打错了。”如果是客人在房间或酒店内公共场所打错电话，应耐心地问清客人的要求，再将电话传出。

(6) 遇有无法解答的问题时，立即转交领班、主管处理。

[任务总结]

电话转接服务是酒店总机房的一项常规工作，为了能够高效地转接电话，话务员必须熟悉本酒店的组织机构、各部门职责范围及其服务项目，并掌握最新的、正确的住客资料。

任务二　查询服务

[任务描述]

赵先生想查询赵磊先生是否下榻在本酒店。

[任务准备]

(1) 学生分组：以 2 ~ 3 人为一组。

(2) 教学师资：专职教师、兼职教师。

(3) 教学情境：模拟酒店总机房。

[任务实施]

查询服务的程序与标准如下所述。

(1) 对常用电话号码，应对答如流，查询准确快速。

(2) 如遇查询非常用电话号码，话务员应先请客人稍等，以最有效的方式为客人查询号码，确认后及时通知客人。如果需要较长时间进行查询，应征询客人意见，询问客人是否可以先留下电话号码，待查实后，再告诉客人。

(3) 如遇查询住店客人房间电话，在前台电话均占线的情况下，话务员应通过计算机为客人查询。此时应注意为住客保密，不能泄露客人房号，接通后让客人直接与其通话。

(4) 话务室内可设记事板，用于记载有关通知和事项，提醒话务员注意。

[任务总结]

在为客人提供查询服务时，一定要注意为住客保密，避免客人被不必要的电话骚扰。

任务三　叫醒服务

[任务描述]

王先生明早 9:00 要参加一个重要的会议，请总机在 7:30 叫醒他。

［任务准备］

（1）学生分组：以2~3人为一组。
（2）教学师资：专职教师、兼职教师。
（3）教学情境：模拟酒店总机房。

［任务实施］

电话叫醒服务（Wake-up Call）是酒店对客服务的一项重要内容，涉及客人的计划和日程安排，特别是叫早服务（Morning Call）往往关系到客人出行的航班和车次，因此，绝对不能出现差错，贻误叫醒时间；否则，会给酒店和客人带来不可弥补的损失。

酒店对客人提供的叫醒服务方式有两种：人工叫醒和自动叫醒。

一、人工叫醒服务

人工叫醒服务的程序如下。

（1）受理客人要求叫醒的预订。
（2）问清要求叫醒的具体时间和房号。
（3）填写“叫醒记录单”，内容包括房号、时间、话务员签名。
（4）在定时钟上准确定时。
（5）定时钟鸣响，话务员接通客房分机，叫醒客人。
（6）核对叫醒记录，以免出现差错。
（7）若客房内无人应答，5分钟后再叫一次。若仍无人回答，则应立即通知大堂副理或楼层服务员前往客房，实地察看，查明原因。

二、自动叫醒服务

自动叫醒服务的程序如下。

（1）受理客人要求叫醒的预订（有的酒店客人可以直接在客房内的电话机上，根据服务指南上的提示进行操作，自己确定叫醒时间）。
（2）问清要求叫醒的具体时间和房号。
（3）填写“叫醒记录单”，内容包括房号、时间、话务员签名。
（4）及时将叫醒要求输入计算机，并检查屏幕及打印机记录是否准确。
（5）夜班话务员应将叫醒记录按时间顺序整理记录在交接班本上，整理、输入、核对并签字。
（6）当日最早叫醒时间之前，应先检查叫醒机是否正常工作，打印机是否正常打印。若发现问题，应及时通知工程部。
（7）检查核对打印报告。
（8）注意查看叫醒无人应答的房间号码，及时通知客房中心或大堂副理，进行敲门叫醒，并在交接班本上作记录。

三、叫醒失误的原因与对策

（一）叫醒失误的原因

（1）酒店方面：接线生漏叫；总机话务员作了记录，但忘了输入电脑；记录的房号太潦草，笔误或误听；输入电脑时输错房号或时间；电脑出了故障。

（2）客人方面：错报房号；电话听筒没放好，无法振铃；睡得太沉，电话铃响没听见。

（二）叫醒失误的对策

（1）经常检查电脑运行状况，及时通知有关人员排除故障。

（2）客人报房号与叫醒时间时，接听人员应重复一遍，得到客人的确认。

（3）遇到电话没有提机，通知客房服务员敲门叫醒。

若客人虽然听到了叫醒电话，但没有及时起床，结果误了事，反而责怪酒店没有提供叫醒服务，要求酒店对此负责，并赔偿损失。遇到此类情况时，较为有效的对策是安装一台录音电话，将叫醒服务的通话记录下来，作为证据保存。

另外，还应注意叫醒的方式。例如，用姓名称呼客人，对 VIP 客人派专人人工叫醒服务等，尽可能使客人感到亲切，若能在叫醒服务时将当天的天气变化情况通报给客人，并询问是否需要其他服务，则会给客人留下深刻印象。

需要说明的是，叫醒服务不同于叫早服务，它是全天 24 小时服务，不只限于早晨的叫醒。

[任务总结]

叫醒服务要讲究技巧，注重服务的方式和语气，应尽可能使客人感到体贴和温馨，清晨客人睡得正香，叫醒客人的电话铃应轻、短，如果这种方式不见效，才可逐步提高铃声的音量并延长时间。

任务四　其他总机服务

[任务描述]

李先生下午要撰写一份合同方案，要求酒店给他房间开通“免电话打扰”服务。

[任务准备]

（1）学生分组：以 2 ~ 3 人为一组。

（2）教学师资：专职教师、兼职教师。

（3）教学情境：模拟酒店总机房。

[任务实施]

除了前述三个任务中介绍的服务外，总机还可提供“免电话打扰”服务、长途电话服务、店内寻呼服务和充当店内临时指挥中心等。下面将分别介绍这些服务的程序或标准。

一、"免电话打扰"服务

"免电话打扰"服务也称 DND，本任务描述中的情况属此类服务。其服务程序如下。

（1）将所有要求"免电话打扰"服务的客人姓名、房号、时间记录在交接班本上或注明在记事牌上，并写明接受客人通知的时间。

（2）将电话号码通过话务台锁上，并将此信息准确通知所有其他当班人员。

（3）在免打扰期间，如发话人要求与住客讲话，话务员应将有关信息礼貌、准确地通知发话人，并建议其留言或待取消"免电话打扰"之后再来电话。

（4）客人要求取消"免电话打扰"后，话务员应立即通过话务台释放被锁的电话号码，同时，在交接班本上或记事牌上标明取消记号及时间。

二、长途电话服务

酒店向客人提供国内、国际直拨长途电话服务，亦称 DDD 和 IDD。通话结束后，计算机会自动计算通话费用并打印出账单，还可以与酒店计算机管理系统接口，直接记入客人账户。因此，话务员要按照酒店电话服务规程，加强与其他相关部门的联系及协调，使计费设备系统正常运转，保证费用及时收回入账。

三、店内寻呼服务

现代酒店特别是大型酒店，都设有店内呼叫系统，由电脑控制，话务员利用它提供店内传呼服务。为此，话务员应熟悉传呼机携带者的呼叫号码，并了解他们的工作区域，安排去向。每逢重要节假日要通过寻呼祝酒店人员节日快乐。

四、充当店内临时指挥中心

当酒店出现紧急情况时，总机房便成为酒店管理人员迅速控制局势、采取有效措施的临时指挥协调中心。紧急情况包括火灾、水灾、伤亡事故、恶性刑事案件等情况。话务员应按指令执行任务，注意做到以下几点。

（1）保持冷静，不惊慌。

（2）立即向报告者问清事情发生地点、时间，报告者身份、姓名，并迅速做好记录。

（3）即刻使用电话通报酒店有关领导（总经理、驻店经理等）和部门，并根据指令，与市内相关部门（如消防、安全、公安等）紧急联系，随后，话务员应相互通报、传递所发生情况。

（4）在未接到撤离指示前，不得擅自离岗，要保持通信线路的畅通。

（5）坚守岗位，继续接听电话，并安抚客人，稳定他们的情绪。

（6）详细记录紧急情况发生时的电话处理细节，以备事后检查，并归类存档。

[任务总结]

总之，总机房所提供的服务项目视酒店而异，有些酒店的总机房还负责背景音乐、闭路电视、收费电影的播放以及火警报警装置的维护和电梯运行的监视等工作。

［知识或技能拓展］

酒店火灾预防应急处理方案

一、发现火情立即报警

每位员工发现火情都有责任报警，以最快的速度报告酒店消防部门和酒店领导。要注意做到以下两点。

（1）记住火警电话。

（2）报告火情。将火情发生的区域、部门地点、楼层、房号、自己所在部门及姓名报告总机和消防值班室。

二、接到报警后的措施

（1）总机或消防值班人员要详细记录报警人的姓名、所属部门。

（2）冷静详细了解火情发生的位置、区域、楼层、房号和火势。

（3）由总机将火情报告保安部、客房部经理和工程部值班人员。

（4）由保安部、客房部经理和工程部值班人员组成调查、甄别、确认小组，赶赴现场查清下列问题。

1）火情的具体位置、燃烧物品、燃烧范围及火势走向。

2）起火的原因。

3）火场有无人员被困，有无贵重物品，有无易燃易爆危险物品等。

（5）立即通知总机报告酒店领导，迅速组成火场临时指挥部，由指挥部领导迅速作出是否119报警、是否疏散人员的决定，同时向旅游局报告。

三、各相关部门的任务

（一）义务消防队

（1）立即带好消防器材和工具赶赴现场，等候命令。

（2）按照指挥部的指令进行扑救。

（二）保安部

（1）保安部经理带上通讯和必备物品赶赴指挥部。

（2）保安部值班人员守住电话，注意与消防、公安部门的联系。

（3）清理酒店周围场地，确保消防通道的畅通。

（4）阻止无关人员进入酒店，防止治安案件的发生。

（5）对酒店财务部、商场等场所加强巡查和戒备。

（6）迎接消防车，引导配合消防车到现场。

（三）前厅部

（1）前台人员要回答客人询问，劝阻、告诫客人不要回房和乘坐电梯，请他们前往安全地带集中。

（2）行李员要将电梯落到一楼，控制电梯和消防专用电梯。

(3) 协助保安部打开所有通向店外的门，并维护治安秩序。

(四) 工程部

(1) 根据火情，关闭煤气、空调和有关电器设备。
(2) 确保消防泵房值班人员立即进入工作状态，保证消防用水正常供应。
(3) 将酒店内所有燃气罐运出酒店，集中在酒店外安全地带加强看管。
(4) 如火情发展，工程部人员撤出前，要关闭所有电源、煤气阀门、制冷设备和门窗。

(五) 客房部

(1) 经理立即到达发生火警的楼层，组织引导疏散客人。
(2) 检查清理楼道和安全门，确保楼道通畅，便于疏散客人。
(3) 检查寻找火源和被火围困人员。

(六) 餐饮部

(1) 如火情发生在宴会厅、餐厅和厨房，餐饮部经理和厨师长需立即赶赴现场。
(2) 寻找火源，进行抢救。
(3) 迅速关闭煤气阀门、炉灶、抽风阀门，保持通风，关闭电源、电器开关。
(4) 妥善处理食油和其他易燃物。
(5) 组织餐饮部员工救火。

(七) 总机

(1) 接到报警电话时，要清楚火情发生的时间、地点、报警人员的姓名及所属部门。
(2) 立即通知保安部消防值班人员和酒店领导。
(3) 在火情得到甄别和确认后，立即通知各部门经理，保证指挥部、火场和有关消防部门电话联络的畅通。

四、组织疏散

如无法控制火情，迅速按照酒店制订的疏散计划组织疏散。应注意做到以下几点。

(1) 二次报警 (119 报警) 后，指挥部应立即作出疏散决定。

(2) 立即利用背景音响系统 (消防广播系统) 将事先录制好的中、英文广播通知反复广播。内容主要是要求客人听从酒店工作人员的指挥，在工作人员的引导下，从最近的疏散通道撤离酒店以及不要乘坐电梯等。

(3) 广播的同时，楼层服务员迅速检查房内有无客人，检查完毕将门关好，在房门上作出“已检查”标志。

(4) 疏散人员时走安全通道 (安全梯)，绝对禁止乘坐电梯。

(5) 引导客人排成一路纵队，从安全梯疏散。

(6) 酒店财务部的现金和贵重物品需由专人在保安部的护送下撤离。

(7) 疏散可能助燃的易燃物品和煤气罐、氧气瓶等危险品。

(8) 疏散前保安部要认真检查安全出口、疏散楼梯、疏散通道、应急照明和安全指示标志等安全疏散设施，确保畅通。

(9) 人员撤离后，消防人员、保安部、工程部、客房部将楼层仔细检查一遍。

(10) 疏散到安全地带后，要集中客人，由前台、客房部、保安部派员工进行登记，核实人数。

（资料来源：http://www.gerenjianli.com/wm/gw/fangan/ccbb3e723ed7.html）

单元五　商务中心的介绍

一、岗位认识

商务中心是现代酒店的重要标志之一，是商务客人经常光顾之处，是客人“办公室外的办公室”。其主要职能是为客人提供各种秘书服务，为客人提供或传递各种信息。商务中心主要设置商务中心主管、商务中心文员等岗位。

二、岗位职责

（一）商务中心主管

1. 岗位描述

商务中心是为宾客提供传真、复印、中英文打字、国际国内长途直拨电话、会议室服务、国际互联网接入、特快专递等商务服务的岗位。商务中心主管负责商务中心的服务管理和监督。

2. 岗位职责

（1）为客人提供电话、传真、打字、国际互联网接入、特快专递等服务，力求保证商务中心的工作能按照酒店有关要求正常进行，努力完成每月的各项任务。

（2）根据商务中心的具体情况和不同时期的特点，制订有效的工作计划，经前厅经理审批后实施。

（3）与业务往来部门保持联系，以保证电信业务的顺利进行。

（4）负责制作各种报表及工作设备的保养和环境的清洁，保证各种设备正常运行。

（5）熟悉酒店的各种规章制度，熟悉电信业务、秘书服务及工作程序，对业务质量进行把关。

（6）遇有重要客人住店，适当调配上班人员，使得在商业服务方面更大限度地配合酒店的接待工作。

（7）负责本中心员工的培训工作，包括业务培训、操作技巧、素质等，并定期进行考核。

（8）负责所属员工的班次安排，监督员工的考勤，了解员工的思想动态、工作情况，帮助员工解决工作上的难题。

（9）督促商务中心员工履行各自的职责，并指导他们的工作，根据下属的工作表现给予奖罚。

（10）检查下属的礼貌服务、工作态度及自觉遵守工作规程、管理制度的情况，在商务中心的工作范围内，妥善解决客人提出的问题。

（11）检查当班工作记录，妥善完成上级交办的其他任务。

（二）商务中心文员

1. 岗位描述

为客人提供传真、复印、中英文打字、国际国内长途直拨电话、会议室服务、国际互联网接入、特快专递等商务服务工作。

2. 岗位职责

（1）严格要求自己，工作积极主动，文明礼貌服务，努力提高服务质量，忠于职守，讲求效率，秉公办事，不利用工作之便干私活、谋私利。

（2）为酒店宾客提供长途电话、传真、打字、复印、会议室服务、互联网接入、特快专递等服务工作。

（3）服从上级指挥、努力完成交办的每一项业务工作，力求保质保量提供各项服务。

（4）具备外语知识和打字技术，熟悉和掌握仪器设备的性能、保养和简单维修，以便迅速、准确地为客人提供服务。

（5）熟悉长途电话、传真、打字、复印、会议室服务、互联网接入、特快专递等各项业务，工作中严格按照规程操作。

（6）微笑服务，对客人热情有礼、有问必答，尽量满足客人的合理要求，耐心解释客人的各种疑问。

（7）刻苦钻研业务，对技术精益求精，努力提高业务工作水平，提高整体的服务质量。

（8）自觉遵守酒店的各项规章制度，认真做好交接班工作。

三、工作任务

（1）提供打字、复印服务。
（2）提供翻译服务。
（3）受理票务服务。
（4）提供长途电话服务。
（5）提供传真服务。
（6）提供互联网服务。
（7）提供出租会议室服务。
（8）提供秘书服务。

四、设施设备

商务中心的设施设备主要包括大小面积不等的会议室、洽谈室、复印机、传真机、多功能打字机、电话及电脑、录音机、录像机等办公用品以及相关的查询资料，如商务刊物、报纸、经济年鉴、地图等。

单元六　商务中心服务

现代旅游中的商务活动占很大比例，商务客人除了对旅行的基本生活需要外，更重视商务设施的现代化，追求的是效率。为了满足商务客人的需要，现代酒店，尤其是商务型酒店通常都设有商务中心，为客人提供复印、传真、电报、文字处理等服务。为便于客人从事各类商务活动，商务中心应具有安静、隔音、优雅、舒适、整洁等特点，环境布置应令人赏心悦目，以提高工作效率。

下面将以任务形式分别介绍商务中心的各种服务。

任务一　打字、复印服务

[任务描述]

赵先生来到商务中心，要求打印一份文稿，另外复印十份。

[任务准备]

（1）学生分组：以 3 ~4 人为一组。

（2）教学师资：专职教师、兼职教师。

（3）教学用具：电脑、打印机等用具。

（4）教学情境：模拟酒店商务中心。

[任务实施]

一、打字服务

打字服务的程序与标准如下。

（1）主动问候客人，介绍收费标准。

（2）接过客人原稿文件，了解客人打印要求以及特殊格式的安排。浏览原稿，检查是否有不清楚字符。

（3）告知客人大概完成时间。

（4）文件打出后，先自行校对，再请客人校对。

（5）修改后，再校对一遍。

（6）将打印好的文件交给客人。根据打字张数，为客人开单收费。请客人签字，将账单转至前台收银处。

（7）询问客人是否存盘及保留时间。若无须保留，则删除该文件。

（8）填写“商务中心日复印、打字报表”。

二、复印服务

复印服务的程序与标准如下。

（1）主动问候客人，介绍收费标准。

（2）接过客人的复印原件，根据客人要求，选择纸张规格、复印张数以及颜色深浅程度。

（3）将复印原件在复印平面上定好位置，检查送纸箱纸张，按复印键。

（4）需要放大或缩小的复印，按比例调整尺寸，检查第一张复印效果，如无问题，则可连续复印。

（5）复印完毕，取原件交给客人，如原件为若干张，则应注意按顺序整理好。

（6）问明是否要装订文件。

（7）根据复印张数和规格，开账单。账单通常一式三联，将二、三联撕下，第二联交前台收银处，第三联呈交客人。如客人不要，立即用碎纸机销毁。

（8）若客人要挂账，则请客人出示房卡，并签字。

（9）若客人要开发票，将发票第二联交给客人，第三联需要同账单的第二联一起交前台收银处。

（10）将账单号码、房号、金额、付款方式分别填在“商务中心日复印、打字报表”上。

［任务总结］

打印、复印服务要求员工能熟练运用办公软件为客人处理文档，还要求员工能熟悉操作与维护打印、复印设备，并能处理简单的故障。这两点直接影响着对客服务的效率和质量。

［知识或技能拓展］

复印机的使用方法

复印机是现代办公不可缺少的工具，其使用方法及使用过程中的注意事项如下。

（1）查看复印机的电源是否已打开。复印机的电源有没有开，从复印机面板上就能判断出来，面板显示如果有指示，表明开着，否则为关着。如果关着，要先打开电源，不同复印机的电源位置会有区别，一般在面板的左侧或右侧。刚打开的复印机一般要等几分钟的预热后才能使用。

（2）查看纸盒内是否有纸。纸盒在下方，盒上标明了纸的尺寸（A4、A3或其他），查看盒中是否有纸，如果没有纸，则要放一些纸进去。

（3）掀起复印机上盖，把要复印的资料字面贴着玻璃板放好，放的位置根据纸张的不同会有所区别，在玻璃板上有标记。

（4）选择所需的纸张（A4或A3），在面板上有选择按钮。

（5）选择要复印的份数，面板上的按钮可供选择要复印的份数。

（6）另外，面板上还有颜色深度选择按钮、缩放按钮等。

（资料来源：http://wenku.baidu.com/view/6dc573717fd5360cba/adb60.html）

任务二　传真服务

［任务描述］

孙先生要发一份到美国的传真。

［任务准备］

（1）学生分组：以3～4人为一组。

（2）教学师资：专职教师、兼职教师。

（3）教学用具：传真机等用具。

（4）教学情境：模拟酒店商务中心。

［任务实施］

一、传真接收服务

传真接收服务的程序如下。

（1）认真阅读来件信息，与前厅问讯处确认收件人姓名及房号，并将接收的“OK”报告单与来件存放在一起。

（2）填写“商务中心每日传真来件报表”。

（3）电话通知客人有传真来件。如客人在客房，应派行李员送到房间，然后开出账单交前台收银处；若客人不在房间，则进行留言服务。

（4）留言单右上角应注明客人离店日期、时间，以便能在客人离店前将传真送给客人。

（5）疑难来件应及时请示大堂副理，妥善处理查无此人的来件。

（6）传真来件按酒店规定收费。

二、传真发送服务

传真发送服务的程序如下。

（1）主动问候客人，问明发往的地区。

（2）查看客人所提供的地区号码，并进行校对。

（3）输入传真号码后，先与稿件上号码核对，确认无误后，再按发送键。如发送接通后，对方为通话状态，此时需拿起电话告知对方接通传真机。

（4）事先向客人说明传真发送收费标准，按时间（或按页数）计算。

（5）传真发出后，应将“OK”报告单连同原件一起交给客人。

（6）按酒店规定计算传真费。

（7）请客人付款或签单，账单上注明传真号码以及发送所用时间。

（8）将账单送至前台收银处。

（9）若非住店客人，则应先请客人支付100%预付款。

（10）填写“商务中心每日发送传真报表”。

［任务总结］

传真是比较理想的通信手段之一，其特点是传递迅速、即发即收，内容详尽，并可传递客人的真迹，如签名、印鉴等。目前，传真服务已成为商务中心常规服务之一。

任务三　受理票务服务

[任务描述]

赵先生要订一张8月30号18:40从武汉开往成都的火车票。

[任务准备]

(1) 学生分组：以1～2人为一组。

(2) 教学师资：专职教师、兼职教师。

(3) 教学用具：票务价目表、车次查询表等用具。

(4) 教学情境：模拟酒店商务中心。

[任务实施]

受理票务服务程序与标准如下。

(1) 主动问候客人。

(2) 了解客人的订票需求，包括航班、线路、日期、车次、座位选择及其他特殊要求等。

(3) 查询票源情况。通过电脑进行快捷查询。如遇客人所期望的航班、车次已无票源时，应向客人致歉，并作委婉解释。同时应主动征询客人意见，是否延期或更改航班、车次等。

(4) 办理订票手续。此时应注意下列服务细节。

1) 双手持订票登记单上端和笔下端呈递给客人。

2) 请客人填写登记单。若客人填写时有不清楚之处，应立即向客人解释并予以帮助。

3) 当客人递回已填写好的登记单时，应向客人致谢。

4) 迅速、仔细检查登记单上的全部项目，礼貌地请客人出示有效证件、相关证明，并注意与登记单内容进行核对。

5) 礼貌地交还客人所出示的所有证件，并向客人致谢。

(5) 出票与确认。此时，服务员应注意以下细节。

1) 礼貌地请客人支付所需费用，并仔细清点核收。

2) 认真填写好机票并及时将订位信息输入电脑。

3) 仔细检查所填写的机票，并连同票据、零钞等装袋呈交客人。

4) 请客人自己再进行检查确认，并提醒客人飞机起飞时间、乘车地点、发车时间及其他注意事项等。

(6) 向客人致谢，目送客人离去。

[任务总结]

票务工作影响客人的出行便利，在工作过程中要多注意细节，例如，讲述日期时不要说“今天”、“明天”，要说出准确的日期，同时还要注意复述确认，避免出现错误，给客人带来不便。

[知识或技能拓展]

乘飞机的流程

一、行李托运、换登机牌

当到达机场后，请到候机楼指定的值机柜台，凭客票及本人有效身份证件办理乘机手续并交运行李，领取登机牌和行李提取凭证。飞机起飞前30分钟停止办理乘机手续。

二、检验证件

出示有效身份证件，并连同机票（若你为电子客票则无需出示电子客票）、登机牌一起交安全检查员查验。

三、安全检查

为了飞行安全，客人及随身携带行李物品必须接受安全检查。带入机内的行李要通过X光机检查，旅客要走金属探测器门。

四、候机及登机

可以根据登机牌上所列的登机口号，在相应的候机厅休息，等候广播通知登机。听到广播通知登机后，请拿好随身物品，凭登机牌登机。

（资料来源：http://www.docin.com/p-67131753.html）

任务四　会议室出租服务

[任务描述]

刘先生想在8月28号租用一间能供100人开会的会议室，需要相应的设备，如电脑、投影仪、屏幕等，并要提供会务服务。

[任务准备]

（1）学生分组：以3～4人为一组。
（2）教学师资：专职教师、兼职教师。
（3）教学情境：模拟酒店商务中心、会议室。

[任务实施]

会议室出租服务的程序与标准如下。

一、预约工作

（1）接到预约，要简明扼要地向客人了解以下内容并做好记录：租用者的姓名或公司名称、酒店房间号码或联系电话、会议的起始时间及结束时间、人数及要求。

（2）告知租用会议室的费用（包括免费的服务用品及设备，如茶、咖啡、文具、麦克风、投影仪、音响、录像放映机），并带领客人参观所租用的会场，介绍服务设施。

（3）了解付款人及付款的方式，并要求租用者预付50%订金。如到时取消，则当做损失费用支付，不能退还，预订从收到预订金时开始生效。

（4）及时将上述情况在交班薄和会议室出租预订单上做好记录。

（5）把会议室的租用情况告知当值主管或领班以及问讯处，记下问讯处员工的工号，将预订单副本交前厅部。

（6）预约鲜花。如同时需要设备出租，必须做好预约工作。

二、会议前的准备工作

（1）按参加会议人数准备好各类饮具、文具用品及会议必需品，待布置会场时使用。

（2）按参加会议人数放好椅子并摆设饮具及各类文具。

（3）主管或领班要亲自现场指挥和督导员工按要求布置会场，发现问题及时纠正。具体检查内容包括：照明、窗帘、卫生、各种饮品存量及其使用期限、空调系统、音响设备、文具用品、会议物品等。

三、接待服务要求

（1）服务员站立门口恭候客人，并引至会议室坐下。

（2）问明客人所需饮品，在座位表上做好相应的记录。

（3）根据记录逐一递上饮品，按照先主位，后次位的原则；端茶送水时，服务人员须用托盘及白餐巾一条；添茶水应从客人右侧服务，服务过程要用礼貌用语。

（4）茶或咖啡要以七成满为标准，上饮品时要提醒客人注意。

（5）添茶水时间间隔：第一次不应超过 10 分钟；第二次与第一次相隔不超过 15 分钟；其他可因人而异，酌情考虑。

（6）会议结束时，服务员应站立迎送，并请其负责人结账。

四、送客离场

会议结束时，服务人员应在门口站立，热情送至大门口，并礼貌地道别，目送客人离去。客人离开后，应迅速进入会场仔细检查，如发现客人遗忘的物品，应立即设法追送，追送不到时，按酒店要求速交主管或大堂副理。

五、收拾会场

（1）清理台面。

（2）拾起地面纸碎、杂物。

（3）台面打蜡。

（4）摆放好椅子。

（5）补充文具和会议物品。

（6）退还仪器设备。

（7）关掉音响照明系统。

（8）洗净饮具，放回贮藏柜。

（9）补充物资。

（10）在交班薄上写明当班饮品损耗量。

［任务总结］

商务中心提供的会务服务不同于宴会部提供的会务服务，一般来说，商务中心的会议室面积较小，承办的会议规模较小、种类较少，服务也相对简单。由于会务服务需要用到较多的办公设备，因此员工除了熟悉操作程序与标准外，还要熟练使用设备并进行简单的维护。

［知识或技能拓展］

视听器材的空间要求

会场布置中估计视听器材所需要的空间，要先了解视听的两项原则，即1.5米原则与2:8原则。

1.5米原则：从地面到银幕底层的距离为1.5米。

2:8原则：最佳的视觉范围是不近于2倍银幕的高度也不远于8倍银幕的高度。例如银幕高度为4米，那么第一排座位应该放在距离银幕8米的地方，而最后一排座位不要远于距离银幕32米的地方。

（资料来源：陈家栋，会展接待实务，旅游教育出版社，2006年）

任务五　其他商务服务

［任务描述］

王先生需要在电脑邮箱里接收公司发送的一份邮件。

［任务准备］

（1）学生分组：以3～4人为一组。

（2）教学师资：专职教师、兼职教师。

（3）教学情境：模拟酒店商务中心。

［任务实施］

除前述四个任务介绍的服务外，商务中心还可提供Internet服务和翻译服务。本任务描述中的情况属Internet服务。下面将分别介绍这两种服务的程序。

一、Internet服务

随着Internet的发展，上网、收发电子邮件的业务越来越普遍。Internet服务就是指为客人收发电子邮件、提供计算机上网等电子商务服务，其中发电子邮件是比较常见的服务，其服务程序如下。

（1）主动迎接客人。

（2）了解邮件相关信息。向客人详细了解收件人的E-mail地址、客人发送的信件内容和有无附件以及附件的录入方法。同时向客人介绍电子邮件的收费方法。

（3）邮件发送。启动计算机，连接 Internet，打开电子信箱，输入收件人的 E-mail 地址及信件内容。如有附件，则加入附件内容，点击“发送”。需要注意的是，当信件或附件是客人提供的 U 盘时，首先应对 U 盘进行杀毒处理。

（4）按规定办理结账手续。

（5）向客人致谢并道别。

二、翻译服务

翻译一般分为笔译和口译两种，两种服务除服务内容和收费计算方式有所区别外，其服务受理程序基本相同。翻译服务的程序如下。

（1）主动迎接客人。

（2）向客人了解翻译的相关信息。向客人核实要翻译的稿件，问明客人的翻译要求和交稿时间；迅速浏览稿件，对不明或不清楚的地方应礼貌地向客人问清。

（3）向客人介绍翻译的收费标准。当客人确定受理时，记清客人的姓名、房号和联系方式，礼貌地请客人在订单上签字并支付翻译预付款。送走客人后，联系翻译人员翻译文稿。

（4）接到翻译好的文稿后通知客人取稿。如客人对稿件不满意，可请译者修改或与客人协商解决。

（5）办理结账手续。

（6）向客人致谢并道别。

[任务总结]

由于商务活动对服务的要求水平较高，商务客人消费档次较高的特点，商务服务也日趋专门化。由于现代高层次商务活动的兴起，酒店业的商务服务已经大大超过了传统的商务中心服务的范围，而变得日趋专门化、系统化和个性化。

案例研讨

案例一

多角色的诈骗犯

一天傍晚，北京某酒店问讯处的电话铃响了，服务员小姚马上接听，对方自称是住店的一位美籍华人的朋友，要求查询这位美籍华人。小姚迅速查阅了住房登记中的有关资料，向他报了几个姓名，对方确认其中一位就是他找的人，小姚未思索，就把这位美籍华人的房间号码 818 告诉了他。

过了一会儿，小姚又接到一个电话，打电话者自称是 818 房的“美籍华人”，说他有一位谢姓侄子要来看他，此时他正在谈一笔生意，不能马上回来，请服务员把他房间的钥匙交给其侄子，让他在房间等候。接电话的小姚满口答应。

又过了一会儿，一位西装笔挺的男青年来到服务台前，自称小谢，要取钥匙。小姚见了，就毫无顾虑地把 818 房钥匙交给了那男青年。

晚上，当那位真正的美籍华人回房时，发现一只高级密码箱不见了，其中包括一份护照、几千美元和若干首饰。

以上是一个犯罪青年分别扮演“美籍华人的朋友”“美籍华人”和“美籍华人的侄子”的一出诈骗酒店的丑剧。

几天后，当这位神秘的男青年出现在另一家酒店，用同样的手法搞诈骗活动时，被具有高度警惕性，严格按酒店规章制度、服务规程办事的前台服务员和前台保安员识破，当场被抓获。

点评：

冒名顶替是违法者在酒店犯罪作案的惯用伎俩。问讯员只要提高警惕，严格按规章制度办，违法者的骗局完全是可以防范的。本案例中，酒店服务员犯了以下两点错误。

（1）按酒店通常规定，为了保障入住客人的安全，其住处应对外严格保密，即使是了解其姓名等情况的朋友、熟人，要打听其入住房号，问讯员也应谢绝。解决办法是为来访或来电者拨通客人房间的电话，由客人与来访或来电者直接通话；如客人不在，可让来访者留条或来电留电，由问讯处负责转送或转达给客人，这样既遵守了酒店的规章制度，保护了客人的安全，又保持了客人与其朋友、熟人的联系。本案例中打电话者连朋友的姓名都叫不出，令人生疑，小姚更应谢绝其要求。

（2）“美籍华人”给小姚打电话告知让其“侄子”领了钥匙进房等候，这个要求也是完全不能接受的。因为按酒店规定，任何人只有凭住宿证方能领取钥匙入房。凭一个来路不明的电话“委托”，如何证明来访者的合法性？小姚仅根据一个电话便轻易答应别人的“委托”，明显违反了服务规程，是很不应该的。小姚若能把好这第二关，犯罪的诈骗阴谋仍然来得及制止。

案例二

叫醒服务的失误

1 月 20 日 909 房间的客人 23:00 左右致电前台要设置叫醒服务，据当班接待员反映，客人当时称要一个“明天 12:50”的叫醒，接待员还重复问了一句：“是明天吗?”客人确认了。但次日一早，客人到前台称他要的是凌晨 12:50 即 0:50 的叫醒，且告诉了前台接待员是凌晨叫醒。客人买了长沙到西安的火车票，票价 490 元，但由于没有叫醒，导致他睡过了头，耽误了火车。前台马上为客人订了下午 18:00 的飞机票，客人自己付了机票费，但要求酒店赔偿他火车票的钱，经过调解，客人同意免赔火车票费用。

点评：

在很多时候，客人要求叫醒服务都会选择前台，不管是选择前台还是总机，服务人员在接受客人叫醒服务的要求时，另外要注意以下几点。

（1）客人可能会记错当天的日期，在服务人员与其确认时可能会出现时间上的误差，因此服务人员在向客人确认时要加上“今天是 × 月 × 日，您是需要在明天也就是 × 月 × 日……吗?”之类时间确认的话，以提醒客人。

（2）客人在晚上或凌晨提出叫醒服务要求时，服务人员要尤其注意确认叫醒时间。例如，客人在 22:00 通知“第二天 6 点叫醒”，服务人员便应确认是上午 6 点还是下午 6 点等。

(3) 要记录好客人打电话和要求叫醒的具体时间，便于进行核对。

案例三

一句问候，一份关怀

一天清晨，某酒店1816房间的范先生被一阵电话铃声惊醒，拿起电话，话筒里传来了总机服务员甜美的声音："范先生，早上好，现在时间是早晨7点钟。昨晚下了一夜的雨，早上天气较凉，请您多穿点儿衣服，祝您旅途愉快！"当范先生听到总机服务员的特别关照时，非常感动，就说："谢谢你的关心。"原来，昨天范先生要求酒店总机提供叫醒服务，他一早要坐飞机回上海。范先生在离店时向大堂副理表示了对酒店服务的赞赏，并表示下次来时，一定还住这儿。

点评：

酒店的总机服务员在给客人提供叫醒服务时，不是简单地叫醒客人就完了，而是对客人多了一句问候的话，表达了酒店对于客人的一份关怀，收到了很好的效果。

就酒店对于客人来说，酒店无小事。如果每一位服务人员都能够从身边的小事做起，为客人多提供一些细微的额外服务，将会给客人留下深刻的印象。也只有让客人对酒店留下深刻的印象，感受到酒店的优质服务，才能够吸引客人再次光临。

案例四

给客人指路

十一黄金周的某天晚上，总机接到一位外地客人打来的电话，他是自己驾车携家人来新昌游玩，而且已在酒店订了房，但天色已黑，不知该如何行车才能到达酒店。话务员小李自认为对本城很是熟悉，于是在问清客人所在的位置后，为其指了一条最便捷的行车路线。

20分钟后，这位客人打来第二个电话，说他们已经在东门大转盘了，应如何继续行驶才能到酒店。"这不是离酒店很近了吗？就算是步行，最多也就五分钟的路程。"小李这样想到，于是不假思索地告诉客人："绕过转盘上来100米左右，在国邦大酒店门口向左一拐就看见我们酒店了！"

"上来？上哪儿来？我面前有三四条路啊！我又不是本地人，你是怎么指路的？"电话那头突然的呵斥声让小李愣住了。两秒钟后，她才反应过来，其实在那个转盘里立有一块酒店的方向指示牌，因为不是很大，客人可能没注意。于是小李赶紧说了一声"对不起"后，提醒客人注意立在转盘里面的指示牌。一经提示，客人马上就看到了指示牌，说了句"知道了"后就挂了电话。

点评：

在酒店，不管是哪个岗位，能否真正做到把客人放在首位，凡事都从客人角度去考虑，对于提高服务质量至关重要。当今酒店业处于竞争激烈的微利时代，如果酒店仍然只从自身角度出发，而不站在客人的角度提供服务，终会被淘汰出市场。

本案例中，话务员小李在为客人指路时，说了一些例如"上来"的词，这对初到陌生城市的客人来说，很难被理解。倘若小李能够设身处地地为客人着想，少从自己的角度或立场出发，那么就可避免客人的呵斥之声了。

因此，要为客人提供好的服务，现代酒店必须转变观念，加强对员工的培训，使员工自觉地站在客人的立场上，为客人提供称心如意的服务。真情才能赢得客人归！

案例五

转错了的电话

凌晨一点，有一位女士来电要求转 3115 房间。话务员立即将电话直接转入了 3115 房间。第二天早晨，大堂副理接到 3115 房间孙小姐的投诉电话，说昨晚的来电不是找她的，她的正常休息因此受到了干扰，希望酒店对此作出解释。大堂副理经调查，了解到该电话要找的是前一位住 3115 房的客人，他已于昨晚 9 点退房离店了。而孙小姐是快 12 点时才入住的，她刚洗完澡睡下不久，就被电话吵醒了，很是生气。

谁知一波未平，一波又起。原住 3115 房的刘先生紧接着也打来了投诉电话，说昨晚他太太打电话来找他，由于话务员不分青红皂白就将电话接了进去，接电话的又是一位女士，引起了太太的误会，导致太太跟他翻脸。刘先生说此事破坏了他们的夫妻感情，如果不给他一个圆满的答复，他一定不会善罢甘休，而且今后他公司的人都不再入住此酒店。

点评：

在遇到本案例中的情况时，可采取以下措施处理。

（1）向刘先生解释，刘太太当时很肯定地要转 3115 房，而那房间也没有要求免于打扰，故将电话接进去也无可厚非。而事情偏偏那么凑巧，房间又住进去的是位女士，从而引起了刘太太的误解。对此，酒店表示遗憾并道歉。请刘先生代为将事情的来龙去脉向刘太太解释清楚，并转达酒店对他们的歉意。

（2）向刘先生深表歉意。由于无意之中影响了他们夫妻间的感情，表示酒店一定会对此负责任的。在征得刘先生的同意后，向刘太太解释事情的来龙去脉，以期解除其中的误会，求得刘太太的谅解。必要时，可出具证明证实刘先生在当晚 9 点就已离开了酒店。同时感谢刘先生及时将此事告知酒店，引起了酒店的重视，从而帮助酒店提高服务水平。

案例六

离店客人的急件

某四星级酒店，上午 9:00，行李员小冯送走一位客人后回到行李房分发刚刚收到的报纸、邮件和包裹。当分到一个快件时，看见上面写着请速交 918 号房张 ××，小冯马上意识到刚才自己送的客人正是这封急件的主人。想到急件里可能有对客人十分重要的文件或资料，小冯看了看手表，现在是 9:10，客人刚离店 10 分钟，如果现在赶到机场把急件交给客人还来得及。因为小冯在送客人时听客人提起他是赶 10:30 的飞机，怕路上遇到情况所以早点儿出发了。于是小冯马上打电话与机场取得联系，请求帮助找到张先生并告知他有一封急件，酒店马上会派人送去。然后在请同事帮助联系酒店车队的同时，小冯快速找到经理简要地汇报了此事，听完情况介绍后，经理让小冯马上乘坐酒店汽车赶到机场。当小冯赶到机场时，张先生正在大厅等候他的到来。见到小冯，张先生连忙表示感谢，说酒店可帮了他的大忙，因为快件里有一份十分重要的文件，如果没收到就会误了大事。张先生还一再表示，回去后要给酒店寄一封表扬信，并且下次来还入住该酒店。

点评：

本案例中有以下三点值得肯定。

（1）行李员小冯能想客人之所想，急客人之所急，设身处地为客人考虑问题。

（2）行李员小冯反应敏捷，处理事件能力较强，一是迅速与机场取得联系，二是求助同事帮忙马上联系车队，三是向上级汇报情况，考虑事情比较周到。

（3）行李员小冯的责任心很强，将急件交到了客人手中。

案例七

包裹的处理

某问讯员小杨发现516房张先生有一个包裹，但张先生此时有可能退房了。因为张先生昨天订的一张机票正是小杨送去的，起飞时间是今早10: 30，此时已是10: 15。小杨当即询问了收银员，得知客人已离开了酒店，他无奈地将此事汇报了上级领导。

请问：小杨应该如何处理此类事情才比较恰当?

解答：

小杨可采取以下三种措施处理此类事件。

（1）既然客人离开了酒店，酒店可按“查无此人”将包裹退回邮局，由邮局处理。

（2）将包裹暂寄存于行李房，待一天后如没有客人的电话或消息，就将此包裹寄给客人的家里，地址可从客人曾入住登记的表格或电脑中查出。

（3）因为客人乘坐的飞机时间已经知道，小杨可立即打电话和机场取得联系，尽可能找到客人，将此事告知客人，如客人允许，就将包裹拆开，万一里面是紧急的文件或资料等，可通过电话告知客人，以免耽误客人大事，若无重要资料，可根据客人的要求寄往某地。

相关链接

总机是酒店的第二张脸

作为声音的二传手，总机对酒店服务行业起着举足轻重的作用，虽只闻其声，不见其人，但其专业的声调、语言以及热情、快捷的服务态度也能给客人以宾至如归的温暖，也是影响未来客人是否决定在该酒店下榻的重要因素。总机所从事的工作曾被业内人士称为酒店的第二张“脸”。

话务员每天上班要接几百甚至上千个电话，回答客人千奇百怪的问题，还要应付各种突发状况，如果始终用一种说话方式、一种语气对待所有的客人，总会有不适合的时候，这些不适合大可导致客人的投诉，小可遭至客人抱怨。因此，为了避免客人的不满和反感，在接听电话的时候，话务员应特别注意自己的言辞用语和语气态度。总之，“外语服务、细腻服务、个性化服务”是话务员追求的目标，“超耐心、把握应对的分寸”是总机服务工作的重点。

一般来说，话务必员在工作中应注意以下几点。

一、要注意自己的语音语调

接起电话的时候，务必在三响之内接起，并礼貌地问好，声音音量要适中，语调要柔和、轻快，音色要甜美，给客人一种愉悦的感受。此外，还应注意语速，不要太快，也不要太慢，要根据当时客人的口气、打电话的目的等因素来调整自己的语速，以应付不同情景的需要。例如，若有一位客人在酒店不慎丢了东西，打来电话求助，这时总机接待要耐心、镇定，但也要表现出很着急的样子，回复对方的话要十分注意语气和措辞，语速要比之前的快一些，让客人体会到话务员也在为他着急，这样可以让客人紧张的情绪稍微放松一些，给客人留下好印象。

二、说话时要面带微笑

在与客人交流过程中，面带微笑与板着脸发出的声音是不一样的，在电话沟通中，对方可以明显感受出来。亲切、明快的声音会使客人感到舒服和满意；单调、古板的声音会使客人产生不愉悦和误解，间接影响酒店的形象。所以，千万不要把不良的情绪带到工作上，在接听客人电话时一定要面带微笑。

三、注意倾听

注意倾听客人的讲话，认真听客人在说什么，对正在气头上的客人，尤其要注意，千万不要打断他，应让客人尽量发泄不满，等他停下后再问问题，如确实需要打断，要说："对不起，打断您一下，我想问您个问题行吗?"在倾听的时候也要偶尔附和一两声，有必要的话拿笔把客人说的话记下来。等客人说完问题后，应总结他打电话来的目的，并马上答复或解决在自己职务范围内的问题，对于超出能力范围的问题，要向客人说明原因，可告知对方待请示领导后，再予以答复。在沟通过程中要注意千万不要过度推卸责任，以免让客人有不负责任的感觉。

四、应对例外

对于无理取闹或带有骚扰性质的电话，在力所能及的情况下，可以尽力柔化对方。对于性质严重的，大可不必多理会。没有通话必要的，可以在一句礼貌告别话的过渡后迅速挂断电话。要想让客人感受到话务员作为酒店第二张脸所带来的魅力，话务员应投入更多的热情，多从客人的角度思考问题，用服务赢得客户的信赖，在客人的满足中找到自己职业人生的乐趣。

（资料来源：http://www.hoteljob.cn/a/20070920/4385034.shtml）

小结

与预订服务、礼宾服务、接待服务不同，前厅系列服务并不是所有客人都需要的服务。但是问讯服务、总机服务、商务中心服务等前厅系列服务存在的出发点就是希望能够满足客人的所有需要。正是因为有这项认识，酒店才能为客人提供满意的服务，才能真正成为客人的"家外之家"。通过本项目的学习，要求学生掌握问讯处、总机房、商务中心的业务知识和服务操作技能。

考核指南

一、基础知识考核

（一）考核内容

1. 如何处理“查无此人”的信件。
2. 比较人工叫醒服务与自动叫醒服务的优劣。
3. 在查询服务中，应如何保证客人的隐私权？
4. 问讯服务的业务范围包括哪些？
5. 话务员应具备哪些素质？话务服务应注意哪些问题？
6. 如何做好留言服务？
7. 怎样才能做好叫醒服务？

（二）考核方式

笔试或口试。

二、服务技能考核

（一）考核内容

1. 咨询服务的受理。
2. 留言服务的受理。
3. 预抵店客人信件的处理。
4. 回答客人问询电话服务。
5. 转接电话服务。
6. 叫醒服务受理。
7. 收发传真服务受理。
8. 文件打印、复印服务受理。

（二）考核方式

实验室现场操作。

项目五　前厅收银业务

导读

在酒店经营管理中，前厅收银是确保酒店经济收益的关键部分，反映了酒店的服务水平和经营管理效率。前厅收银的工作职责是每天负责处理客人账务，负责核算和整理各业务部门收银员转来的客人消费账单，提供外币兑换服务，为客人办理收银事宜，编制各种会计报表，以便及时反映酒店的营业情况。酒店通常为客人提供一次性结账服务，为确保每日结清客人在店期间所发生的费用，保证客人全部赊欠账款按期回收，避免逃账漏账及工作失误，收银处必须认真执行客账管理制度和规程，加强与相关部门和岗位的协调合作，接受账务部的审核、监督，确保酒店利益和客人利益均不受到损害。

学习目标

1. 了解不同的结账方式。
2. 了解账单传递的方式。
3. 掌握结账离店的基本程序，能为客人办理高效、准确的结账手续。
4. 正确处理外币兑换业务。
5. 掌握提供贵重物品的寄存与保管业务服务程序。
6. 具备严谨细致、一丝不苟的工作作风。

引导案例

某天，王先生和他的两个朋友谈笑风生地步入一家四星级酒店，他们分别开了一间房。在前台办理入住手续时，收银员请他们付押金，王先生说："我来，我来！"两个朋友也没推让，故当时三间房的押金是由王先生付的。第二上午，王先生来到前厅收银处退房结账时，前台给他的账单却让他大为不满："为什么我朋友的账都算在了我的账上呢？我们可是各付各的。"收银员告诉他，他的两个朋友因有事已先走了，也没有主动到前台结账，因为王先生付的是三个房间的押金，故按惯例，所有消费款都转到了王先生的账上。王先生告诉收银员，他只是给朋友垫付押金，结账时各自的费用应由各自承担，并要求将押金退还给他。

实战学习

单元一　前厅收银处的介绍

一、岗位认识

前厅收银处（Front Office Cashier）也称"前台收款处"或"结账处"，位于大厅显眼处，且与接待处和问讯处相邻。其隶属关系视酒店而定，通常其业务方面直接归于酒店财务部管辖，其他方面如工作人员的班次、着装、奖惩等则由前厅部管理。前厅收银处主要由收银主管、收银领班、收银员等组成。

二、岗位职责

（一）收银主管

1. 岗位描述

全面负责收银处的管理与培训等工作。落实和执行前厅经理的指令，及时反映本部门工作情况。

2. 岗位职责

（1）在部门经理领导下，负责前厅收银服务工作，负责收银各项工作的组织、指挥和协调，保证收银台工作有条不紊、准确及时。

（2）直接负责大型业务的结算工作和外欠业务款项的清理工作，并及时向财务部汇报，对拖欠账款的客户要进行督促。

（3）负责月末结账、对账、盘查工作并将情况报告给财务部经理。

（4）每日与预订处核对当日及次日的房间状况。

（5）每天检查员工工作及仪容仪表，对员工进行定期评估并组织培训。

（6）做好与相关部门的协调沟通工作。

（7）及时制作、报送有关报表，及时申领各种物品，并协助大堂副理搞好卫生等其他方面的工作。

（8）向部门经理报告所属员工的工作表现，评定员工奖惩和晋升情况。

（9）解决客人在结算工作中的投诉及其他问题。

（10）完成部门经理安排的其他工作。

（二）收银领班

1. 岗位描述

收银领班向收银主管负责，协助主管做好部门管理工作，带领收银员为客人提供优质服务。

2. 岗位职责

（1）协助收银主管做好日常工作。

（2）检查、督促员工严格遵循各项服务程序和标准，为客人提供优质服务。

（3）尽最大努力满足客人的合理需求，认真处理客人的投诉，遇到不能解决的问题要及时向上级汇报。

（4）完成上级分派的其他工作。

（三）收银员

1. 岗位描述

收银员直接负责前厅客账管理工作，为客人提供外币兑换、贵重物品寄存等对客服务。

2. 岗位职责

（1）严格遵守各项财务制度和操作程序。

（2）建立住客账户并负责入客账和为客人结账。

（3）按规定及时结清客人或团体的各种费用。保证客人结账准确无误，收取以现金、转账支票及信用卡等支付方式支付的住宿、餐饮、洗衣等费用，汇总后送交账务部入账。

（4）核实账单及信用卡，负责结转团体或公司单位客人账单。

（5）负责开具客人离店通知单。

（6）负责与前台核对房态。

（7）负责兑换外币业务。

（8）负责客人贵重物品的寄存与保管。

（9）做好交接班工作。

三、工作任务

（1）开立住客账户。

（2）负责业务分析并累计客账。

（3）受理宾客离店退房结账业务。

（4）处理住客信贷和夜间审计。

（5）提供外币兑换服务业务。

（6）贵重物品的寄存与保管业务。

四、设施设备

前厅收银处的设施设备主要有电脑显示屏、打印机、信用卡刷卡机、账单架、验钞机、计算器、保险箱。

小资料

国际酒店通行的几种收费方式

1. 欧洲式（European Plan，EP）

只包括房费，而不包含任何餐费的收费方式，为世界上大多数酒店所采用。

2. 美国式（American Plan，AP）

不但包括房费，而且还包括一日三餐的费用，因此，又被称为“全费用计价方式”，多为远离城市的度假性酒店或团队客人所采用。

3. 修正美式（Modified American Plan，MAP）

包括房费和早餐，除此而外，还包括一顿午餐或晚餐（二者任选一个）的费用。这种收费方式较适合于普通旅游客人。

4. 欧洲大陆式（Continental Plan，CP）

包括房费及欧陆式早餐（Continental Breakfast）。欧陆式早餐的主要内容包括冷冻果汁、烤面包、咖啡或茶。

5. 百慕大式（Bermuda Plan，BP）

包括房费及美式早餐（American Breakfast）。美式早餐除了包含有欧陆式早餐的内容以外，通常还包括鸡蛋和火腿、香肠、咸肉等肉类。

（资料来源：http://www.canyin168.com/glyy/qtgl/qtzs/200904/15220.html）

单元二　结账业务

本单元将以任务形式介绍前厅收银处的结账业务。

任务一　客账管理

［任务描述］

13:00，王先生入住酒店，以现金方式交付押金2 000元。收银员进行客账管理。

［任务准备］

（1）学生分组：以1~2人为一组。
（2）教学师资：专职教师、兼职教师。
（3）教学情境：模拟酒店前厅收银处。

［任务实施］

客账管理的程序如下。

一、建账

客人办理完入住登记手续后，接待员应根据住宿登记表和预订单有关内容，按不同客人类型制作相应的账单，并连同登记表（账务联）立即送交前厅收银处。收银员接到接待员开具的客人账单后，按照不同类型账单予以核收并建账。

对于不同客人类型，建账程序有所区别，具体如下。

1. 散客

（1）签收客人账单。

（2）检查账单各项内容如客人姓名、房号、房型、房价、抵离店日期、付款方式等是否填写齐全、正确。如有异议，应立即与接待员核实。

（3）核准付款方式。如果使用信用卡支付账款，应检查账单中所附的信用卡签购单是否压印齐全，并查验信用卡有效期等。

（4）对照信用卡公司或银行机构所发“黑名单”予以核实。

（5）检查有关附件，如住宿登记表、房租折扣审批单、预付款收据等是否齐全。

(6) 将客人账单连同附件放入标有相应房号的分户账夹内，存入住店客人账单架中。

2. 团队

(1) 签收团队总账单。

(2) 检查总账单中团队名称、团号、人数、用房总数、房价、付款方式、付款范围等项目是否填写齐全、正确。

(3) 查看是否有换房、加房或减房、加床等变更通知单。

(4) 建立团队客人自付款项的分账单，注意避免重复记账或漏记账单。

(5) 将团队总账单按编号顺序放入相应的团队账夹内，存入住店团队账单架中。

二、记账

(1) 要分门别类地在按房号设立的分户账上准确记录客人在店期间所发生的各项费用，如客人应自付款项中的长途电话费、洗衣费、传真费、餐饮费、健身娱乐费等。

(2) 要分门别类地将客人支付的预订金、预付款、转记其他客人分户账及应收账款准确记入该客人的分户账。

(3) 核收店内各营业点传递来的各种账单（凭证），并逐一核准项目、单位名称、金额、日期、客人姓名、房号、客人签名及经手人签名等。

(4) 将核准的账单（凭证）内容分别记入分户账或总账单内。注意把结账时要交给客人的单据与分户账单收存在账夹内，其他单据按部门划分存入，交稽核组复核。

[任务总结]

客账管理是一项十分细致而又复杂的工作，时间性和业务性都很强。其工作的好坏直接关系到能否保证酒店的经济效益，能否准确反映酒店经营业务活动的状况、服务水平和经营管理效率。因此，要做到账户准确、转账迅速、记账准确、结账准确快捷。

任务二　受理结账业务

[任务描述]

收银员小李和收银领班小张当班负责早班散客离店结账业务以及康辉旅行社一团队离店结账业务。

[任务准备]

(1) 学生分组：以 1 ~ 2 人为一组。

(2) 教学师资：专职教师、兼职教师。

(3) 教学情境：模拟酒店前厅收银处。

[任务实施]

办理结账是客人离店前所接受的最后一项服务，服务人员应给客人留下良好的最后印象。一般而言，结账要求在三分钟以内完成。对于不同类型客人及不同结算方式，其结账程序有所区别，具体如下。

一、散客结账程序

（1）主动问候客人，询问客人是否结账离店。

（2）通过电脑与客人核对姓名、房号、抵离店日期等，找出账单，收回客房钥匙。

（3）通知客房服务中心检查客房状态，看是否有客人遗留物品，客房物品是否齐全及有无损坏等。

（4）委婉地询问客人是否有最新消费，如长途电话费、早餐费等，并在电脑上查询，以免漏账，给酒店造成损失。

（5）记录应收未收款项。

（6）核准无误后，收银员打印账单，请客人过目核实并签字。

（7）核对客人付款方式。

（8）结清账款数额，唱收唱付及找零，并在账单或收据上加盖“已收讫”印章，打印结账离店日期和时间。

（9）在离店客人登记表上打印结账时间，并与客人交回的客房钥匙一并交接待处。

（10）检查邮件、留言和传真。

（11）检查贵重物品保管箱或房内保险箱钥匙。

（12）更新房间状态。

（13）询问客人对酒店的感受，对客人表示感谢，欢迎客人下次再来。

（14）将客人的登记卡、结账单等各种凭证存档。

二、团队结账程序

（1）将结账退房的团队名称、团号通知客房中心，以便检查客房酒水的使用情况。

（2）查看团队与订单上的付款方式以及有无特殊要求，做到总账户与分账户分开。

（3）打印团队账单，请该团领队在团队总账单上签字，并注明他所代表的旅行社，以便与旅行社结算。

（4）为有分账户的客人打印账单、收银。

（5）与客人礼貌道别。

团队结账时应注意以下问题。

（1）如出现账目上的争议，及时请主管或大堂经理协助解快。

（2）在任何情况下，收银员都不得将团队房价泄漏给客人，如客人要求自付房费，应按当日门市价收。

（3）凡不允许挂账的旅行社，其团队费用一律到店前现付。

（4）团队陪同无权私自将未经旅行社认可的账目转由旅行社支付。

三、不同结算方式的结账程序

客账的结算方式主要有以下几种。

（一）现金结算

现金结算是最受酒店欢迎的结算方式，因为它便于酒店资金周转，可提高酒店流动资金的运转效率。但现金收入量大，会增加收银员的工作负担。现金结算程序如下。

（1）唱收现金数量。如果是酒店可接受的外币现金，则应在账单上加盖“外币币种”字样的印章。

（2）依据客单反复核实钱款数额无误后，收下现金并唱付找零。

（3）在客单上盖“付讫”字样的印章后，把客单的客人联与找零一起交还给客人。

（4）保存好客单的其余联，以备审核、统计。

（二）信用卡结算

随着信用卡的广泛运用，越来越多的客人开始以信用卡方式结算，以减少携带大量现金可能带来的麻烦。目前，酒店通常可接受的国内信用卡主要有中国银行长城卡、中国工商银行牡丹卡、中国农行银行金穗卡、中国建设银行龙卡等；国外信用卡主要有运通卡（American Express）、大来卡（Diner’s Club）、JCB 卡等。信用卡结算程序如下。

（1）收银员应检查是否属本酒店可接受的信用卡种类，并检查其有效日期和外观完整与否，并让客人在客单上签字，查看客人签名是否与信用卡背签相符。如果是国内信用卡，还应请客人出示身份证件。

（2）收银员根据最新收到的“黑名单”或“取消名单”，进一步检查信用卡是否有效，或通过终端机检测信用卡、办理信用卡授权等。确认无误后方可收取签购单。

（3）收银员在压印好的签购单上填写客单上的消费总计数，并交给客人签字认可。客人信用卡的号码应清晰地使用刷卡机印在签账单上，刷卡日期要正确。

（4）将签购单的持卡人联与盖上“付讫”字样章的客单客人联连同信用卡一起交还给客人。

（5）将签购单其余联和客单其余联像现金一样存放好，其余两联或三联签账单交财务部处理。

（6）把信用卡还给客人并向客人道谢、道别。

（三）支票结算

在结账工作中，有时也会遇到客人以支票，主要是同城转账支票结算的情况。转账支票结算程序如下。

（1）检查转账支票内容齐全、完整与否，是否有付款单位名称及其开户银行的账号，以及是否在有效期内。

（2）请客人在客单上签署姓名、单位名称及地址。有时为保险起见，还应在支票背面记下付款人证件号码、电话号码及地址等。

（3）开立支票必须使用钢笔填写，并且书写清楚，正确无误。

（4）把支票付款人联与客单客人联一起交还给客人。

（5）把支票其余联保管好，并把客单其余联存放好。

有时也可能遇到客人用现金支票结算的情况。结算程序如下。

（1）收银员首先应检查支票真伪、有效与否。

（2）无误后，请付款方在现金支票背签或盖章，并记下付款人的工作单位、证件号码。

（3）根据客单上总计消费数额，填入现金支票金额栏。

（4）最后把客单盖上“付讫”章后，交客人收执。

（5）保存好客单其余联。

（四）转账结算

对于事先与酒店建立联系的单位或公司，酒店同意批准这些单位或公司在结账时直接转账，账款的具体项目及结算日期均依据协议规定来执行。当属于协议上的客人结账离店时，收银员应让客人在总账单上签字以确认内容是正确的，客人接受支付账单上所有的付款责任，以防止直接转账账户不支付其账单。

四、特殊情况的处理

（一）客人出现欠款情况

如果客人在入住登记时交纳的押金已经用完而又继续消费时，收银员应及时通知客人补缴，防止出现逃账现象，给酒店造成经济损失。催收时应注意语言艺术和方式方法，可以用电话通知，也可以用书面形式通知客人。

（二）他人代付房费

他人代付房费时，最好有客人的书面授权，以免出现纠纷。

（三）结账时要求优惠

客人在结账时，往往以各种理由要求优惠，这时，要视具体情况而定，如果符合优惠条件，收银员要填写“退账通知书”（一式二联，分交账务处和收银处），然后由前厅部经理签名认可，并注明原因，最后在计算机中作退账处理。

（四）结账查房时发现房间丢失或损坏物品

这种情况在客人办理退房离店手续时出现较多，必须妥善处理好。原则上应要求客人予以赔偿，但要具体问题具体分析，特别是在客人不承认的情况下，更应处理好，尽量保证酒店不受到经济损失，又使客人能够接受，不能让客人丢面子。

［任务总结］

收银员在为客人办理结账业务时，一定要按照酒店规定的程序和要求进行，快速给客人办理优质的离店结账服务，为客人留下深刻的印象；否则，将会造成管理混乱，影响对客人的服务质量。

[知识或技能拓展]

收银员在收款过程中发现假钞如何处理

收银员在收款过程中，要对现金的真伪进行仔细的辨认，对于有任何怀疑的人民币，应按标准复核一遍。确认客人所付款为假钞时，应轻声告知客人（或转交服务员）："对不起，这张钱不能够使用，请您再重新更换一张，谢谢。"客人更换一张钱后要确认，新给的钱是否为真币，并向客人表示诚挚的谢意。如客人对于你的建议不予理会，甚至大发雷霆，及时联系前厅值班经理，并向上级部门汇报，注意处理过程中要始终保持微笑。

收银员一定要提高个人的业务技能，对于假钞的确认一定要准确，以免造成误会，导致客人的投诉。此外，要特别注意"钱不过二手"，以免引起不必要的麻烦。

（资料来源：http://bbs.6eat.com/showtopic.aspx? forumid=15&topicid=62377&go=prev）

单元三　外币兑换业务

为方便住店客人的消费与结算，酒店前厅收银处设立外币兑换点，代办外币兑换业务。目前大多数酒店可接受外币现钞兑换以及外国旅行支票兑换业务。本单元将以任务形式介绍外币兑换业务。

任务　外币兑换

[任务描述]

上午9点于酒店前厅，住店客人陈好先生在前厅收银处要求提供外币兑换业务。

[任务准备]

（1）学生分组：以2~3人为一组。
（2）教学师资：专职教师、兼职教师。
（3）教学情境：模拟酒店前厅收银处。

[任务实施]

根据规定，目前可在指定机构兑换的外币现钞主要有17种：美元、英镑、澳大利亚元、加拿大元、欧元、日元、新加坡元、菲律宾比索、泰国铢、韩国元、瑞士法郎、瑞典克朗、挪威克朗、丹麦克朗以及港币、澳门元、新台币。酒店由于受人员、设备、客源等条件制约，通常仅接受几种主要外币现钞兑换业务和旅行支票兑换业务。下面将分别介绍外币现钞的兑换程序和旅行支票的兑换程序。

一、外币现钞的兑换程序

（1）主动问候，了解客人要求，问清客人兑换币种，看是否属于酒店的兑换范围。
（2）礼貌地告诉客人当天的外币兑换率。
（3）清点外币，通过外币验钞机或人工检验外币真伪。

(4) 请客人出示护照和房卡，确认其住客身份。

(5) 填写“外币兑换单”(见表2－29)，将外币名称、金额、兑换率、应兑金额及客人房号填写在相应栏目内。

(6) 请客人在兑换单上签名，检查客人与证件上照片是否一致，并通过电脑核对房号。

(7) 检查复核，确保金额准确。

(8) 清点人民币现金，连同护照、一联兑换单交给客人，请客人清点并道别。

表2－29　外币兑换单

＊＊HOTEL
Foreign Exchange Voucher
外币兑换单

Guest Signature:
客人签名

Room No:　　　　Date:
房号　　　　日期

Currency 外币种类	Amount 金额	Exchange Rate 汇率	RMB 人民币

Guest Signature:　　　　Total:
客人签名　　　　合计

二、旅行支票的兑换程序

旅行支票是一种定额支票，属有价证券，通常由银行、旅行社发行。持有者在发行银行或旅行社分支机构、代理行及规定的兑换点，旅行支票的持有者可按规定手续兑换现金或支付费用。旅行支票的兑换程序如下。

(1) 询问清楚客人的使用要求，并耐心解答。

(2) 检查、核对其支票是否属可兑换或使用之列，有无区域、时间限制。

(3) 与客人核对，清点数额。

(4) 请客人出示有效证件，并进行复签。查看复签笔迹是否与初签相一致。

(5) 查清牌价，填制兑换单，并向客人说明要扣除的贴息。

(6) 请客人在兑换单上签名确认。

(7) 检查复核，无误后收下旅行支票，将兑换款额支付给客人。

[任务总结]

收银员要做到热情、礼貌、周到、细心，外币兑换准备及时，手续完善，不私换外币，或出现票据和现金的差错。

[知识或技能拓展]

外币结算管理制度

(1) 酒店在收到外币时，应折合成记账本位币全额入账，公司全年外汇的记账汇率是每年年初下发的通知中指明的汇率。

(2) 凡因经营需要调入和调出外汇及确定调剂汇率，均需经酒店总经理审定，发生的汇兑损益计入当期财务费用。

(3) 购置固定资产、无形资产发生的汇兑损益在购置期间计入资产的价值；提供各项服务、销售商品与经营业务发生的汇兑损益计入或冲减财务费用；清算期间发生的汇兑损益计入清算损益。

(4) 酒店收到投资者用外币付出的投资，按投资当日的外汇牌价折合成记账本位币。

(5) 酒店经评估后有关资产账户与实收资本账户因采用折合汇率不同而产生的折合记账本位币差额，作为资本公积。

(6) 酒店应严格遵守国家外汇管理部门的有关规定，并按时报送外汇收支情况申报表。

（资料来源：http://www.veryeast.cn/cms/html/guanli/zhiduzhize）

单元四　贵重物品保管业务

酒店为保障住店客人的财产安全，通常免费提供两种形式的贵重物品保管服务。一种是设在客房内的小型保险箱，现在比较普遍的有电子密码式，磁卡、IC 卡式保险箱，操作简单，方便实用；另一种是设在前台的客用保管箱，由前厅收银处负责此项服务。

客用保管箱通常在前厅收银处后面或旁边一间僻静的房间，该设备是由一组小保管箱或保险盒组成，其数量通常按酒店客房数的 15% ~20% 来配备。每个保险箱有两把钥匙，一把由收银员负责保管，另一把由客人自已保管，只有这两把钥匙同时使用，才能打开或锁上保险箱。本单元将以任务形式介绍贵重物品保管业务的相关程序。

任务　贵重物品保管

［任务描述］

上午 10 点于酒店前厅，住店客人刘力先生在前厅收银处要求提供贵重物品保管服务。

［任务准备］

(1) 学生分组：以 1 ~2 人为一组。
(2) 教学师资：专职教师、兼职教师。
(3) 教学用具：保险箱、贵重物品道具等用具。
(4) 教学情境：模拟酒店前厅收银处。

［任务实施］

一、保险箱启用程序

(1) 主动问候客人，明确客人的要求。
(2) 请客人出示房卡或钥匙，与电脑资料核对，确认其为住店客人。
(3) 填写贵重物品寄存单或记录卡，提醒客人阅读寄存单上的客人须知，请客人签名确认。

（4）向客人介绍其规定和注意事项。

（5）引导客人到保险箱所在房间，根据客人寄存物品的大小，开启大小适中的保险箱。取出保险盒，正面递给客人，同时回避一旁，对客人寄存的物品做到不看、不问。

（6）客人放好物品后，把保险盒放入保险箱内，当着客人的面锁好保险箱，一把钥匙交给客人，总钥匙由收银员保管。同时，提醒客人妥善保管钥匙，向客人道别。

（7）在寄存单（记录卡）上注明箱号、经手人、寄存时间等内容。

（8）在电脑内做好记录，并将寄存单存档。

二、中途开箱程序

（1）问候客人，表示欢迎。

（2）请客人出示保险箱钥匙，找出寄存卡，请其在背面签字。

（3）确认客人寄存单背面签字与正面签字一致。当着客人面用两把钥匙打开保险箱，请客人取用物品。

（4）客人存取完毕，再当面把保险箱锁好，将客用钥匙交客人保管，提醒其保管好钥匙，与客人道别。

（5）在寄存单上注明寄存时间、经手人并存档。

三、退箱程序

（1）核准钥匙及客人签名后，当面打开保险箱。

（2）客人取出物品后，检查一遍保险盒，以防有遗留物品。

（3）请客人填写记录卡，签字。

（4）检查填写内容，核对签字。

（5）收回保险箱客用钥匙，锁上该箱。

（6）向客人道别。

（7）记录退箱时间、经手人，在电脑上删除记录，并将寄存单存档。

四、客人钥匙遗失的处理程序

（1）酒店在寄存单上印制使用须知及赔偿金额。

（2）确认客人遗失钥匙后，若客人要求取物，应有收银员、保安人员、工程部人员和客人在场，在办理完规定手续后，由工程部人员强行打开保管箱。

（3）收银员取出寄存单，请客人确认签名。

（4）收银员在前台客用保管箱使用登记本上详细记录并签名。

[任务总结]

现代酒店不但要为客人提供舒适的客房、热情周到的服务，还必须对客人的财产安全负责。尽管如此，酒店也不能确保客人的贵重物品万无一失。一方面，酒店对客人的贵重物品在一定条件下负有赔偿责任；另一方面，这种赔偿应有合理的限度。因此酒店可规定对客人贵重物品的最高赔偿限额，并将这一限额告知客人，以免出现不必要的纠纷。

［知识或技能拓展］

贵重物品的寄存工作注意事项

（1）定期检查保险箱各门锁是否处于良好的工作状态。

（2）可规定客人寄存贵重物品的最高标准及赔偿限额，避免不必要的麻烦。

（3）客人寄存物品时，收银员应注意回避，不看、不问。

（4）严格、认真核对客人的签名。

（5）必须请客人亲自来存取，一般不能委托他人。

（6）交接班时，应仔细核对保险箱的使用数目、钥匙数量。注意所有保险箱钥匙不能带出前台，必须妥善保管。

（7）客人退箱后的寄存单应存放至少半年以上，以备查核。

（资料来源：http://wenku.baidu.com/view/3fd6064c2e3f5727a5e962e5.html）

案例研讨

案例一

您能帮我核对一下吗？

某日，一位在北京丽都假日酒店长住的客人到该店前厅收银处支付一段时间在店内用餐的费用。当他看到打印好的账单上的总金额时，马上火冒三丈地讲："你们真是乱收费，我不可能有这样的高消费！"收银员面带微笑地回答客人说："对不起，您能让我再核对一下原始单据吗？"客人无异议。收银员一面开始检查账单，一面对客人说："真是对不起，您能帮我核对一下吗？"客人点头认可，于是和收银员一起对账单进行核对。期间，那位收银员顺势对几笔大的账目金额（如招待宴请朋友以及饮用名酒等）作了口头启示以唤起客人的回忆。

等账目全部核对完毕，收银员有礼貌地说："谢谢，您帮助我核对了账单，耽误了您的时间，费神了！"

客人听罢连声说："小姐，麻烦你了，真不好意思！"

点评：

前厅收银处对客人来说是个非常"敏感"的地方，也最容易引起客人的不满。在通常情况下，长住客人在酒店内用餐后都喜欢用"签单"的方式结账，简单易行而且方便。但是由于客人在用餐时往往会忽视所点菜肴和酒水的价格，所以等客人事后到前台付账时，当看到账单上汇总的消费总金额，往往会大吃一惊，觉得自己并没有消费那么多，于是就责怪餐厅所报的账目（包括价格）有差错，把火气发泄到无辜的收银员身上。

上述案例中的收银员用语言艺术使客人熄了火。一开始她就揣摩到客人的心理，避免用简单生硬的语言（如"签单上面肯定有你的签字，账单肯定不会错……"之类的话），使客人不至于下不了台而恼羞成怒。这位收银员懂得"客人就是上帝"这句话的真谛，因此在处理矛盾时，先向客人道歉，然后请客人与自己一起再核对一遍账目。

收银员语言技巧的合理运用很重要，尊重是前提。即使客人发了火，也不要忘记“尊重客人也就是尊重自己”这个道理。

案例二

客人不肯付账离去

一天早上，南方某酒店的一位客人下电梯来到前厅收银处结账。他对服务员说：“小姐，916 房结账。”“好的，先生，请把您的钥匙牌或房卡证给我看一下。”收银员礼貌地回答。“哦，我没有带来，可以结账吗？”客人显得有点不耐烦。“请问先生，您的姓名叫……”收银员接着又问。客人不悦道：“结账还用问姓名？”收银员耐心地解释说：“因为我们需要核对一下姓名，以防搞错带来麻烦。”客人很不情愿地报出了自己的姓名。收银员迅速地打出账单，客人掏出皮夹子拿钱。同时，收银员又对客人叮嘱了一句：“顺便说一下，您的 916 房钥匙牌用完后请送到收银台。”谁知客人一听，勃然大怒，收起钱来，大声嚷嚷：“你们酒店这么麻烦，给钱不要，还唠叨个没完，我不付款了。”嘴里还冒出几句骂人的话，一面收起钱来，扭头就往电梯处去。

正在值班的大堂副理闻声跑来，立即赶到电梯口，把客人请回来，对他说：“先生，您息怒，有什么意见尽管提，我们立即解决，但钱还是要付的。”这位客人却指着收银员的鼻子说：“她不道歉，我就不付款。”此时，收银员已是满腹委屈，实在难以启齿道歉，双方僵持不下，引起了前厅客人们的注意。在大堂副理的劝说下，收银员强忍着几乎快要掉下来的眼泪，对客人说了声：“对不起。”客人这才付了钱，扬长而去。

点评：

案例中的收银员出于对客人的负责，按酒店的服务规程查询客人的钥匙牌或住房卡，核对客人的姓名，以及交代客人归还钥匙牌，这些都是无可非议的，这件事显然是客人无理。酒店的服务人员即使遇到了不讲情理的客人，还是要奉行“客人永远是对的”的原则，把正确让给客人，把错误留给自己。本案例中的收银员正是努力这样去做的，她忍受个人的委屈满足“上帝”的要求，使一场风波得以平息，这种顾大局、识大体的精神值得发扬。

此外，大堂副理对突发事件的处理也比较积极稳妥。首先，当客人从收银台愤然离去不愿付款时，他及时赶到，把客人请回去解决问题。他首先想到酒店的利益不能受损失，尽管客人情绪过激，行为过分，也要在事发的萌芽状态想方设法让客人满意地付款。其次，前厅是酒店的门户和窗口，当客人不近情理地要求收银员先道歉再付款而形成僵局时，大堂副理当机立断，代表酒店、代表收银员向客人道歉，从而打破僵局，恢复了总台工作秩序，维护了前厅正常运转的形象，这一做法无疑也是正确的。

案例三

8 000 元“新版”港币？

凌晨 02:00 左右，两位装束不凡的香港客人向酒店前台走去。客人甲在办理好入住手续时，拿出 8 张面值 1 000 元的港币要求兑换人民币。收银员小王接过这些港币觉得有些异样，便又退回给甲客人说：“很抱歉，我们没有足够的现金兑换，您还是等到明天吧。”见状，甲客人立即说：“我们现在有点急事需用钱，你能不能帮我们想想办法。”并着重说明这是新版的港币。接着乙客人也用生硬的普通话说：“如果你们不兑换的话，那我们就去别的酒店了。”小王怕失去这两位客人，又觉得两位客人衣着不凡便消除顾虑，为客人兑换了8 400元人民币。5分钟后，小王觉得不放心，便向其主管汇报，后经确认发现此“新版”的港币全是秘鲁币，只不过是在钱币上印有港元、发行行、发行时间等字样，主管立即通知保安和楼层服务员查房，发现客人根本未入房，于是向派出所报案。

点评：

通过本案例，可以得到以下启示。

（1）酒店平时对员工的培训往往过分强调“客人至上”、“客人是上帝”等服务理念。事实上，在培训中也要提供一些负面案例，以提高员工的警惕性。

（2）收银员小王请示不及时。如果小王在客人要求兑换人民币时及时请示其主管，可以肯定被骗事情就不会发生。

（3）酒店应及时加大并强化对新外币知识的培训，从案例中可以看出，收银员小王对新发行的港元知识不熟悉是导致其受骗一个重要的原因。

（4）一般而言，星级酒店在夜间为客人兑换外币的数量上是有明确规定的，收银员小王之所以敢违规为客人兑换数额较大的外币，一是因为太相信客人，二是因为怕失去两位客人。因此，切记不能“以貌取人”，同时也不能盲目地为留住客人而忽略自身的工作职责。

案例四

5 000元兑换

一位穿着体面的男子打着电话走向某酒店前厅收银处，掏出一捆50元面额的现金（共5 000元），一边打电话一边将现金递向一位新来不久的收银员，说要换整，收银员询问男子住在哪个房间，此男子一边回答说在等朋友来订房，一边对着电话说：“快一点，我在大堂吧等你……”收银员清点现金为5 000元整，于是点出100元面额共5 000元交给此人。男子边打电话边清点，突然对这位收银员说：“你怎么给我换钱？我是要存钱的（付定金）！”一边把钱又递给收银员，当收银员接到钱后，这人关掉电话，又改口说：“算了，等朋友来了他来付，你把我前面给的零钱还我……”因为较忙，收银员在没有清点男子退回的5 000元整钱的情况下，就将此人的5 000元零钱交给了他。等闲下来时，收银行经过清点才发现少了1 000元，此时那个男子已不见踪影。事后查看监控录像，发现孩子男子经过采点，进入前厅便直接奔收银处，中途掏出电话佯装打电话。

点评：

作为酒店收银员，为客人提供优质服务无可非议，但时刻要有安全意识，时刻要有所警惕。对一些不符常规的情况，更要有所判断。

相关链接

链接一

收银员操作注意事项

（1）每班收银员都应按酒店管理要求进行交接班。交班项目包括：打印一张收银员交班汇总表，清点所有的款项（现金、信用卡、挂账、预付金、备用金），按规定封包投入投币箱，和下一班办理交班手续，填写交班记录。

（2）每班要将当班入账的所有原始票据交接给下一班。原始票据包括：账单、押金单、杂项单、扣数调整单。全部票据由夜班收银员上交财务日核员。

（3）所有的扣数项目（负数账项），如房费调整、杂项调整、电话费调整等，必须填写手工票据，注明相关的操作原因，且经过相关负责人签字确认。在电脑中录入时，要在备注栏说明。

（4）不能随意进行转账操作。所有的转账操作必须按酒店管理流程执行，如代其他客人付账。尤其注意不能将冲减的账目通过转账方式转移到其他客房。一经发现，按作弊处理。

（5）除预付金之外的所有杂项现金收入必须在相应的杂项单上加盖现金章，并由相关人员签字确认。

（6）客人离店账单一定要由客人签字确认，打印完账单后，要立即在电脑中给客人办理离店结账手续。客人离店后，没有正常理由不得将客人追回，追加入账，冲销账务，或者进行其他账务操作。

（7）两头班的收银员要按规定在夜审前和夜审后各打印一张交班表。

（8）当日离店客人的未签单，或者客人短期离店又返回酒店入住的，可以用暂离处理。暂离客人在月底要进行账务处理。

（资料来源：http://www.hoteljob.cn/a/20090117/0366022.shtml）

链接二

酒店前厅收银处的漏洞

一、修改房价

夜审前当班的收银员通过提前打印客人结账的账单，然后修改房价正常过夜审，赚取修改房价前与房价后的差额。防范方法如下。

（1）关注每天前台报表中的修改房价/换房报告，对一些修改房价频率较高的收银员所经手的房间，应查看是否手续齐全。

（2）客人结账的账单必须要有客人签字确认，并看打印账单的时间与电脑系统中客人结账时间是否相差很大，要是时间相差很大，应该查明原因。

二、扣减

收银员通过做扣减赚取扣减金额。防范方法如下。

（1）涉及金额变化的必须做扣减，扣减必须经过相关人员签字。

（2）为便于财务审账能更清楚地明白扣减缘由，建议做扣减先到财务审批后，再由经理签字。

三、待结

收银员将待结客人的余额转到住店客人的名下。存在两种情况：① 客人逃账，待结金额为正，收银员为了逃避责任，通过降低房价等，将金额转到住店客人名下；② 有些客人挂账时间比较久，收银员把挂账的余额转到住店客人名下。防范方法如下。

（1）关注每天的转账报告，房间之间转账客人姓名必须一样，不一样的，要查明原因。

（2）转账必须要有账单。

四、发票

收银员通过积攒发票（为不需要发票的客人也开发票），开“抽心发票”等途径倒卖发票赚取税款。

防范方法：看退房时间与发票的顺序。比方说，客人是10点退的房，而订在账单后的记账联却比11点退房客人的发票号码还要靠后，而且这种现象还很频繁，那么这里面就可能会有问题。

五、房态

客房与收银员相互作弊，把干净房设置为脏房，然后将其出售；对实际已退而未到退房时间的房间，电脑里不作退房处理，再将其出售。

防范方法：财务应不定期抽查房态。

（资料来源：http://www.canyin168.com/glyy/cwgl/201010/24571.html）

小结

本项目主要介绍了前厅收银服务的基础知识、结账程序、贵重物品的保管程序、外币兑换服务常识与服务程序等。通过学习，使学生能准确地为散客、团队客人办理退房结账手续，能正确地为客人兑换外币业务，能规范地为客人寄存贵重物品等，为担任前厅收银员及前厅收银基层管理人员打好基础。

考核指南

一、基础知识考核

（一）考核内容

1. 收银处的业务范围有哪些？
2. 怎样为客人提供准确快捷的结账服务？
3. 试述外币兑换的服务程序。
4. 客人贵重物品保管钥匙遗失后怎么处理？

（二）考核方式

笔试或口试。

二、服务技能考核

（一）考核内容

1. 受理散客结账。
2. 受理团队结账。
3. 模拟外币兑换服务程序。
4. 为客人寄存贵重物品。

（二）考核方式

实验室现场操作。

模块三 前厅部基层管理

项目一　前厅部销售管理

导读

前厅部在酒店运行中起着推销、沟通、协调等重要作用，是酒店的“神经中枢”，是现代酒店不可或缺的重要部门。这不仅因为前厅部是酒店的“门面”、对客服务的协调中心，更重要的是前厅部还担负着销售客房及酒店其他服务与设施的重要职责。前台销售工作的成功与否直接影响到客人对酒店的认识、评价和是否再次光顾，最终影响到酒店的经营效益。

学习目标

1. 掌握客房销售的基本知识、内容及程序。
2. 了解客房报价的方法和技巧。
3. 掌握制定房价的依据和方法。
4. 熟悉客房经营指标和主要经营报表。
5. 掌握针对不同客人进行客房推销的技能。
6. 掌握客房报价的灵活能力。
7. 掌握制定房价的技巧。

引导案例

某天，南京金陵酒店前厅部的员工小王接到一位美国客人从上海打来的长途电话，想预订两间每天收费在120美元左右的标准双人客房，三天以后开始住店。

小王马上翻阅了一下订房记录表，回答客人说由于三天以后酒店要接待一个大型国际会议的多名代表，标准间客房已经全部订满了。小王讲到这里并未就此把电话挂断，而是继续用关心的口吻说：“您是否可以推迟两天来，要不然请您直接打电话与南京××酒店联系如何?”

美国客人说：“我们在南京来说是人地生疏，你们酒店比较有名气，还是希望你给想想办法。”小王暗自思量以后，感到应该尽量勿使客人失望，于是用商量的口气说：“感谢您对我们酒店的信任，我们非常希望能够接待您。我建议您和朋友准时前来南京，先住两天我们酒店内的豪华套房，每套每天也不过收费280美元，在套房内可以眺望紫金山的优美景色，室内有红木家具和古玩摆饰，提供的服务也是上乘的，相信您住了以后会很满意的。”

小王讲到这里故意停顿一下，以便等待客人的回话，对方沉默了一些时间，似乎在犹豫不决，小王于是开口说：“我料想您并不会单纯计较房价的高低，而是在考虑这种套房是否物有所值，请问您什么时候乘哪班火车来南京？我们可以派车到车站去接，到店以后我一定陪您和您的朋友去参观一下套房，到时候再决定也不迟。”

美国客人听小王这么讲，感到有些盛情难却，最后答应先预订两天豪华套房。

单元一　客房销售

一、客房销售的要求

（一）做好销售准备

1. 了解并掌握酒店的基本情况及特点

（1）了解并掌握酒店所处的地理位置及交通情况；酒店建筑、装饰、布置的风格及特点；酒店的等级与类型。

（2）了解并掌握酒店的服务设施与服务项目的内容与特色；酒店产品的价格与相关的销售、推广政策和规定等。

（3）了解并掌握各类房间的面积、色调、朝向、功能、楼层、价格及计价方式、特点、设施设备等。

了解并掌握上述信息是做好客房销售工作的先决条件，只有这样，才能向客人详细介绍，以提高销售的成功率。

2. 了解并掌握竞争对手的情况

接待员在详细了解本酒店产品情况的基础上，还要熟悉竞争对手的有关情况，掌握本酒店与竞争对手在酒店产品的质量、内容、特点、功能以及价格等方面的异同，扬长避短，充分发掘自己酒店的特点和优势，加以着重宣传，吸引客人的注意力。

3. 熟悉本地区的旅游项目与服务设施

接待员通过宣传本地区的城市功能特点，以及在此地举行的相关活动内容，使客人对当地产生兴趣，增加在本地逗留的时间和机会，进而提高酒店的营业收入。

（二）表现出良好的职业素质

前厅是客人接触酒店的前一环节，客人对酒店服务的体验是从前厅部员工的仪容仪表和言谈举止开始的。因此，接待员必须以真诚的态度、礼貌的语言、得体的举止、高效的服务，接待好每一位客人。具体而言，应注意以下内容。

（1）仪表仪态要端正，要表现高雅的风度和姿态。

（2）前台工作环境要有条理，使服务台区域干净整齐、不零乱。

（3）善于用眼神和客人交流，表现出热情和真挚。

（4）面部要常带微笑。

（5）礼貌问候每位客人。

（6）举止行为要恰当、自然、诚恳。

（7）回答问题要简单、明了、恰当，不要夸张住宿条件。

（8）不要贬低客人，要耐心向客人解释问题。

二、客房销售的技巧

从销售全员性的角度出发，接待员的工作不仅是接受客人预订、为客人安排房间，还要善于推销客房及其他产品，最大程度地提高客房出租率，增加综合销售收入。那么，怎样才能将客房销售出去，并且在销售过程中确保酒店的利益呢？这就需要前厅接待员不仅熟悉客房销售的要求和服务程序，更要掌握正确的销售方式和技巧。一般而言，预订员在销售过程应注意以下技巧。

（一）准确地掌握客人特征

不同类型的客人有不同的特点，对酒店的服务也就会有不同的要求。接待员应有敏锐的观察能力，及时掌握客人的类型及特点（年龄、性别、职业、国籍、旅游动机等），灵活运用销售政策与技巧，因人而异地推销客房，这样才能获得成功。

下面分别介绍对不同类型客人的销售技巧。

（1）商务客人。因公出差，对房价不太计较，而且往返酒店的可能性极大，应向他们推销环境安静舒适、有宽大的写字台、光线明亮、办公设备齐全、便于会客、价格较高的客房或商务套房，并在一些服务项目上给予免费或优惠。

（2）度假旅游的客人。应向他们推荐景色优美、价格适中的客房。

（3）度蜜月的新婚夫妇。应向其推荐安静、不易受到干扰的大床间。

（4）知名人士、高薪阶层的客人。应向其推荐套房。

（5）带孩子的父母。应向其推荐连通房或相邻房。

（6）老年客人或行动不便的客人。应向其推荐靠近电梯、餐厅的客房，等等。

销售客房的过程看似简单，其中却包含着很强的艺术性和技巧性。它来源于对客人言谈举止的细心观察和判断，取决于接待人员对客人消费心理和需求的正确把握。只有通过细致入微的观察和认真的分析，才能抓住客人的心理，使销售工作更具有针对性，为酒店争取更多的客源。

（二）突出客房商品的价值

在向客人推销客房的过程中，应该强调客房价值而不是价格，以使客人感到客房物有所值。在通常情况下，等级越高、质量越好的房间，其价格也就越高。服务人员应充分运用语言艺术，使价值与价格保持基本平衡，促成双方成交。例如，在与客人洽谈的过程中不能简单地说："300 元的标准间您住吗？"而应该根据客人及客房的特点，适当地进行描述，如利用"刚装修过的"、"具有民族特色的"、"能看到美妙景色的"、"十分安静的"、"豪华舒适的"、"最大的"、"在顶层的房间"等形容词。服务人员除了介绍客房的自然状况特点外，还应该强调客房为客人本身带来的好处。例如，“孩子与您同住一套连通房，您可以不必为他担心”，“房间安静，您旅途劳累，能够休息好”，“房间朝向好，您可以欣赏到街景”，“这间客房最适合您了，这将方便您与其他人联系”。所以，接待员要深入地调查研究，发掘出各类型客房的特点（客房的种类、位置形状、朝向、面积、设施设备等），这样才有可能在强调客房的价值时，做到有针对性。

总之，要强调客房的价值，回答客人希望了解的关键问题，即：付了这个价钱，能得到什么；这间房是否值这个价钱。当然，在介绍客房过程中，任何不切实际的夸张或错误的介绍都应坚决避免，因为客人会很快地发现所有不实之处，从而产生上当受骗的感觉。

（三）给客人进行比较的机会

接待员可根据客人的特点，向其推荐两种或三种不同房型、价格的客房，供客人比较、选择，激发客人的潜在需求，从而增加酒店收益。推出的价格范围应考虑到客人的特点，一般来说，除客人已指定客房的情况外，由较高价到较低价比较适宜。

例如，若客人问：“说说你们这儿都有些什么房间?”接待员可以这样介绍：“靠近湖边，新装修过的客房每晚500元；进出方便、别墅式的客房每晚400元；还有环境安静，景色优美、在四楼的客房每晚300元。您喜欢哪一种呢?”

由高价向低价报，可使接待员在觉察到客人认为价格太高的情况下，有推出较低价格的余地。向客人推荐的价格种类不宜太多，否则，客人不易记住。

（四）坚持正面引导客人

接待员在向客人介绍客房时，应坚持采用正确的说法，要着重介绍各类客房的特点、优势，以及给客人带来的方便和好处，不要作不利的比较。例如，酒店只剩下一间客房时应该说：“您运气真好，我们恰好还有一间漂亮的标准间。”不能说：“很不幸，这是最后一间房间了。”

情景：

客人：房间窗外景色好像不好呀?

接待员：室外景色虽然不够好，但是这间客房非常安静，能让您得到很好的休息……

客人：房间靠近泳池是不是不安静啊?

接待员：靠近游泳池的房间可能会有噪声干扰，但是您想游泳却很方便，现在天气很热，游个泳会让您神清气爽……

在洽谈房价的过程中，接待员的责任是引导客人、帮助客人进行选择，而不应硬性推销，以致得不偿失。客人可能会因不喜欢某类客房或价格过高而找托词，接待员不要坚持为自己的观点辩护，更不能贬低客人的意见，对客人的选择要表示赞同与支持，要使客人感到自己的选择是正确的。如果过分热情，代客做主，客人会感到难堪。酒店是重复性服务行业，也许某一次使客人勉强购买了高价客房，但可能引起客人反感，不再光顾酒店，使造成的损失比获得的利润大。

（五）采用适当的报价方式

对客报价是酒店为扩大自身产品的销售，运用口头描述艺术，引起客人的购买欲望，借以扩大销售的一种推销方法。其中包含着推销技巧、语言艺术、职业品德等内容，在实际推销工作中，非常讲究报价的针对性，只有适时采取不同的报价方法，才能达到销售的最佳效果。所以，不断地研究总结和运用对客报价的方法和销售技巧，已成为销售工作取胜的一个重要环节。以下是酒店常见的几种报价方法。

1. 高低趋向报价

高低趋向报价是针对讲究身份、地位的客人设计的，以期最大限度地提高客房的利润率。其报价方式为：首先向客人报明酒店的最高房价，让客人了解酒店所提供的高房价房间及其相配的环境和设施，在客人对此不感兴趣时再转向销售较低价格的客房。

在采用此种报价方式时，应注意运用语言技巧说动客人，促使客人作出购买决策。当然，报价应相对合理，不宜过高。

情景：

客人：这个房间怎么860元呢？太高了！

接待员：此房价听起来确实是高了点，但是房间配有冲浪浴设备，能让你享有全新的体验，床垫、枕头还具有保健功能，在让您充分休息的同时还能起到预防疾病的作用……

2. 低高趋向报价

低高趋向报价是为价格敏感的客人设计的客房报价法。其报价方式为：先报最低价格，然后逐渐报高价格。

虽然这种报价方法会使酒店失去很多获取最大利润的机会，但这也会给酒店带来广阔的客源市场。这是因为在客源市场中不乏寻找低价客房的潜在客人。

3. 利益引诱报价

利益引诱报价适用于已预订一般房间的客人。其报价方式为：通过采取给予一定附加利益的方法，使已预订一般房间的客人放弃原预订客房，转向购买高一档次的客房。

情景：

接待员：先生，若您再多付50元，您的房间就可以换成能看到海景的，如果再加80元，又可免费赠送早餐并免费提供擦鞋服务。

采用这种方法时，客人常会顺应接待员的建议，结果不仅让酒店增加了收入，还使客人享受了更多的优惠。

4. “冲击式”报价

“冲击式”报价适用于注重价格的客人。其报价方式为：先报出房间价格，再介绍客房所提供的服务设施和服务项目等。

这种方式比较适合推销价格较低的房间，以低价打动客人。

情景：

客人：你们这儿的房价怎样？

接待员：标准间每晚280元，房内高清晰大屏幕电视能收看86个免费频道，还可以欣赏到收费节目，能让您真正享受电视精神大餐……

5. “鱼尾式”报价

在客人需要特殊房间并领客人看房时，或未经预订的客人急于住宿时，可采用“鱼尾式”报价。其报价方式为：先介绍客房所提供的服务设施和服务项目及特点，最后报出房价，突出客房物有所值，以减弱价格对客人的影响。

这种方式比较适合推销中档客房。

情景：

客人：你们这儿的房价怎样？

接待员：豪华套房温馨舒适，房内设施设备先进，配有一流的按摩浴缸、保健枕头，还能上网冲浪，入住后您可享用免费早餐，免费打行李、擦皮鞋，房价每晚980元。

或：套房采用布艺装饰、家具，能使您置身于西洋艺术氛围之中，给您带来耳目一新的感觉和美的享受，入住后还可享受免费早餐，免费打行李……房价每晚980元。

6. “三明治”报价

“三明治”报价又称“夹心式”报价，比较适合推销中、高档客房，可以针对消费水平高、有一定地位和声望的客人。其报价方式为：将价格置于所提供的服务项目中，以减弱直观价格的分量，增加客人购买的可能性。

此类报价一般由接待员用口头语言进行描述性报价，强调提供的服务项目是适合客人的，但不能太多，要恰如其分。

情景：

客人：你们这儿的房价怎样？

接待员：商务套房配有高贵、典雅的欧式家具，古典中不失时尚，颇具艺术气息，房价每晚980元，这样的房间非常适合您的身份，这个房价中还包括一份早餐、一张免费的健身卡，一张洗衣中心西服免费熨烫单……

7. 其他几种报价方式

（1）交叉排列报价法。这种报价法是将酒店所有现行价格按一定排列顺序提供给客人，即先报最低价格，再报最高价格，最后报中间价格，让客人有选择适中价格的机会。这样，酒店既坚持了明码标价的准则，又维护了商业道德，既方便客人在整个房价体系中自由选择，又增加了酒店出租高价客房、获得更多收益的机会。

（2）选择性报价。这种报价法是将客人的消费水平定位在酒店房价体系的某一范围内，选择有针对性的报价方法（一般不超过两种）。这要求接待员善于辨别客人的支付能力，能客观地按照客人的兴趣和需要，选择适当的房价范围。

（3）灵活报价。这种报价法是根据酒店的现行价格和规定的价格浮动幅度，将价格灵活地报给客人的一种方法。此报价一般是由酒店的主管部门规定，根据酒店的具体实际情况，在一定价格范围内适当浮动，灵活报价，调节客人的需求，使客房出租率和经济效益达到理想水平。

综上所述，推销客房需要大量的思考与实践，接待员应该注意观察客人的心理活动和反应，通过热诚的态度、对客房艺术性的语言描述和适当的报价技巧，才能顺利完成推销客房的任务。

（六）注意推销酒店的其他产品

在销售客房的同时，不应忽视酒店其他服务设施和服务项目的推销，要使客人感到酒店产品的综合性和整体性。接待员销售酒店的其他服务设施和服务项目时，应注意时间与场合。如客人在傍晚抵店，可以向客人介绍酒店餐厅的特色，还可以向客人介绍酒店内的娱乐活动；如客人深夜抵店，可以向客人介绍 24 小时咖啡厅服务或房内用餐服务；如经过通宵旅行，客人清晨抵店，很可能需要洗衣及熨烫外套，这时可向客人介绍酒店的洗衣服务。

接待员要细心地了解客人的需求，主动向客人销售酒店的其他服务设施与服务项目，以增加酒店的营业收入。

（七）特殊情况下的销售技巧

1. 对“犹豫不决”客人的销售技巧

有些客人，尤其是初次住店的客人，可能在听完接待员对客房的介绍后，仍然不能作出决定。在与犹豫不决的客人洽谈时，接待员应对他们备加关注，应注意观察客人的表情，设法理解客人的意图，了解客人的特点与喜好，然后有针对性地向客人介绍各类客房的特点，消除其疑虑。假若客人仍未明确表态，接待员可以运用语言和行为来促使客人作出决定。如递上住宿登记表说：“这样吧，您先登记一下”或者“要不您先住下，如果您不满意，明天再给您调换房间”等。如果客人仍然保持沉默或者犹豫不决，可以建议客人在服务人员的陪同下，实地参观几种类型的客房，使客人增强对房间的感性认识。任何忽视、冷淡与不耐烦的表现都将导致客房销售工作的失败。

2. 对“价格敏感”客人的销售技巧

（1）作相应介绍。接待员在报价时一定要注意积极描述住宿条件，利于客人对酒店各类客房的了解，从而加强感性认识。

（2）报价。提供给客人一个选择价格的范围。

（3）描述。描述不同类型的客房时，要对客人解释说明客房特征和设施特点。要运用灵活的语言描述高价房的设施优点，证实这种房间的价格是合理的。同时，又不能贬低低价客房，更不要暗示客人购买某种客房，应让客人得知各种客房都有各自特色。例如：“我们有 798 元和 578 元两类客房，798 元客房是一种会客厅很宽敞的套房，而 578 元客房的外景是非常漂亮的港口。”

（4）折扣。熟悉本酒店的特殊价格政策，认真了解价格敏感型客人的背景和要求，采取不同的销售手段，给予相应的折扣，争取让客人住店。

3. 在接待业务高峰期的销售技巧

由于团队客人和外地客人的到店时间比较集中，往往会出现客人排长队、接待业务繁忙的高峰现象。这时就需要接待员做到以下几点。

（1）预先登记。酒店为了加快入住登记手续的办理速度，可为客人提供预先登记服务，也就是为预订客人提前分派客房、填写登记卡、准备欢迎卡和钥匙牌，当客人抵达后，只需签名就可入住。

（2）单独接待团体客人。接待员首先区分团体客人与零散客人，单独接待团体客人。会议团体、旅游团队可以由领队、陪同或会务组人员代为办理住宿手续。已经订房的团体还可以先住入房间，后办理手续，这样会大大减轻接待员的工作压力。

（3）办公用品齐全。入住高峰时，要确保手头有足够的登记所需的文具用品，保证工作有序完成；否则会使客人感到酒店工作效率低，工作熟练程度差。

（4）专人指引。入住高峰，可选派专人指引，帮助客人办理入住登记，以缩短客人的等候时间。

（5）先到先接待。按“先到先服务”原则，认真接待好每一位客人，做到忙而不乱。

优秀的接待员应学会“慧眼识人”，还应“一视同仁”，在客房销售过程中充分利用不同的客房销售技巧，能够针对不同的客人“说话”，循循善诱、生动描述、耐心讲解，使每一位步入店门的客人都能高高兴兴地下榻。

单元二　客房价格管理

客房营业收入是酒店用以支付经营成本、创造利润的重要经济来源。与酒店市场营销定位及客源市场结构相一致的房价及其价格体系是酒店正常运转的基础。价格决策的正确与否，直接影响到酒店的市场竞争力、营业收入和利润水平。在经营过程中，前厅部要充分利用各种经营信息，进行统计分析，为酒店的经营决策提供依据。

一、客房价格的构成

客房商品的价格是由客房商品的成本和利润构成的：客房商品的成本包括建筑投资、利息、客房设备、修缮费、物资用品、土地使用费、客房员工工资福利、经营管理费、保险费、营业税；利润包括所得税和客房利润。

二、影响房价制定的因素

酒店房价的制定受到很多因素的影响，其影响因素可分为两大类：一类是外部影响因素，另一类是内部影响因素。

（一）外部影响因素

1. 社会政治、经济形势影响

旅游经济具有脆弱性，其产品具有不稳定性和波动性。稳定的社会环境及繁荣的经济环境对以旅游经济为其重要收入来源的酒店来讲是至关重要的。因此，在客房价格的制定过程中，房价也会受到以上因素的影响。

2. 季节性影响

季节性强是旅游业的一大特点。季节直接影响酒店经营的好坏。

3. 供求关系影响

当供过于求时，酒店业不得不考虑降低价格；当供不应求时，酒店业要考虑适当提高价格。客房商品的价格随供求关系的变化而调整。

4. 竞争对手价格影响

竞争对手的价格是酒店制定房价时的重要参考依据。因为在定价过程中，定价人首先要调查本地区同等级、同档次、具有同等竞争力的酒店的房价，做到“知己知彼”。

5. 行业组织的价格约束

客房房价还要受本地区政府主管部门以及行业协会等组织和机构对酒店价格政策的约束，如某地区对所在地区酒店客房价格的最高上限等。政府价格干预行为主要能够起到两方面的作用：一是维护消费者的利益，防止价格过高形成酒店价格的暴利；二是保障企业的利益，避免恶性价格竞争。

6. 客人消费心理认同

客人的消费心理也是进行客房价格定价时应予以重点考虑的因素，尤其是客人对某一种商品价格能够接受的上限和下限。

（二）内部影响因素

1. 定价目标

定价目标是指导酒店进行客房定价的首要因素。这是酒店确定经营方针的重要依据。

2. 酒店地理位置

“商业酒店之父”斯塔特勒说过：“对酒店来说，取得成功的三个根本要素是地点、地点、地点。”可见，地理位置对于酒店经营的确非常重要。位于市中心区或繁华商业区、距离机场或火车站比较近、交通便利的酒店，其房价的制定或调整的条件就会有利一些；而位于市郊、远离繁华商业区、交通条件等地理位置较差的酒店，虽然地价便宜，经营成本低，但由于其对客人的吸引力差，因此房价会相应的低一些，以提高酒店的竞争能力。

3. 经营成本及投资成本

经营成本及投资成本是影响客房价格水平的基本因素，比如投资成本回收期的长短，以及目标利润率的高低，都会对房价的制定产生影响。在进行客房定价时，必须考虑成本水平。

4. 酒店服务质量

在定价过程中，除考虑酒店硬件设施设备的档次以外，还必须要考虑服务质量水平。

三、客房定价目标

（一）追求利润最大化

追求利润最大化是制定客房价格最基本的目标。利润最大化分为短期利润最大化和长期利润最大化。酒店经营者必须在不同时期确定不同的价格水平。从严格意义上讲，应以长期利润最大化作为追求目标，应避免盲目调价，相互杀价。客房的需求量还受到除价格以外很多不确定因素的影响，因而对需求量和成本的测算往往还要根据市场影响而变动。实践证明，高房价并不能保证实现利润最大化，而低房价也未必意味着客房利润的减少，只有适当的价位才能实现客房商品利润的最大化。

（二）提高市场占有率

酒店要提高市场占有率，就要增加客房销售量，还要提高其他设施设备的利用率，降低经营成本。就价格因素而言，要达到提高市场占有率的目的，就要采取价格策略。酒店经营者要注意价格策略所带来的不利影响。

（1）低价位并不一定能够增加客源，提高市场占有率。因为客房商品需求量还要受其他诸如政治、经济、交通、季节等多方面因素影响。

（2）低价位可能有损酒店自身形象和声誉，影响服务质量。不应忽视低价位对管理人员和服务人员的误导，出现“低价位、低水平服务”的现象。

（3）低价促销可能引起同行竞争的报复，导致价格战，结果两败俱伤，也使提高市场占有率的计划落空。

（三）提高竞争力

价格是竞争的有力手段，具有竞争力的价格可以有以下三种不同形式。

1. 与竞争对手同价

在少数卖方市场情况下，酒店客房商品与竞争对手的客房商品如有明显差别，而且消费者了解本地区产品价格水平，就可以采取跟随行业领头人定价的方法。

2. 高于竞争对手价格

酒店的硬件设施设备水平，包括客房在内的产品以及服务质量等方面，如果超出竞争对手的水平，则可以确定新的、较高的价位。

3. 低于竞争对手价格

在一定条件下，采用低价进入市场，可以很快扩大市场份额，提高市场占有率，达到竞争的目的。

（四）实现预期投资收益率

预期投资收益率是酒店经营方针的最重要指标之一，也是必须予以考虑的客房商品定价目标之一。

四、常用的客房定价方法

酒店业传统的定价方法有随行就市法、千分之一法、客房面积定价法、赫伯特定价法和盈亏平衡定价法等，这些定价方法的依据是竞争、成本、收入或需求。

（一）随行就市法

随行就市法是指以同一地区、同档次竞争对手的客房价格作为定价的依据，从而确定酒店客房价格。这是酒店业中一种常见的以竞争为中心的定价方法，一般有两种定价方式：一是以同等级别酒店的平均价格水平作为定价目标；二是追随“领导型酒店”的价格，以减少风险。

（二）千分之一法

千分之一也称“建造成本法”，是根据建筑总成本来制定房价的方法。建造一座酒店的总成本包括两个部分，一是建材、设备、用具等费用，二是建造酒店所耗用的时间、技术、人工等，这二者之和构成总成本。根据建造成本定价法，总成本除以客房总间数，得出平均每间客房所占的建造成本，再除以 1 000，即得出这个房间的房价。

$$平均房价 = \frac{酒店建筑总成本}{酒店客房数} \times 1\ 000$$

例如，一座新建酒店拥有 600 间客房，总造价为 6 000 万元，按照建造成本定价法计算房价为

$$每间客房房价 = \frac{60\ 000\ 000}{600 \times 1\ 000} = 100（元）$$

这种定价方法非常简单，但是它只考虑了客房的成本因素，而没有考虑客房与餐饮、娱乐等其他各种设施设备投资比例的差异以及供求关系、市场竞争等相关因素，因而缺乏科学性和合理性。因此，一般可以用这种方法作为制定房价的出发点，在使用时，酒店管理者还应综合分析这些因素的影响，进行适当调整。

（三）客房面积定价法

客户面积定价法是先通过确定客房预算总收入来计算单位面积的客房应得的收入，然后确定每间客房应得的收入，从而确定客房价格。假设：计划期内客房预算总收入为 y，计划期天数为 n，客房总面积为 M，某间客房面积为 m，预计计划期客房出租率为 r，则

$$房价 = \frac{ym}{Mnr}$$

例如，某酒店 1998 年 5 月份的客房预算总收入为 160 000 元，该酒店客房面积为 2 000 平方米，预计出租率为 70%，则面积为 20 平方米的单人间客房价格为

$$单人间客房价格 = \frac{160\ 000 \times 20}{2\ 000 \times 30 \times 70\%} = 76（元）$$

这种定价方法主要受客房预算收入的影响。采用这种方法时，房价制定是否科学合理，主要取决于经营者预算收入的准确度是否符合实际。如果预算收入高，则客房价格也高；但如果市场不接受，或预算收入低，则会给酒店经营和预期利润率带来负面影响。

（四）赫伯特定价法

赫伯特定价法也称“成本核算定价法”，由美国酒店和汽车旅馆协会主席罗伊·赫伯特于 20 世纪 50 年代首创。这种定价方法以目标收益率为定价的出发点，在已确定计划期各项成本费用及酒店利润指标的前提下，通过计算客房部应承担的营业收入指标，最终确定房价。在定价操作过程中，结合国际上普遍采用的统一会计制度，通过参照资产负债表和损益表，反映酒店收支状况，在预测成本支出基础上，再来制定价格。这种定价方法计算的结果比较准确，但需要大量的市场信息和相应的资料。

（五）盈亏平衡定价法

盈亏平衡定价法指的是酒店在既定的固定成本、平均变动成本和预计客房销售量的条件下，实现销售收入与总成本相等时的房价，也就是酒店收支平衡时的客房价格。其计算公式为

$$客房价格=\frac{每间客房日费用额}{1-税率}$$

其中，每间客房日费用额包括客房固定费用分摊额与变动费用的部分。客房固定费用日分摊额可以依据不同类型的客房使用面积进行分摊。其计算公式为

$$每平方米使用面积固定费用=\frac{全年客房固定费用总额}{客房总使用面积\times年天数\times客房出租率}$$

客房变动费用总额可以按客房间数进行分摊。其计算公式为

$$每间客房日变动费用=\frac{全年客房变动费用总额}{客房数\times年天数\times出租率}$$

$$每间客房日费用额=客房使用面积\times每平方米使用面积固定费用+每间客房日变动费$$

盈亏平衡定价法常常作为对酒店各种定价方案进行比较和选择的依据。

五、价格体系与梯阶折扣权限

各类客房价格的制定与执行是以折扣为前提得出不同价格的，绝对不能脱离折扣体系随意确定房价或进行价格调整。酒店经理依据市场情况调整价格、财务部复核与监督价格、各部门（经理）执行价格的权限范围，都要严格按折扣体系与折扣权限去执行。若不依据折扣标准，单独调整某一个价格，可能会导致整个价格体系的崩盘。下面将分别介绍各种价格。

（一）门市价格

门市价格具有以下特点。

（1）门市价格是一个酒店的硬件、软件以及服务加上自身品牌价值在酒店价值上的体现。

（2）门市价格是折扣为零的价格。

（3）制定时一般为以折扣后为整数原则（打则后无零头，即元角或分）。

（4）门市价格是依据市场可以随时调整的价格（如淡旺季变动、周六周日价格、节假日价格等）。

（二）前台折扣价格

前台折扣价格具有以下特点。

（1）目标对象是散客。

（2）折扣权限范围一般在0～7折。总经理依据酒店地点以及目前酒店住客率的情况，确定散客入住折扣标准。一般不应低于7折。

（3）不能低于各类网络订房、各类贵宾卡的价格，否则就会出现价格投诉（价格混

乱与崩盘）。

（4）总经理可以制定前台绩效奖励的标准，鼓励前台以相对合理的价格留住散客。

（三）网络订房价格

网络订房价格具有以下特点。

（1）目标对象是外地客人。与其他酒店在网上的报价比较，最低不一定是最好的选择，应该适当提高房价同时增加佣金，以减少住客投诉。

（2）网络价格是商务价格加佣金，但是要与折扣联系起来，即为一个折扣价格，例如6.8折/270元。

（3）网络订房的净房价一定要高于商务合同价格（一般要15～30元/间），否则前台折扣价格就很难操作了。

（四）旅行社团散价格（占入住率的3%～5%）

旅行社利用自己门市与社会资源为酒店引进散客，同时酒店给旅行社支付佣金。旅行社团散房具有以下特点。

（1）应该低于商务合同价格，低于网络价格。

（2）依靠住房量的累积决定，如1000间/年＝238元、2000间/年＝228元等。但是，减去佣金后一定要高于或等于商务价格。

（3）淡旺季不同，大团与小团不同，入住时间长短不同等。

（五）商务合同价格（占入住率的50%左右）

商务合同价格具有以下特点。

（1）这个价格应该是在原房价的基础上打折计算而来的，不是随便确定的，例如：5折为199元（销售经理掌握）、5.5折为218元（销售员掌握）。

（2）对所有散客来讲，没有比这个价格再低的房价了，包括团散、网络订房等。因为商务客人是销售部自己直销，其他客人是销售部委托销售。

（3）商务合同价格的高低取决于客户每年使用的房间数量。在与客户签订的商务合同中表明的应该是折扣数额，而不是固定价格。

（六）会议价格（占入住率的1%～3%）

酒店的商务合同单位一般会在此举办会议，其价格应该等于最低的商务价格（批量采购），而且淡旺季价格不同，特殊的大量会议在当次可按特别的房价给予优惠，不能突破商务合同的下限，否则就会使酒店价格不断地探底，最后导致价格崩盘。

六、客房经营指标分析

（一）客房出租率

客房出租率是反映酒店经营状况的一项重要指标，是指酒店实际出租客房数在可供出

租客房总数中所占的比例。计算公式为

$$客房出租率 = \frac{实际出租房间}{可供出租总房间 \times 100\%}$$

客房出租率表明酒店客房的利用水平，是反映酒店经营管理水平和经济效益的一个重要指标。客房出租率并非越高越好，理想的年平均客房出租率应控制在80%左右，最高不应超过90%，否则，就属于“破坏性经营”。保持理想客房出租率的目的有如下两点。

（1）维护酒店及客房设施设备。若酒店设备完好率低，将直接影响对客服务质量，而且对酒店长远利益会产生负面影响。

（2）提高和加强员工培训。若酒店长年保持过高的客房出租率，将会使酒店员工无暇参加各种提高业务素质和专业素质的培训，从而导致服务质量下降，对经营和管理工作造成极大的压力。

（二）双开率

酒店经营者仅仅测算客房出租率并不能完全、准确地反映客房出租状况及产生的效益和成本费用。因为在已出租客房中，每间房住两位客人与每间房只住一位客人的成本费用和效益是不同的。因此，使用测算“双开率”这个指标，并与客房出租率配合使用，才能全面、科学、正确地反映客房出租状况以及由此而产生的经济效益。双开率是指在已出租客房中，双人使用的房间数所占的比例。其计算公式为

$$双开率 = \frac{双人使用房间数}{已出租房间数 \times 100\%}$$

$$双人使用房间数 = 客人总数 - 已出租房间数$$

例如：某天某家酒店共接待住宿客420人，当日出租客房300间，则双开率为

$$双开率 = \frac{420 - 300}{300 \times 100\%} = 40\%$$

在客房出租率一定的情况下，双开率越高，表示酒店的经济效益越好。在酒店待出租房间多的情况下，前台接待员应注意提高开房率，否则只会降低经济效益。

（三）客房销售效率

客房销售效率是实际客房销售收入占可供出租客房按牌价出租的销售额的百分比。其计算公式为

$$客房销售效率 = \frac{客房实际销售额}{全部客房牌价出租的总销售额 \times 100\%}$$

客房销售效率不仅能够反映客房的销售量，还能反映出客房平均销售的价格和客房类型等情况。

（四）理想平均房价

理想平均房价是酒店各类客房以现行牌价，按不同的客人结构出租时可达到的理想平均房价。它是一定时间内，从最低价格出租客房和从最高价格出租客房价格得出的平均值。计算理想平均房价时，要结合计划期内的客房出租率、双开率及客房牌价进行。

案例研讨

案例一

住不起房的年轻人

一个傍晚，某五星级酒店大堂的前台接待员小陈正在值班。这时她看到一个外国青年背着一个很大的背包朝酒店大门走来。进入大堂，看了看四周，又看看自己很脏的旅游鞋，他停住了脚步，犹豫了一会儿，他还是走到了前台："请问，这儿有比较廉价的房间吗?"说完，还未等小陈回答，他又说到："我想你们这边一定没有我要的那种房间了。"听完该青年的话，小陈友好地对他说："也许我们酒店没有您需要的房间，但是我们还有另外一家酒店。"听到这里，青年充满了希望地问："那么单人间住一晚要多少钱?""大概200多元左右，您觉得怎么样?"青年的脸上露出了一丝为难，说："我是一个留学生，要住好几天，这个房价恐怕还是偏高，我看算了。"说着就要往外面走。外面的天色已晚，一个不熟悉此地的外国客人要找一个廉价的住处真是太不容易了。小陈想了想，然后追了上去，"请等一等，我知道这附近小巷里有一家不错的青年旅馆，单人间的房价在60元左右，如果您愿意的话，我可以立即派一名行李员带您过去。"青年听到这个消息，脸上立刻露出了笑容："啊，真是太好了，太感谢你了。"小陈又说："不必客气，能给您提供帮助我感到很荣幸，再说这些都是我应该做的。"

几周后的一天，酒店前台来了一老一少两个外宾。正在值班的小陈惊奇地发现那个年轻的外宾正是那天的留学生，只是今天他一身整齐的西装，与那天的情况完全不同。见到小陈，年轻的外宾说："谢谢你，那天要不是你，我可能要流落街头。这是我父亲，他在中国有一家不错的药品分公司，不过我还是靠自己打工留学的。正好过几天我父亲的公司有一个为期三天的重要会议要召开。我向他介绍了你们酒店，今天过来看看，同时要把公司的会议安排在这边。我父亲说了，如果这次的感觉好，以后有活动都可以放在这边。"

点评：

案例中的接待员小陈在客人明确地表示消费不起并准备离开的时候，不是放弃客人，而是设身处地地为客人着想，并积极地给客人推荐适合其消费的场所，最后还派行李员给客人带路，非常有人情味。正是小陈的服务态度赢得了客人。

对酒店来说，来者就是客，要以礼相待，一视同仁，热情接待，千万不要鄙视客人，把客人拒之门外。

对于大多数来到酒店有现时消费要求的客人，前厅员工应以适当的方式了解客人的消费动机并引导他们的消费需求。

来酒店消费的客人并非都需要消费，酒店应利用一切机会，树立良好的企业形象和口碑，一次不消费的客人并不是永远不消费的客人。

案例二

二五折与优惠25%

在暑期，为吸引客源，某酒店推出客房标准间房价优惠25%的价格政策，要求前台服务员以此优惠的房价大力推销客房。

旅游外事职业学校的某实习生正在前台值班，一位客人打电话预订房间，客人询问标准间房价，这位实习生告诉客人房价可打二五折。客人一听，大吃一惊，心想，想不到酒店在暑期旅游旺季，竟然把房价压的这样低！这可是千载难逢的机会，立即决定入住此酒店。客人来到前台，在预付房租时，那位实习生并不是按她在电话中所说的二五折收费。这位客人觉得受了欺骗，一气之下找到前厅部经理，问清到底房价优惠多少。前厅部经理不知前情，如实告之优惠25%的情况。客人一听就生气了，说："不对，我预订房间时，前台小姐讲的清清楚楚，是打二五折的！"前厅部经理一听，忙解释到："对不起，先生，那是前台服务员弄错了。不是二五折，是优惠25%。"客人说："你们前台小姐说打二五折，你为什么说优惠25%？你们前台报价算不算数？你们涨价太快了，刚预订完就涨价，你们故意欺骗客人，我要找总经理投诉。"无论前厅经理如何解释，那位客人一口咬定前台小姐故意报低价，把客人骗到酒店再涨房价。前厅经理再三解释，可是客人说："我不管你们谁对谁错，前台的承诺必须兑现，我就按二五折付账！"前厅部经理向客人检讨自己的管理问题，请客人原谅，最后决定给其六折优惠，客人才肯罢休。

点评：

各酒店为加大促销力度，常常采取打折优惠的措施来吸引客源，这是让利于消费者的促销方法，也是一种价格竞争策略。酒店客房的房价有很多种类，本例中涉及标准价、优惠价与折扣价这三种房价。二五折与优惠25%是截然不同的两个概念，两者差出了大数。打二五折，是指客人付房价的25%。25%是要付75%的房价，即打七五折。最后给予客人六折优惠，就是按房价的60%收费，优惠了40%的房价。

本案例中的实习生显然毫无营销知识与价格的概念，完全没有弄懂二五折与优惠25%的真正含义，使客人产生了误解。在已优惠25%房价的基础上，凭空又少付15%的房租，直接给酒店带来经济损失和麻烦。这个错误是很严重的。

案例三

没留住客人

某酒店是一家接待商务客人的酒店，管理很严格。前台主管小王和其他两位服务员值班，23:00时进来了两位客人，小王很礼貌地招呼客人，并热情地向客人介绍酒店的客房。听了小王的介绍，客人对酒店的客房非常满意，同时，他们告诉小王，由于他们是商务客人，公司对他们出差住房的报批价格有规定，希望能给予他们房价的七折优惠。但是酒店规定前台主管只能有房价八折的权限，况且部门经理早已下班回家，小王认为是否能多销售两间客房对自己没多大关系，于是非常礼貌地拒绝了两位客人的要求。最后两位客人不得不失望地离开了这家酒店。

问题：

（1）造成这客人离开的原因是什么？

（2）酒店从这件事情中应及时调整哪些制度？

解答：

（1）造成客人不满离开的主要原因如下。

1）前台主管在没有相应的折扣权限来满足客人要求的情况下，应及时向自己的上级领导汇报，求得帮助。

2）员工的服务意识有问题，未能设法留住客人，增加酒店的销售。

3）授权不足。

（2）酒店应采取以下措施调整相关制度。

扩大对前台基层管理人员的授权，使前台基层管理人员在为客人服务时，有相应的权限来满足客人的一些特殊要求。这样既能提高服务工作的效率，又能多留住一些客人。在授权时要对下属进行相应的培训，建立有关监督考核机制和使用操作程序，使授权管理得到控制。此外还应建立有关激励机制、奖惩办法，增加酒店销售工作的动力。

案例四

出色的销售服务

1月9日，小冉上晚班，下班时是早上6:50分左右，此时李女士和她的先生来到前台，询问酒店的房价情况。李女士说全家回长沙过春节，估计要在长沙呆一个月。问小冉能否提供舒适、经济实惠的客房。

根据李女士谈到的情况和提出的要求，小冉首先给2号楼的服务员打电话，安排客人看2号楼的标准间。李女士看过后，对房间不是很满意，要求给予更大的折扣。小冉向客人解释："2号楼的房价本来就比较低，但考虑到你们是自费，且入住一个月左右的时间，可以再给予一定的优惠，但肯定达不到你们要求的折扣。您如果是对2号楼标准间的条件还不十分满意的话，我可以带你们到前栋去看看，房价可以商量。"获得客人同意后，小冉随即安排他们到前栋717房间看房，然后立即向当天值班的文总经理汇报客人的情况及要求。文总经过考虑，给出了一个综合底价，使小冉心中有数。李女士看过7楼的标准间后，对标准间的入住条件表示满意，也接受了报出的优惠价。但同时又提出了一个附加条件，她先入住一个星期，若各方面条件令她满意，她就继续住下去，但不管怎样，她试住的这一个星期要享受已谈成的价格。小冉说："您的这一要求让我很难办。但我希望并相信我们的服务能够留住您。"随后，小冉又就此事请示了客房部经理，经理同意了客人提出的最新要求。小冉迅速为客人办理了入住手续，并通知有关楼层的服务员做好接待客人的准备。李女士离开前台时，已大大超过小冉的下班时间了。

一个星期后，小冉给住717房的李女士打电话，询问她是否住得满意，或有什么需要帮助的事情。李女士表示，她对房间和楼层的服务都比较满意，并对小冉的询问表示感谢。1月24日是正月初一，小冉上早班，从前台的电脑查询中获知，李女士及家人仍住在717房间。上午11时左右，小冉向该房间打电话，正好是李女士接的电话。在电话中，小冉向她拜年，祝她新春愉快、合家欢乐。李女士感到意外，刚开始时没反应过来，随后兴奋地说："作为一位前台服务员，你能够记住我这样一位普通的入住客人，并给我拜年，真是一份惊喜！我住在这里，就像回到了自己家一样。真的非常感谢你！""不用谢，您能有回家的感觉，我也就放心啦。"

2月5日退房结账时，李女士再次对酒店服务表示了满意和感谢，她说下次还会入住这家酒店。

点评：

酒店的销售不仅是销售部门的事，而是整个酒店每个部门、每个岗位以至每个员工自觉的行动，即全员促销应该贯穿于酒店工作的方方面面、上上下下。特别是前台这种“窗口”岗位，其在酒店的促销中有着非常重要的作用，应该得到充分的发挥，尽量在服务中延伸其促销的作用。

该案例中的服务员做得非常不错。首先是客人在小冉下班时到来，小冉能主动留下给客人安排看房，不计较上班下班。其次，客人因自费又住宿时间较长，希望优惠时，小冉能立即向当值的总经理汇报，取了一个综合底价。当客人提出试住一周，若满意即继续住下后，小冉又向客房经理作了汇报，迅速为客人办了入住手续，并通知楼层服务员做好接待客人的准备。客人已经住了下来，小冉也可就此打住。但她仍继续跟踪，延伸自己的服务。一周后，还给客人打了电话，询问她是否住得满意或有什么需要帮助。当正月初一上班时，小冉还惦记着客人，主动查询客人房号、打电话向客人拜年。这些都使客人在满意中又得到了意外的惊喜。

相关链接

前台推销六法

酒店前台销售通常采取谈判房价的方式决定其销售价格。因此，作为前台接待员，只有掌握一定的议价推销技巧，才能为酒店创造更多的收益。一般来说，前台接待员在议价推销过程中可采用以下几种方法。

一、产品优点法

所谓“一分价钱一分货”，高质即高价。对于一名新入住客人而言，酒店产品的优点是不能一下就认识到的，而价格却一目了然。在接待过程中，经常听到这样的抱怨：“太高了，能不能打折。”在此情况下，接待员要向客人指出售价高的理由，如理想的位置、新颖的装潢、优雅的环境、美丽的外景、宽敞的房间等。此外，应尽可能多地向客人介绍本产品的优点和独特之处，以化解客人心里的价格障碍，进而为酒店创造最佳的赢利机会。

二、客人受益法

接待员要将价格转化为能给客人带来的益处和满足，对客人进行引导，促进其购买行为。例如，一位接待员遇到一位因价高而犹豫不决的客人时，可以这样说：“此房间的床垫、枕头具有保健功能，在让您充分休息的同时，还起到预防疾病的作用。”也可以说：“这房间价格听起来高了点，但配有冲浪浴设备，您不想体验一下吗?”强调“客人受益”，强化客人对产品价值的理解程度，从而提高其愿意支付的价格限度。

三、比较优势法

当酒店的供给价格与客人的需求价格不符时，接待员不妨采用“比较优势”来化解客人的价格异议，即以自己产品的长处去与同类产品的短处相比，使本店产品的优势更加突出。例如，一个客人提出本店价格比其他饭店贵，接待员可这样回答：“第一，我店的设施是本地区最新的；第二，您可以收看多套卫星节目；第三，房间内具有上网功能。”

四、价格分解法

价格作为敏感性因素，接待员在推销时要将其进行分解。例如，某类房间的价格是580元，报价时可将80元免费双餐分解出来，告诉客人房价实际是500元；假如房费内包含免费洗衣或免费健身等其他免费项目，同样也可以分解出来。“付出总有回报”，相信“价格分解”能更好地打动客人。

五、限定折扣法

限定折扣是一种“曲线求利”的办法。接待员在做到充分了解客人购买目的的基础上可限时、限地、限量给予适当折扣。例如，一位接待员在了解到客人不太注重房间位置时说：“我饭店有一间角边房，如果您不介意，我可以给您申请七折。”另一位接待员在了解到客人可提前退房时说：“如果您能在明早八点钟退房的话，可以给您打八折。”

六、适当让步法

由于酒店产品具有越来越强的议价特点，所以价格因不同客人而异已成为十分正常的现象。对于确实无法承受门市价格的客人，适当给予优惠也是适应市场、适应竞争的重要手段。“该出手时就出手”，以免出现“客人投入对手怀抱”的现象。但作出的让步要在授权范围内进行。

（资料来源：http://www.canyin168.com/glyy/qtgl/qttx/200704/5720.html）

小结

本项目主要介绍了客房销售的基本知识、内容、程序及技巧，介绍了制定房价的影响因素、目标、原则、房价的类型、客房经营指标等方面的基础知识。通过学习，使学生了解前厅销售基础知识，掌握客房的销售技巧，并进行经营统计分析，为做好前厅部的销售和管理工作打好理论基础。

考核指南

一、基础知识考核

（一）考核内容

1. 进行客房推销的前提是什么？
2. 客房销售应注重哪些技巧？
3. 常用的报价方式有哪几种？
4. 向价格敏感型和优柔寡断型客人推销的方法分别是什么？
5. 客房定价的目标是什么？影响房价制定的因素有哪些？
6. 常用的客房定价方法有哪些？
7. 什么是客房面积定价法，如何计算？
8. 什么是赫伯特公式，怎样运用？
9. 如何分析客房经营的主要指标？

10. 前厅部员工在销售客房时，重点向客人讲解的内容应该是（　　）。

A. 客房的价格　　B. 客房的特点　　C. 客房的等级　　D. 客房的种类

11. “夹心式”报价适用于（　　）的客房销售。

A. 高档　　B. 中高档　　C. 中档　　D. 低档

12. 前台接待员在介绍房间价格时，应多报几种价格供客人选择，一般采取（　　）的房间报价方式。

A. 从高到低　　B. 从低到高　　C. 从头到尾　　D. 从尾到头

（二）考核方式

笔试或口试。

二、服务技能考核

（一）考核内容

1. 请列出前厅销售客房的程序。

2. 深入两个酒店，了解它们的定价方法及价格，试作比较，并写出评析报告。

3. 某酒店有客房300间，建造成本为900万元（包括除家具和设备外的土地、建筑物及公共空间等），请用“千分之一法”计算平均房价。

4. 角色模拟：两人一组进行练习，针对不同客人利用不同的销售技巧进行客房销售情景模拟。

（二）考核方式

实验室现场操作。

项目二　前厅服务质量管理

导读

酒店提供的核心产品实际上只有一个，那就是服务。服务质量是酒店生存和发展的前提，是关系到酒店生存和发展的生命线。如何加强酒店服务质量管理，创建服务精品，营造核心竞争优势，使酒店在这个快速变动、激烈竞争的市场中处于领先地位，是许多酒店管理者一直在研究和探讨的问题。前厅部作为酒店的门面，是客人产生第一印象和最后印象的地方，它所处的位置使它能最大范围地接触各类客人和处理各类问题，所以，其服务质量就显得尤为重要。前厅部的运转好坏、服务质量的优劣，不仅直接影响客房的出租率和经济效益，更反映出一家酒店的工作效率、服务质量和管理水平。

学习目标

1. 了解前厅服务质量的内容、特点。
2. 掌握提高前厅服务质量的途径。
3. 掌握前厅部处理客人投诉的程序。
4. 掌握酒店紧急事件的处理程序。
5. 能够处理前厅部的常见事故。
6. 掌握建立良好宾客关系的原理。
7. 培养学生服务意识，提高学生的服务技能。

引导案例

一批团队客人来到某酒店。客人们都在休息大厅等候领队和陪同办理手续，这时该团队中一位女士的行李碰掉了大厅休息座边的烟灰缸，瓷制的烟灰缸“砰”地一声落在地上，声音很清脆，惹得整个大厅的人眼光都转向响声处，那位女士的脸一下子红了。大堂副理连忙走过去，关切地询问女士有无受伤，并劝她不必担心，同时招呼公共区域保洁员立即清理烟灰缸的碎片。这位女士的脸色恢复了正常。在办妥入住登记手续之后，大堂副理协助行李员帮这位女士把行李送到她的房间，同时婉转地与她谈了有关烟灰缸的赔偿事宜。该女士向大堂副理表示感谢，询问了赔偿金额，并迅速付清了款项。

单元一　前厅服务质量的内容、特点及提高途径

一个酒店前厅部的管理水平主要通过客人对其服务质量的评价反映出来，而前厅部管理是否成功也取决于其服务质量。因此，从前厅部管理角度来讲，管理好本部门的服务质量是日常工作运转的一项主要任务。

一、前厅服务质量的内容

就前厅部而言，服务质量主要包括设施设备质量、服务水平和环境氛围三个方面。

（一）设施设备质量

酒店是利用设施设备为客人提供服务的，设施设备是服务质量的物质基础，也是客人评价酒店服务质量的首要内容。在前厅部对客服务中主要有两大类设施设备：一类是直接供客人使用的，另一类是员工用以向客人提供服务的。前者如商务中心的打字机、计算机、会议设施等，其舒适性、完好程度、性能将直接影响客人的使用；后者如计算机系统、电话系统等，如性能不佳或维护保养不善，也会影响内部操作和向客人提供服务，从而间接影响服务质量。所以，优良的服务质量离不开保养完好、运转正常的设施设备。

（二）服务水平

前厅服务是由一系列行为构成的总和，并且这一系列的行为之间可以互相影响，共同作用于客人，最终形成对酒店服务质量的总体评价。前厅服务质量主要包括四个方面。

1. 服务态度

良好的服务态度是做好服务的关键，它使客人产生亲切感，产生宾至如归的感觉，一名优秀的员工一定要做到主动、热情、耐心、细致、周到。

2. 礼貌礼节

礼貌礼节是服务水平最基本的要素。良好的礼貌礼节能使客人产生好的印象，也是酒店服务员文明的标志。礼貌礼节包括员工的仪容仪表和言行举止两个方面。端庄大方的仪容仪表、自然得体的言行举止是做好服务工作的基本要求。

3. 服务技能

服务技能是服务质量的基础，它包括服务技术和服务技巧两方面。服务技术包括办理入住、离店手续，接听电话等，这些内容可以用速度标准、质量标准和数量标准来衡量。服务技巧指的是在不同场合、不同时间，针对不同的服务对象而灵活做好服务接待工作，达到良好效果的能力。如解决客人投诉，就应针对不同的对象，采取灵活的方式进行处理。

4. 服务效率

服务效率是指员工在其服务过程中，对时间概念和工作节奏的把握。它应根据客人的实际需要灵活掌握，在客人最需要某项服务的前夕即时提供。

（三）环境氛围

环境氛围是前厅服务质量的重要组成部分。良好的前厅服务环境能满足客人的精神享受，整洁、清新、优雅而富有浓厚服务氛围的环境可以使客人的心理感受良好，从而对整个酒店的服务质量留下深刻的印象。前厅环境氛围是由建筑、装饰、陈设、设施、灯光、声音、颜色以及员工的仪表仪容等因素组成的。因此，前厅必须十分注意环境氛围的设计与布置，让客人感到安静、舒适、愉快。

二、前厅服务质量的特点

前厅服务质量同一般商品有很大的区别，主要表现在如下几个方面。

（一）综合性

前厅服务质量比其他商品的质量复杂得多。它既有富丽堂皇的大堂等看得见、摸得着的实物，也有依靠客人感受来衡量的非实物的服务态度、服务技巧等因素。从客人角度看，服务质量不仅包括了前厅门童、接待员、收银员等的服务质量，还包括客人住店期间所接受的所有服务的质量。因此，前厅部员工要认清服务质量的综合性，树立一个整体的思想，在工作中相互协作，以最好的服务给入住的客人留下良好的第一印象，为客人在店的服务打下坚实的基础。同时，要以最优质的服务给离店的客人留下美好的记忆，以弥补服务方面存在的各种不足。

（二）一次性

前厅对客服务的过程和感受都只有一次。它不像其他实物性商品，发生质量问题可以更换。每一次服务一旦结束，其影响就已发生，也就是说员工“生产”的服务，客人已经“消费”完毕，它是不能“返工重来”的。这就要求员工要重视每一次对客服务，每一次都生产出“高质量”的服务“产品”，让每个客人都对这个“产品”感到满意。

（三）依赖性

前厅的服务是由员工“生产”的，服务质量的好坏取决于员工的服务水平。良好的服务意识、丰富的专业知识、娴熟的服务技能是做好服务的根本保证，而造就一支高素质的员工队伍，是酒店和前厅管理者提高服务质量的首要任务。

（四）情感性

前厅服务质量是由客人来评价的，它取决于客人的个人爱好，带有强烈的个人感情色彩。如果客人在十分融洽的氛围中接受服务，他们就会感到亲切、轻松和舒适，就会倾向于对服务质量给予良好的评价。因此，服务人员要在规范化、标准化服务的基础上，认真研究客人的个体差异，提供具有针对性的个性化服务，以满足客人心理上的需求。

三、前厅服务质量的提高途径

随着酒店业竞争的日趋激烈，客人对酒店服务质量的要求越来越高，酒店必须不断探索提高和完善自身服务质量的途径和方法。提高前厅服务质量的途径有以下几方面。

（一）提高和强化员工的服务意识

服务意识是指酒店员工为满足客人需要而主动为其提供服务的思维和行为方式。服务意识是员工素质好坏的标志，也是酒店软件建设的关键。为提供高质量的前厅服务，培养员工的服务意识是最关键的环节。要强化员工的训练，使其形成条件反射，增强其应变能力，巩固其服务意识。

（二）培养服务感知

服务感知是员工在服务过程中的心理活动过程，涉及对服务的把握和对服务本质的理解，是服务人员生动直观的感性认识。服务感知分为服务感觉和服务知觉两个方面。但不是每个感觉到需要提供服务的员工都会懂得如何去服务，这就需要管理者培养他们的服务感知。

（1）培养服务感知必须从大量的工作经验开始，大量的工作经验能为更好地接受培训打下基础。

（2）必须激发员工的需求和动机。有些员工仍把工作当做是一种“任务”，而认为酒店的荣誉与他们无关，只要完成任务就行了，至于效果怎么样就不管了。要改变这种状况，就要激发员工的主人翁意识，培养他们的团队精神和对酒店的归属感，使之觉得提供服务不仅是自己应该做的事情，而且是由衷的，是发自内心的。

（3）要端正员工的对客情绪和情感。只有在客人得到充分尊重的情况下，整个服务过程才算是真正成功的。服务还要使客人的爱好得到满足，因为个性化服务也是高服务感知的体现。

（4）要形成服务的心理定势。员工应该能够从客人的一个眼神、一个细微的手势和动作之中感知到服务的内容，对每一项内容进行分析归类，形成一套服务模式与服务规范。

（三）态度真诚

服务态度是员工在对客服务中所体现出来的意愿和心理状态。态度来源于人的思想，服务正是从“心”开始的。服务必须发自内心，否则，再多的培训、再深的理论和再好的激励都无济于事。最佳服务首先要突出“真诚”二字，要建立感情服务，避免单纯性服务。

（四）效率服务

服务质量中最容易引起客人投诉的就是员工做事慢节奏。效率服务就是快速而准确地为客人服务。客人在酒店内的活动总是在快步调的节奏中进行。因此，优良的服务要求服务动作快而敏捷、服务程序准确无误。效率服务是为满足客人快节奏活动的服务，是优良服务的一项重要内容。

小资料

提倡一键一卡一站式服务

“一键式”服务就是在客房的电话上设置专用的按键，客人有问题按此键即可得到答复，不需要翻看厚厚的《服务指南》或从《服务指南》里找相应的各营业点的电话号码。如香港朗豪酒店房内的电话上设置了一个“?”号键，称为“聪明键”，客人有任何疑问，按此键即可解决问题。有的酒店为此设立了服务中心，专门提供“一键式”服务。

“一卡式”服务是针对充分发挥电子门锁钥匙卡的功能而言的。很多酒店钥匙卡只有开门的单一功能，而“一卡式”服务指客人持钥匙卡即可签单、结账，既简化了服务的程序，又方便了客人。

“一站式”服务是指客人在酒店有问题时，他问到的第一位员工就能为他解决掉问题，而不是挨个去找相关部门。这种服务极大地方便了客人，即“首问负责制”。

（资料来源：http://www.chmh.com/zbtj.asp? p=2&id=228）

（五）瞬间服务

在进入酒店的客人与员工互相接触的有效时间内，若员工在每一个瞬间提供给客人的都是一种规范的、个性的、卓越的，且能在客人内心深处引起心动的服务，这种服务就称为瞬间服务。要做到瞬间服务，前厅部员工应注意以下几点。

1. 敏锐的洞察力是做好瞬间服务的前提

作为一名优秀的前厅部员工，首先要会用敏锐的眼光去观察，要在与客人眼神交流的瞬间洞察其内心世界，在最短的时间内观察客人的外表、言谈、举止，再经过推断，揣摩出客人的心理，判断出客人究竟希望得到什么样的服务。

2. 迅捷的行动是做好瞬间服务的关键

通过观察、分析后，前厅部员工要在脑海中得到下一步服务的答案，并在最短的时间内，用迅捷的行动去完成下一个瞬间服务。例如，一名商务楼层服务人员在电梯间工作，从客人即将进入电梯至电梯门关上的瞬间，他要做到以下几点：① 用标准的站姿迎接客人；② 与客人目光交流的同时面带微笑点头示意；③ 用标准的走姿迅速走到电梯按键附近，面对客人；④ 当客人距离电梯 3 米内时，再次微笑致意，并用得体的语言问候客人；⑤ 询问客人是上楼还是下楼；⑥ 确认之后，迅速作出按键选择，等待电梯；⑦ 电梯到达后，请客人进入电梯；⑧ 在电梯关门瞬间要与客人目光交流，微笑道别。整个过程可能不到一分钟，但这个服务过程是由八个服务瞬间组成的，而这八个服务瞬间的顺利进行离不开细心观察和推断。其中，帮客人按电梯指示键是瞬间服务的关键，也正是这个动作留给客人瞬间美好的印象，使客人感受到服务人员正在为其提供服务。

3. 广博的知识面是做好瞬间服务的基石

当客人在入住登记过程中询问当地风土人情、旅游、交通以及政治经济等方面的内容时，如果接待员一无所知或借故避而不谈，不但会显露其知识面的狭窄，还会影响对客人的判断。所以说，只有让自己成为一名知识型的员工，才能为客人提供更精彩的瞬间服务。

4. 说话的艺术是做好瞬间服务的催化剂

在为客人提供瞬间服务时，员工不仅要有眼神、微笑、动作，还要配以得体的语言。通常而言，客人更在乎怎么说，而不是说什么。因此，前厅部员工在说话的时候一定要讲究艺术性，在说话中要考虑不同的主体，不同的场景、场合，说话者的身份、年龄、性别、性格、气质、职业、趣味、胸襟、气度等，从而采用不同的风格。得体的语言将加速瞬间服务的进程。

5. 独具匠心的设计是瞬间服务的升华

在前厅服务中，若能根据客人的特点，通过独具匠心的设计，为客人进行量身订制的个性化服务，不仅会提高客人的满意度，也会使前厅服务在瞬间得到升华。

小资料

香格里拉的“由体贴入微的员工提供的亚洲式接待”

“由体贴入微的员工提供的亚洲式接待”，顾名思义，就是指为客人提供体贴入微的具有浓郁东方文化风格的优质服务。它有五个核心价值：尊重备至、温良谦恭、真诚质朴、乐于助人、彬彬有礼。在此基础上，香格里拉提出了八项指导原则。

（1）我们将在与所有人相处时表现出真诚，关怀备至。

（2）我们将在每次与客人的接触中尽可能多地为其提供服务。

（3）我们将保持服务的一致性。

（4）我们确保服务过程能方便客人和员工。

（5）我们希望每一位高层管理人员都尽可能与客人接触。

（6）我们要在对客服务现场及时作出果断决定。

（7）我们将为我们的员工创造一个能使他们的个人事业目标都得以实现的环境。

（8）客人的满意是我们事业的动力。

（资料来源：http://club.it.sohu.com/read_elite.php？b=zz0429&a=6700342）

单元二　大堂副理与宾客关系主任

前厅对客服务主要由前厅经理、大堂副理、宾客关系主任及前厅部各部门员工共同完成，其中各部门员工的职责、工作程序及标准已在前面的章节中介绍过，这里主要介绍大堂副理与宾客关系主任。

一、岗位职责

（一）大堂副理

大堂副理的主要职责是代表酒店总经理接待每一位在酒店遇到困难而需要帮助的客人，并在自己的职权范围内予以解决，包括回答客人问讯、解决客人的疑难、处理客人投诉等。因此，大堂副理是沟通酒店和客人之间的桥梁，是客人的益友，是酒店建立良好宾客关系的重要环节。在我国，三星级以上酒店一般都设有大堂副理。对大堂副理的管理模式通常有两种：一是隶属于前厅部，二是由总经理办公室直接管理。还有的将它划归质监部，向质监部经理负责，直接处理出现在各部门的服务质量和客人投诉问题，以增强其权威性。具体而言，酒店应该根据自身的实际情况来决定大堂副理的管理模式。无论采用哪种管理模式，都要明确大堂副理的岗位职责和管理权限。大堂副理的岗位职责如下。

（1）代表总经理做好日常的贵宾接待工作，完成总经理临时委托的各项任务。

（2）代表总经理受理客人对酒店内各部门的投诉，并且进行高效率处理。

（3）解答客人的一切询问，并提供一切必要的协助和服务。

（4）征求客人意见，沟通酒店与客人间的情感，维护酒店的声誉。

（5）负责检查大堂区域的清洁卫生、各项设施设备的完好情况。

（6）联络和协调酒店各有关部门的对客服务。

（7）巡视和检查酒店公共区域，以消除隐患，确保安全。

（8）出席酒店的各种例会，对加强管理、改进服务、增加创收等提出建议。

（9）定期检查酒店各部门的清洁卫生及设备的维修保养情况。

（10）检查员工着装、仪表仪容及守纪、履行岗位职责等情况。

（11）处理各类紧急突发事件。

（12）协助保安部处理异常事件。

（13）处理客房换锁、换钥匙工作。

（14）协助前厅部员工处理好日常接待中出现的问题。

（15）详细记录值班时间内所发生和处理的任何事项，将一些特殊的、重要的、具有普遍性的内容整理成文，交前厅部经理审阅后呈总经理批示，并整理存档。

（16）负责协调处理宾客的疾病和死亡事故。

（17）确保酒店重大活动的正常接待。

（二）宾客关系主任

宾客关系主任是一些大型豪华酒店设立的专门用来建立和维护良好宾客关系的岗位。宾客关系主任直接向大堂副理或值班经理负责。宾客关系主任要与客人建立良好的关系，协助大堂副理欢迎贵宾以及安排团体临时性的特别要求。宾客关系主任的岗位职责如下。

（1）向客人介绍、宣传酒店的各项服务及设施。

（2）关注宾客需求并迅速准确地满足客人需求，提供个性化的、快捷的登记入住及结账退房服务。

（3）参与酒店的重要接待工作，有针对性地设计接待服务流程并进行人员分工调配。

（4）与相关部门及时沟通，满足宾客的特殊要求，确保所有 VIP 客人、长住客人及常客及时得到个性化服务。

（5）收集、分析客人的反馈意见并向上级汇报，不断改进工作程序。

（6）接受并处理客人投诉，与值班经理和相关部门联系对所发生的情况进行补救。

（7）认真完成上级领导交办的其他各项任务。

二、工作任务

大堂副理、宾客关系主任的工作主要有 VIP 客人的接待、为住客过生日、紧急事件的处理等。由于 VIP 客人的接待程序在模块二项目三已介绍过，故此处仅介绍为住客过生日的程序和紧急事件的处理程序。

（一）为住客过生日的程序

1. 做好准备

（1）申报签字。如有客人在住店期间过生日，由前台填写客人生日申报单，然后交宾客关系主任或大堂副理签字。

（2）将经签字的申报表，一份送回前台留存，另一份由前台送交餐饮部（饼房）准备生日蛋糕。如果是国外客人特别是女士，一般为其准备鲜花，因为她们大多数不喜欢油腻的蛋糕。

（3）通知前台服务员，以备随时祝贺客人生日快乐（或输入计算机，各营业点值班服务员均将查看到）。

（4）从办公室领取生日贺卡，请总经理签字，准备送往住客房间。

2. 祝贺客人生日快乐

（1）与住客取得联系，在合适的时间持生日贺卡上楼，由送餐服务员递上蛋糕，同时祝贺客人生日快乐。

（2）借此机会与住客作短暂交谈，征求客人意见。

（3）将上述工作详细记录在记录本上。

（二）紧急事件的处理程序

1. 住客生病或受伤

（1）先以电话询问病情，后根据病情和客人要求决定请医生出诊或是去医院治疗。严禁随便拿药给客人服用。

（2）如住客确实病情严重或有特殊情况，可联系医院请求医生出诊。注意在请医生出诊前，应事先电话提供病人的详细情况。若情况紧急，可拨打120，请急救中心出诊，若客人行走不便，可使用轮椅或担架。

（3）与医院联系后，应协助客人订好出租车，并告知司机医院的确切位置；若无出租车，则可联系酒店车队。客人需住院治疗时，将客人病情及病房号等做好记录，如有可能，通知其当地的亲友。

（4）保留房间。客人住院期间若欲保留其客房，则通知前厅部；若无须保留，则帮助整理行李并寄存在行李房（一定要征得客人同意）。

（5）对于患传染病的住客，应劝其离店，并对客房及其物品彻底消毒，同时对楼道及相关区域作消毒处理。

（6）客人往往会向酒店要一些药物，此时应委婉告知客人，酒店无法提供，若属小擦伤，则可使用大堂副理处药箱中的创可贴、纱布等。

2. 住客自杀或死亡

（1）在未确定是否已死亡时，应立即报保安部，并急送医院抢救。将事件报告总经理并作记录。

（2）立即封锁现场和消息，并通知前厅部、客房部等，由保安部经理判断是否报警处理。

（3）凡有住客死亡时，立即报保安部、总经理。如属自然死亡或病死，则首先封锁消息，封闭该房门后速请医院派救护车运走，由保安部报告有关部门，再通知友人或家属直接到医院料理丧事。如遇谋杀事故现场，应保持现场完整，报保安部，等候公安机关人员调查，再视情况处理。如遇自杀事故现场，应先封锁消息和现场，速请医院派救护车运回急救，若急救无效，依“自然死亡”处理。

4. 火灾

（1）接到火警通知后，先报消防中心，后用电话通知总机（总机按“接火警通知方案”程序通知有关人员），记录通知时间，然后协助大堂副理携带总钥匙和手电筒迅速赶到现场。

（2）如火灾发生在厨房，则应通知工程部立即关闭所有阀门和所有电源，关闭相关联的通风装置。

（3）检查现场，并与保安部、工程部等有关部门的人员取得联系，在最高领导层决策后，决定是否报 119 通知消防车支援。

（4）根据现场情况做好各部门协调工作，在最高领导层决策后，组织客人撤离现场。

（5）当需要将客人安排入住其他酒店时，应立即与其他酒店取得联系，妥善解决。

4. 偷盗

（1）发生任何偷盗现象，应首先报告保安部。

（2）通知保安人员赶赴现场。若发生在客房内，则同时通知客房部主管（或经理）前往。

（3）请保安部通知监控室注意酒店相关区域是否有可疑人物出现。

（4）查询客人被盗物品及是否曾有客来访的有关资料，并作记录，由客人决定是否向公安机关报案。外籍客人需报市公安局外管处，国内客人报当地派出所。

（5）如客人有物品遗失，无论酒店有无责任赔偿，均应酌情给予关照。

（6）一般情况下，酒店不开据遗失证明。若客人遗失信用卡，可由大堂副理代为通知银行，停止兑付。

（7）如住客在店外被盗，征得客人同意后，可协助客人向事发地区公安机关报案。

5. 停电

（1）查询动力部，确实弄清停电情况。

（2）即报前厅部经理及总经理。

（3）留一人在大堂维持秩序，回答客人的电话查询，向客人做好解释工作。

（4）疏散电梯口的人群至二三楼宾客休息室。

（5）另外一人则携带对讲机巡查其他公共场所，发现问题及时处理，并做好记录。

（6）随时与各部门保持联系，了解情况，直到电力恢复正常为止。

6. 台风暴雨

（1）接到台风暴雨将来临的消息或发现台风暴雨来临时，应马上通知各有关部门（动力部、保安部、客房部、前厅部、汽车部、餐饮部等）做好防范准备工作。

(2) 报告前厅部经理及总经理。

(3) 检查各项防范工作落实情况。

(4) 解答客人因此而提出的问题。

(5) 加强巡查酒店各关键部位。

7. 员工出现意外

通常由员工所在部门的经理会同酒店人事部经理处理，节假日由大堂副理或宾客关系主任代为处理，并做好记录；次日，再转交上述两部门处理。

单元三　客人投诉处理

随着社会的发展，酒店业的竞争越来越激烈，客人的要求也越来越高，酒店的工作目标是让每位客人满意，当酒店不能满足客人的某种需求时，客人的投诉也就自然而然地随之产生。事实上，无论是多豪华、多高档次的酒店，无论酒店管理者在服务质量方面下了多大的功夫，总会有某些客人在某个时间对某件事或人表示不满，因此，投诉是不可避免的。

一、投诉产生的原因

(一) 对设施设备的投诉

这类投诉原因主要包括空调不灵、照明灯不亮、电梯夹伤客人、卫生间水龙头损坏等。如果设施设备常出故障，服务态度再好也无法弥补。尽管酒店建立了对各类设备的保养、检查、维修制度，但这只能相对减少酒店设施设备的隐患，而不可能杜绝设备故障的发生。处理此类投诉时，应立即通知工程部派人员实地察看，视具体情况采取相应措施。同时，还应在问题解决后再次与客人联系，以示对客人的尊重。

(二) 对服务态度的投诉

这类投诉原因主要包括冷漠的接待方式、粗暴的语言、戏弄的行为、过分的热情及不负责任的答复等。减少此类投诉的有效方法是增加服务人员的服务意识，加强有关员工处理对客关系的培训。

(三) 对服务和管理质量的投诉

该类投诉原因主要包括排重房间、叫醒过时、行李无人搬运、住客在房间受到骚扰、财物在店内丢失、服务不一视同仁等。减少这类投诉的方法是强化服务人员的服务技能和提高酒店的管理水平。

(四) 对酒店相关政策规定的投诉

这类投诉原因涉及酒店的政策规定。客人由于自身理解心存不同的看法，有时难免会对酒店内相应的规定及制度产生不满，引起投诉。例如，客人房价、入店手续、会客等相应规定表示不认同。遇到这类情况，要为客人做好解释工作，指明规定是为了保障客人的利益，从多角度、多方面帮助客人，消除客人疑虑。

（五）对异常事件的投诉

还有一些异常的问题可能引起客人的投诉，如气候变化、交通不便、火灾、盗窃等，或在酒店意料之外且不以酒店意志为转移的事情。例如，酒店人员有时会发现客人突然生气、发火甚至书面投诉，其起因是客人在步入酒店前碰到些烦事，如路途中间飞机晚点或发生行李损失等，使得客人迁怒于酒店，故意挑剔酒店服务。处理此类投诉时，应想方设法在力所能及的范围内加以解决，若实在无能为力，应尽早向客人解释，取得客人谅解。

二、投诉的类型

（一）理智型投诉

理智型投诉是客人在比较冷静的情况下提出的投诉，一般都是较为合理的要求。理智型的客人表现得比较通情达理，只要酒店立即采取改进措施，就容易争取到客人的谅解。但如果处理不当，客人就可能会要求酒店赔偿，使事态扩大。

（二）失望型投诉

若客人事先预约了某服务项目，但由于酒店员工的粗心大意而耽误了客人，这种情况会引起客人的失望与恼火，这种情况下的投诉为失望型投诉。处理这类投诉的有效方法是尽快使客人消气，并立即采取必要的补救措施。

（三）批评性投诉

批评性投诉的特点是：客人心怀不满，但情绪相对平静，只是把这种不满告诉投诉对象，不一定要对方作出什么承诺。

（四）建设性投诉

建设性投诉的特点是：客人一般不是在心情不佳的情况下投诉，而是随着对酒店的赞誉而发生投诉。例如，有一位先生是一家酒店的长住客人，这天早上他对前台服务员说，他夫人和孩子今天就要从国外来看他了，他夫人以前曾住过这家酒店，印象非常好，而且凡是她有朋友到此地，大多都被推荐到这里。他夫人唯一希望的是酒店的员工能叫出她的名字，而不仅仅是夫人或太太。

（五）补偿型投诉

提出补偿型投诉的客人觉得自己的利益受到了损害，言辞较为激烈，其注意力并不集中在酒店能够给予合理的解释，而是希望得到实实在在的补偿。

当然，投诉的性质不是一成不变的，不被理睬的建设性投诉可能会变成批评性投诉，进而发展成为补偿型投诉。所以，无论是哪一种投诉，酒店都要认真对待和处理。

三、投诉处理的原则

受理及处理客人的投诉，酒店应持欢迎和重视态度，将其作为改进对客服务的一次有利机会。因此，在处理客人投诉时，应遵循下列原则。

（一）真心诚意地帮助客人

前厅部员工要理解投诉客人当时的心情，同情其处境，并满怀诚意地帮助客人解决问题，满足其需求。

（二）绝不与客人争辩

当客人怒气冲冲、情绪激动地前来投诉时，前厅部员工更应注意礼貌，耐心听取客人意见，然后对其表示歉意，绝不可与客人发生争执，而应设法将“对”让给客人。

（三）维护酒店应有的利益

前厅部员工受理投诉时，要认真听取客人意见并表示同情，同时注意不要损害酒店的利益，不可随意推卸责任，或者当着客人的面贬低酒店其他部门或服务人员。要以事实为依据，具体问题具体分析，不使客人蒙受不应有的经济损失，不使酒店无故承担赔偿责任。应当清楚，除非客人物品因酒店原因遗失或损坏应给予相应的赔偿外，退款或减少收费等措施不是处理投诉的最佳方法。对于绝大多数投诉，酒店应通过面对面的额外服务来解决。

四、受理客人投诉的程序

无论对服务人员还是管理人员，受理客人投诉都是一个挑战。要使受理客人投诉的工作变得轻松，就必须掌握处理客人投诉的程序。投诉处理的程序如图 3－1 所示。

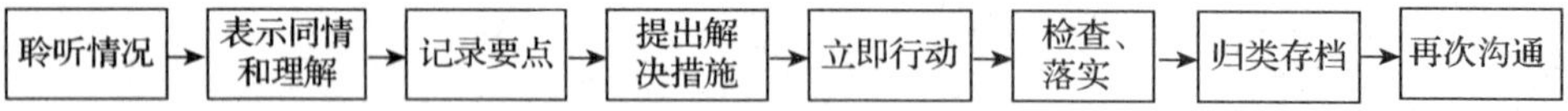

图 3－1　投诉处理的程序

（一）聆听情况

仔细、认真、耐心地聆听客人的投诉内容，以使客人觉得自己提出的问题受到了重视。客人在倾诉内心意见和不满时，可能会大发雷霆，服务人员一定要做到诚恳耐心倾听，千万别没听完就作解释，这样容易引起客人的反感。

有的投诉是合理的或是误会，不管怎样，一定要沉得住气，保持冷静，切不可与客人争吵，语调要平缓，声音要尽量放低，速度要放慢，使客人趋于平静。

（二）表示同情和理解

要理解客人当时的心情和情绪，争取在感情和心理上与客人保持一致，要不时表示出同情和理解，如“我们非常遗憾”、“非常抱歉地听到此事”、“我们理解您现在的心情”等。千万不可采取“大事化小，小事化了”或只道歉的处理态度。

（三）记录要点

边聆听边记录要点不仅可以使客人讲话的速度放慢，以缓和其情绪，而且有利于抓住主要矛盾，解决主要问题，抓住本质问题，决定解决办法。此外，记录的要点资料还可作为解决问题的依据。

（四）提出解决措施

若有可能，可让客人选择解决问题的方案和补救措施，以示尊重。同时，也应充分估计出解决问题所需的时间，并将其告诉客人。切勿一味地向客人致歉，而对客人投诉的具体内容置之不理，或流露出因权力所限而无能为力的态度和急躁情绪。当然，在处理投诉时要给自己留有余地，不能使自己处于被动，不能把话说死，如不应说“十分钟解决”，而应说“我们尽快帮您办”。

（五）立即行动

着手调查事实真相，并将解决问题的进展情况告诉客人。许多酒店习惯于遇到客人投诉就送鲜花、果篮、致歉信或者在权限之内打折等，以为客人得到小恩小惠就会转怒为喜。事实上，这是种短视的做法。如果当面向客人道歉，进行深入的沟通并立即调查事实真相，会收到意外的效果。

（六）检查、落实

保持与客人的联系，并检查、落实客人的投诉是否已得到圆满解决。

（七）归类存档

将投诉的处理过程整理成资料，并加以归类存档，以备使用。

（八）再次沟通

与客人进行再次沟通，询问客人对投诉的处理结果是否满意，同时感谢客人。有时候，客人反映的问题虽然解决了，但并没有解决好，或是这个问题解决了，却又引发了另一个问题。例如，客人发现空调修好后，床单却被弄脏了。因此要与客人再次沟通，询问客人对投诉的处理是否满意，与此同时，应再次表示感谢，感谢客人把问题反映给酒店，使酒店能够发现问题，并有机会改正错误。

单元四　建立良好的宾客关系

前厅部员工要与客人建立良好的宾客关系，就要对客人有个正确的认识，正确理解酒店员工与客人的关系，掌握客人的心理和与客人沟通的技巧。

一、正确认识客人

（一）客人是“人”

（1）要把客人当人来尊重，而不是当物来摆布。前厅部员工在工作时，常常会有意无意地将客人当物来摆布。例如，一位心情烦躁的服务员觉得客人妨碍了自己的工作，于是很不耐烦地说：“起来，让开，站远点。”有时，员工在一些细节问题上不注意，如对着团队客人指指点点地去点人数，客人认为这很不礼貌，于是产生抱怨。

（2）要充分理解、尊重并满足客人作为人的需求。

（3）对待客人的不对之处，要多加宽容、谅解。

（二）客人是服务的对象

在酒店的交往中，双方扮演着不同的社会角色，员工是服务的提供者，而客人是服务的接受者，是服务的对象。要特别注意以下几点。

（1）客人不是评头论足的对象。

（2）客人不是比高低、争输赢的对象。不要为鸡毛蒜皮的小事与客人比高低、争输赢，因为即使是员工赢了，却得罪了客人，使客人对酒店不满意。

（3）客人不是“说理”的对象。在与客人的交往中，前厅部员工应该做的只有一件事，那就是为客人服务。作为服务人员，是不应该去对客人说理的，尤其是当客人不满意时，不要为自己或酒店辩解，而是立即向客人道歉，并尽快帮客人解决问题。

（4）客人不是“教训”和“改造”的对象。酒店的客人中，有各种各样的人，但服务人员的职责是为客人提供服务，而不是“教训”或“改造”客人。

二、掌握与客人的沟通技巧

在现代社会，高技术的采用的确给人们的生活带来了许多方便。人们与那些钢性的、冷冰冰的、硬邦邦的机器打交道的机会越来越多，而与柔性的、活生生的、有血有肉、有感情的人打交道的机会越来越少了，人们现实生活中便缺少了亲切感、自豪感和新鲜感，而多了精神紧张感。客人住在酒店的这段时间实际上是一种“日常生活之外的生活”，他们往往希望得到更多的新鲜感、亲切感和自豪感。因此，前厅部员工对客服务时要注意以下几点。

（一）注重对客人的双重服务

现代酒店往往为客人提供“双重服务”，即功能服务和心理服务。功能服务是满足客人的实际需要，而心理服务是让客人得到一种“经历”，一种在酒店的经历，其经历的重要组成部分是客人与酒店人员的交往。而前厅部员工与客人的接触面最广，如果前厅部员工只会对客人微笑，而不能解决实际问题，或只能为客人解决实际问题，而不懂得人情味，就无法赢得客人的满意。

（二）做到彬彬有礼、谦恭、殷勤

对待客人要热情周到、笑脸相迎、问寒问暖，要有意识地把“出风头”的机会让给客人，如果说酒店是一座舞台，员工应自觉地去让客人唱主角，而自己唱配角。

（三）善解人意

前厅部员工要能够察言观色，正确判断客人的处境和心情，并根据客观的处境和心情，对客人作出适当的语言和行为反应。

（四）学会“反”话“正”说

前厅部员工应讲究语言艺术，尽可能用“肯定”的语气去表示“否定”的意思，即学会“反”话“正”说。例如，使用“您可以到收银处兑换外币”代替“这里不提供外币兑换”，使用“您可以到那边（吸烟区）吸烟”代替“您不能在前台吸烟”等。

（五）否定自己

前厅部员工在与客人的沟通中出现障碍时，要善于首先否定自己，而不要否定客人，例如，使用“如果我没说清楚，我可以再说一遍”代替“如果您没听明白，我再说一遍”。

（六）投其所好，避其所忌

帮助客人表现他的长处，当客人在酒店出洋相时，要尽量帮客人遮盖或淡化之，绝不能嘲笑客人。

除以上六项内容外，酒店不仅应强调与客人建立良好的关系，提高客人的满意度和忠诚度；同时，也应注重员工的素质培训和有效激励，提高员工的满意度和忠诚度，形成酒店发展的良性循环。

三、建立客史档案

建立客史档案是酒店了解客人、掌握客人的需求特点，从而为客人提供针对性服务的重要途径。所有客人既有共同的特性和需求，又各有不同的特点，他们对于酒店提供的服务既有相同的要求，即要求服务热情周到规范，又各有不同的个性化要求。要想超越服务的现有水平，提供富于针对性的服务，就必须深入了解每位客人的需求特点。解决这个问题的最好办法就是建立客史档案，将日常工作中收集到的有关客人的消费资料全部以资料的形式、以制度化的规范文本记载下来。对于那些力图搞好市场营销，努力使工作卓有成效的酒店经理和工作人员来说，客史档案是一个珍贵的工具。建立客史档案对提高酒店服务质量、改善酒店经营管理水平具有重要意义。客史档案具体包括以下内容。

1. 常规档案

常规档案包括客人姓名、性别、年龄、出生日期、婚姻状况以及通信地址、电话号码、公司名称、头衔等。收集这些资料有助于了解目标市场的基本情况，了解“谁是我们的客人”。

2. 预订档案

预订档案包括客人的订房方式、介绍人，订房的季节、月份和日期以及订房的类型等。掌握这些资料有助于酒店选择销售渠道，做好促销工作。

3. 消费档案

消费档案包括客人租用的房间，支付的房价、餐费以及在商品、娱乐等其他项目上的消费，客人的信用、账号等。掌握这些资料有助于了解客人的消费水平、支付能力以及消费倾向、信用情况等。

4. 习俗、爱好档案

习俗、爱好档案是客史档案中最重要的内容，包括客人旅行的目的、爱好、生活习惯，宗教信仰和禁忌，住店期间要求的额外服务，等等。了解这些资料有助于为客人提供有针对性的个性化服务。

5. 反馈意见档案

反馈意见档案包括客人在住店期间的意见与建议、表扬与赞誉、投诉及处理结果等。

案例研讨

案例一

没有热水

住在401房间的王先生早上起来想洗个热水澡，洗至一半时，水突然变凉。王先生非常懊恼，匆匆洗完澡后给前台打电话抱怨。接到电话的话务员正忙碌着为前来退房的客人结账，一听客人说没有热水，一边工作一边回答：“对不起，请您向客房中心查询，电话号码是588。”本来一肚子气的王先生一听更来气，嚷道：“你们酒店怎么搞的，我洗不成澡向你们反映，你竟然让我再拨其他电话！”说完，“啪”的一声就把电话挂上了。

点评：

酒店的每一位员工都应树立以客人为关注焦点的服务意识，不管是谁，只要接到客人的抱怨，都应主动地向主管部门反映，而不能让客人再找别的部门。本案例中，对客人抱怨的正确回答应该是：“对不起，先生，我马上通知工程部来检修。”然后迅速通知主管部门处理，这样王先生就不会发怒了。

案例二

从交谈到贺礼

夏日，南京某酒店大堂，两位外国客人向大堂副理值班台走来。大堂副理立即起身，面带微笑地以敬语问候。落座后，两位客人忧虑地讲述起他们心中的苦闷："我们从英国来，在这儿负责一项工程，大约要三个月，可是离开了翻译我们就成了睁眼瞎，有什么方法能让我们尽快解除这种陌生感?"大堂副理微笑地用英语答道："感谢两位先生光临我店，使大厅蓬荜生辉，这座历史悠久的都市同样欢迎两位先生的光临。"熟练的英语所表达的亲切情谊一下子拉近了彼此间的距离，气氛变得活跃起来。于是外宾更加广泛地询问了当地的生活环境、城市景观和风土人情。从长江大桥到六朝古迹，从秦淮风情到地方风味，大堂副理无不一一细说。外宾中一位马斯先生还兴致勃勃地谈到："早就听说中国的生肖十分有趣，我是1948年8月4日出生的，参加过战争，大难不死，一定是命中属相助佑。"

说者无心，听者有意，两天之后就是8月4日。谈话结束之后，大堂副理立即在备忘录上作记录。8月4日一早，大堂副理就准备了鲜花，并代表酒店在早就预备好的生日卡上填好英语贺词，请服务员将鲜花和生日贺卡送到马斯先生的房间。马斯先生从生日贺礼中获得了意外的惊喜，激动不已，连声答道："谢谢，谢谢贵店对我的关心，我深深体会到这贺卡和鲜花之中隐含着许多难以用语言表达的情意。我们在南京逗留期间再也不会感到寂寞了。"

点评：

本案例中大堂副理对待两位客人的做法，是站在客人的立场上，把客人当做上帝的出色范例。他有以下两点值得学习。

（1）设身处地、仔细地揣摩客人的心理状态。两英国客人由于在异国他乡逗留时间较长，语言不通，深感寂寞。大堂副理深入体察，准确抓住了外国客人对乡音的心理需求，于是用英语热情欢迎外国客人的光临，进而向客人介绍了当地风土人情等，使身居异乡的外国客人获得了一份浓浓的乡情。

（2）富有职业敏感，善于抓住客人的有关信息。客人在交谈中无意流露生日时辰，大堂副理的可贵之处在于能及时、敏锐地抓住这条重要信息，从而成功地策划了一次为外国客人赠送生日贺卡和鲜花的优质服务和公关活动，把与外国客人的感情交流推向了更深的层次。因此，善于捕捉客人有关信息的职业敏感，也是酒店管理者和服务人员应该具备的可贵素质。

案例三

生日礼物

5月24日，前厅部员工小刘正在值台，只见长住1410房的贝尔太太拿着一包东西走到前台，对小刘说："巧克力，14块儿，送给你们的！"这是怎么回事？原来5月23日是贝尔太太的生日，细心的前厅部员工早为她准备好了礼物，他们自己动手缝制了一个心型香袋，签上14名班组成员的名字送给了贝尔太太。贝尔太太接过心型香袋，既惊喜又激动："我真幸福，我已几年没过生日了，没想到你们却记得，这是送给我最好的生日礼物！"为了表达对员工的谢意，贝尔太太买了巧克力答谢。是啊，这份亲情，这份饱含感情的礼物，对于这位长年住在异国他乡的贝尔太太是怎样的温馨啊！

点评：

这是一个感情服务的案例。酒店要使客人真正享受到"宾至如归"的服务，除了大力推行标准化、规范化服务之外，还要强调感情服务。标准化好比躯壳，感情化则是灵魂。要实行感情化服务，酒店全体员工必须全身心投入，将自己的热情融到日常服务中去。本案例中一个小小的心型香袋，装满了酒店员工的爱心，它是感情化服务的结晶。

案例四

网络不通

某酒店617房的客人投诉酒店网络问题影响其发送邮件。经查该客是某公司采访组的记者，要给报社发送一份非常重要的文稿，可617房无法正常上网，客人焦急万分，至大堂副理处强烈投诉。大堂副理对此投诉的处理过程如下。

(1) 大堂副理和电脑主管至617房向客人了解情况，经检查，客人电脑网络连接正常，仅由于网络不稳定导致网络断线而非其他故障。其他房间可正常上网。

(2) 经电脑主管诊断，该网络断线是由于酒店路由器出现了一点小故障，一时没法修复，新路由器已申购但还未运到，且此时因团队入住已客满，无其他空房，无法为617客人换房。

(3) 大堂副理了解情况后先安慰客人，表示一定会在最短时间内解决客人发邮件的问题，并提出解决方案。方案一：大堂副理借用U盘给客人让其拷贝文稿，再至商务中心发送（商务中心可正常上网）；方案二：请客人携笔记本电脑至商务中心上网。

(4) 客人采纳了大堂副理提出的第一个方案，大堂副理即借来U盘将客人的文稿存好，几分钟后将客人的文件成功发送出去。

(5) 客人对先前的强烈投诉向大堂副理表示抱歉，大堂副理安慰客人并表示理解，同时对网络不稳定暂不能马上修复的情况告之客人，对此造成的不便希望客人谅解并向客人赠送酒店致歉品，同时作出在有空房立即为客换房的决定。

(6) 最后，大堂副理将名片递给客人，表示随时乐意为其效劳，客人满意而归。

(7) 大堂副理协同电脑主管对全酒店网络进行全面检测，观察其他场所是否存在此情况，若有，做好应急准备与对客解释。

(8) 交代前台有空房即通知大堂副理为617客人换房并做好交班。

(9) 将此案例记录大堂经理日志以备查。

点评：

因酒店设施设备问题引起的客人投诉是酒店投诉类型中最常见的一种，对此类投诉，酒店除了加强对设施设备的维护保养外，更需要行之有效的应急预案，这就要求现场管理人员有较强的灵活应变能力，对一些突发事件及投诉能快捷地作出反应，制定出解决方案。此案例中，大堂副理在接到此投诉后，在设施设备无法立即恢复的情况下，提出了取代办法，解决了客人发邮件的问题，从而使客人投诉得到较为圆满的解决。

案例五

开门的启示

一天，1917房的徐先生气冲冲地跑到前台，将房卡狠狠地一摔，说：“你们是怎么搞的，我的房门又打不开！早上已经换了一张，现在又没用了，你们想气死我呀！”大堂副理到场处理，先是安慰了客人，让他不要生气，后迅速地把房卡读了一遍，的确是1917房，时间也对，应该是可以打开的。为确保无误，大堂副理又重新做了一张新卡，并陪同客人一起去房间。当时客人还很恼火，说：“早上就打不开了，是服务员给我开的门，我到前台换了一张卡，没想到回来还是打不开。”

到了房间，大堂副理却发现房卡没有问题，很可能是客人没有正确使用房卡，插反了方向。于是，大堂副理把门关上，用慢动作再一次把门打开，让客人看清门卡的使用方法。然后，大堂副理礼貌地对客人说：“对不起，徐先生！可能是刚才门锁有点小问题。”这时客人表情变了，态度也变了，忙说：“谢谢，谢谢，麻烦你了。”

点评：

（1）酒店运用了一些高新科技产品，不但第一次住店的客人不懂得如何使用，就连经常住店的客人一时间也会摸不着头脑。这就要求酒店员工，在带客人进房间时多介绍一下房内设施的使用方法，如“带芯片的朝上”，就可以省去不必要的麻烦了。

（2）要时刻记住“客人永远是对的”。设想一下，如果本案例中的大堂副理说：“这房卡可以开的呀，是不是您插错方向了？”正在火头上的客人会有什么反应？肯定会更生气。因此，在处理问题的时候，一定不能跟客人抢“对”，要把“对”让给客人，否则，就算最后证明员工是正确的，客人也会感到不开心。

案例六

胡萝卜汁的故事

有一位客人讲述了他在某酒店的奇妙经历：“几年前，我和该酒店的总经理一起用餐时，他问我最喜欢什么饮料，我说最喜欢胡萝卜汁。大约6个月以后，我再次在入住该酒店。在房间的冰箱里，我发现了一大杯胡萝卜汁。以后的几年中，不管什么时候住进这个酒店，他们都为我备有胡萝卜汁。最近一次旅行中，飞机还没在机场降落，我就想到了酒店里等着我的那杯胡萝卜汁，顿时满嘴口水。几年来，尽管饭店的房价涨了3倍多，我还是住这家酒店，就是因为他们为我准备了胡萝卜汁。”

点评：

本案例中的酒店因为记住了客人的特殊爱好且为其提供相应服务而感动了客人，使其成为自己的忠实客户。这种有针对性的个性化服务值得所有酒店借鉴。

相关链接

链接一

酒店前厅管理的“眼”

酒店的前厅部是招徕并接待客人、推销客房及餐饮、为客人提供各种综合服务的部门。它虽然不是酒店的主要营业部门，但对酒店的市场形象、服务质量乃至管理水平和经营效益有着至关重要的影响。前厅部可谓是酒店管理的点睛之笔。

为了更好地管理前厅部，应注意以下三点。

一、深入一线，现场即是决策地

酒店服务是有形产品和无形服务的混合体，酒店服务质量评价的标准就是客人的“满意程度”。处于买方市场的酒店应把客人需求作为营销工作的出发点，前厅部代表酒店与客人接触，满足客人对酒店服务的各种需求，接受客人的投诉，解决客人的疑难问题，是酒店的神经中枢。正是基于这些，前厅部的地位和作用就尤显重要。前厅部的管理者必须改变以往的经理决策、员工执行、管理者又监督员工执行的一贯作风，亲历亲为，深入到一线，进行现场管理，在工作现场就地收集数据信息，了解客人需求，对工作任务和服务的知识点进行整合。

现场的走动管理可以深入到服务的各个环节，及时发现和改进存在的问题。如观察前台接待员的有声服务是否到位，细微服务是否恰到好处，有没有客人对服务迅捷性的投诉等。通过自己的言传身教，就地培训，在现场定决策，纠正偏差，协调各方面关系，这样不仅缩短了工作里程和信息的传递反馈速度与质量，提高了工作效率，同时也展示了管理者高超的服务技能和优秀的管理素质，树立起勤奋尽职、体恤下属的良好形象，更可以及时和下属沟通思想、联络感情，实施现场激励并发现有用人才，为酒店人力资源的未来供给提供帮助。

二、机构扁平化，服务授权要充分

减少组织层次，实现组织结构扁平化是现今酒店管理的大势所趋，这样可以使信息传递偏差小，信息发出与反馈速度快。客人有何要求、意见，可在第一线得到较好的处理。领班与当班接待员没有明显界限，基层服务员兼有多种职能，包括自查和对一般问题的处理权。

在工作中常常会看到这样的情形：酒店的结账时间是中午12点，某位客人询问前台接待员自己是否可以延迟到下午2点以前。前台接待员的回答往往是这样：“根据我们酒店的规定，退房时间是中午12点以前，我要请示一下领导再给您答复。”又如客人说：“我是老顾客，能否给个优惠的折扣？”回答是：“对不起，我只能给您这个折扣权。”这些在一线服务中经常碰到的问题，前台接待员常常不能马上给客人满意的答复，必须事事层层汇报，再层层听取指示。这样推诿拖沓，使客人无法忍受，于是便产生了有关服务质量的投诉。因此，现代服务管理强调对基层服务员的授权，让他们在一定范围内有无须汇报、当场处理问题的权限，以确保客人的满意度。充分恰当的授权能唤起员工的工作责任感。当然还应把握好向一线员工授权的尺度，这样可以既确保前台员工在客人面前作出迅速、灵活和满意的反应，又能使他们在一定的管理制度和规范内操作和处理事项。

三、培训讲究实用，人才需要复合型

酒店不应只对员工进行过于专业化的教育和培训，而应进行多种技能的综合培训。员工必须对工作程序中的多个环节有着更多的了解，而不只是了解自身所从事的工作，还应一岗多能，走复合型人才的道路。

（资料来源：http://www.hoteljob.cn/a/20090205/7359278.shtml）

链接二

建立客人的忠实感

随着竞争的日益激烈与经济环境的不断变化，客人拥有了更多的选择，他们的期望值

也在不断提高。为了达到亚洲第一的目标，香格里拉饭店（以下简称“香格里拉”）意识到必须不断地革新与提高。在对客服务上，他们不再局限于传统的客人满意原则，而是将其引申为由客人满意到使客人愉悦，直至建立客人忠实感。因为忠实的客人不仅会给酒店带来持续的客人（香格里拉曾经做过计算，每增长5%的回头客就能带来20% ~125%的利润），而且可在没有任何成本的情况下带来新客人。另外，为老顾客服务的成本较之赢得新客人要小得多。因此建立客人忠实感成为香格里拉的第一战略。而要建立客人忠实感，只使客人满意是远远不够的，只有使客人感到无比愉悦才能创造忠实感。在香格里拉，主要是通过认知客人的重要性、预知客人的需求、灵活处理客人要求并积极补救出现的问题四种途径来使客人感到愉悦。

（1）认知客人的重要性。这是通向客人忠实感的关键，它的根本在于使客人觉得自己非常重要与特殊。认知客人的重要性要做到以下三点。

1）对客人提供个性化的关注和感谢。

2）特别关心客人的个别需要。

3）显示对客人个人事业的钦佩。

（2）预知客人的需求，在顾客开口之前就提供其需要的服务。应做到以下三点。

1）把自己放在客人的位置。

2）细心观察。

3）阅读客人档案，倾听客人诉说。

（3）灵活处理客人要求。鼓励员工在与客人的接触中，灵活处理突发事件。应做到以下三点。

1）从不对客人说“不”（不得不说时，提供另外的选择）。

2）使客人放松。

3）使客人喜出望外。

香格里拉的管理者采取了以下方式以使员工具备更加灵活的工作态度：① 给员工更多的权力；② 提供更多的内部交流；③ 建立灵活的内部机制；④ 以例子作为引导。

如果员工作出了错误的决策，管理者将会首先对员工作出的决策表示感谢，表示理解其感受，然后了解情况，提出建议，给员工信心，让员工知道管理者的支持。

（4）积极补救出现的问题。积极补救对建立客人忠实感有积极的作用。香格里拉解决问题的过程包括五点：道歉；理解客人的感受；紧迫感；一步到位；跟进调查。

除了上述四个措施外，为了赢得客人忠实感，香格里拉制订了一个新的具有战略意义的金环计划，旨在酬谢回头客。金环计划的成员是那些不断光顾香格里拉并被视为最有价值的客人。根据香格里拉的估计：每个成员平均一次住店的花费是600美元，一年光顾10次，可持续20年。这意味着，平均每一个金环计划成员一生可能创造的价值是12万美元。

香格里拉把金环计划成员分成三个等级：① 标准级成员，即所有第一次住店的客人；② 行政级成员，即12个月内在香格里拉住店次数至少10次的客人；③ 豪华级成员，即12个月内在香格里拉住店次数至少25次的客人。

对于不同的等级，香格里拉提供不同层次的优惠。其优惠内容主要包括服务项目、价格折扣、特色服务、赠送免费公里数等。例如，住店会员可免费拨打当地电话，使用电话卡拨打长途电话，免收服务费；会员可凭通用信用卡在酒店提取价值相当于250美元的当地货币现金而无须向酒店交纳佣金或服务费；凡属香格里拉飞行里程优惠计划合作伙伴的会员，若每次以合资格的房价入住本集团酒店，可获得标准飞行里程优惠；为方便会员，客房内备有吹发器、冲煮茶和咖啡的器皿；每日免费赠送一份当地报刊，并可免费使用健身房和游泳池的设施；在任何一家香格里拉或国贸酒店，18 岁以下的孩子与父母同住免收房费。

（资料来源：http://club. it. sohu. com/read_ elite. php? b = zz0429&a = 6700342）

小结

本项目介绍了前厅服务质量的内涵，包括服务质量的内容、特点以及提高前厅服务质量的途径，大堂副理、宾客关系主任的岗位职责和工作任务，客人投诉的原因、投诉类型、投诉处理的原则、处理投诉的程序以及建立良好宾客关系的原理等内容。通过学习，使学生对服务质量内涵有个清楚的认识，并在接待服务工作中有效地加以运用和实践，提高前厅部服务的质量与水平。

考核指南

一、基础知识考核

（一）考核内容

1. 实地采访一位星级酒店大堂副理，请其谈谈对酒店服务质量的认识。
2. 如何理解“客人永远是对的”？试举例说明。
3. 如何有效提高前厅服务？
4. 处理客人投诉的原则是什么？
5. 客人投诉的种类有哪些，叙述处理投诉的程序？
6. 住客生病或受伤时，如何处理？

（二）考核方式

笔试或口试。

二、服务技能考核

（一）考核内容

1. 模拟对设备设施投诉的处理情景。
2. 模拟对服务态度投诉的处理情景。
3. 模拟对服务和管理质量投诉的处理情景。
4. 模拟对酒店相关政策规定投诉的处理情景。
5. 模拟对异常事件投诉的处理情景。

（二）考核方式

实验室现场操作。

附录A　前厅服务员国家职业标准

1. 职业概况

1.1　**职业名称**

前厅服务员。

1.2　**职业定义**

为客人提供咨询、迎送、入住登记、结账等服务的人员。

1.3　**职业等级**

本职业共设三个等级，分别为初级（国家职业资格五级）、中级（国家职业资格四级）、高级（国家职业资格三级）。

1.4　**职业环境**

室内、外，常温。

1.5　**职业能力特征**

具有良好的语言表达能力；能有效地进行交流，能获取、理解外界信息，进行分析判断并快速作出反应；能准确地运用数学运算；有良好的动作协调性；能迅速、准确、灵活地运用身体的眼、手、足及其他部位完成各项服务操作。

1.6　**基本文化程度**

高中毕业（或同等学力）。

1.7　**培训要求**

1.7.1　培训期限

全日制职业学校教育，根据其培养目标和教学计划确定。晋级培训期限：初级不少于90标准学时，高级不少于110标准学时。

1.7.2　培训教师

培训初级前厅服务员的教师应具有本职业中级以上职业资格证书，培训中级、高级前厅服务员的教师应具有本职业高级职业资格证书或本专业中级以上专业技术职务任职资格，同时具有2年以上的培训教学经验。

1.7.3　培训场地设备

教室、模拟服务台以及前厅常备用具和设备。

1.8　**鉴定要求**

1.8.1　适用对象

从事或准备从事本职业的人员。

1.8.2　申报条件

——初级（具备以下条件之一者）

（1）经本职业初级正规培训达规定标准学时数，并取得毕（结）业证书。

（2）在本职业连续见习工作2年以上。

——中级（具备以下条件之一者）

（1）取得本职业初级职业资格证书后，连续从事本职业工作1年以上，经本职业中级正规培训达规定标准学时数，并取得毕（结）业证书。

（2）取得本职业初级职业资格证书后，连续从事本职业工作 2 年以上。

（3）连续从事本职业工作 3 年以上。取得经劳动保障行政部门审核认定的、以中级技能为培养目标的中等以上职业学校本职业（专业）毕业证书。

——高级（具备以下条件之一者）

（1）取得本职业中级职业资格证书后，连续从事本职业工作 2 年以上，经本职业高级正规培训达规定标准学时数，并取得毕（结）业证书。

（2）取得本职业中级职业资格证书后，连续从事本职业工作 3 年以上。

（3）取得高级技工学校或经劳动保障行政部门审核认定的、以高级技能为培养目标的高级职业学校本职业（专业）毕业证书。

1.8.3 鉴定方式

分为理论知识考试和技能操作考核。理论知识考试采用闭卷考试方式，技能操作考核采用现场实际操作方式。理论知识考试和技能操作考核均实行百分制，成绩皆打 60 分以上者为合格。

1.8.4 考评人员与考生配比

理论知识考试考评人员与考生配比为 1:15，每个标准教室不少于 2 名考评人员；技能操作考核考评员与考生配比为 1:10，且不少于 3 名考评员。

1.8.5 鉴定时间

各等级理论知识考试时间：初级不超过 100 分钟，中级、高级不超过 120 分钟；各等级技能操作考核时间：初级不超过 30 分钟，中级、高级不超过 40 分钟。

1.8.6 鉴定场所设备

——场所

（1）标准教室。

（2）服务台或模拟服务台。

——设备

（1）前台。

（2）电脑终端及打印机、扫描仪。

（3）大、小行李车，行李寄存架。

（4）验钞机。

（5）账单架、客房状况显示架、预定状况显示架、住客资料显示架。

（6）邮资电子秤。

（7）钥匙架、钥匙卡。

（8）信用卡压卡机。

（9）电话机、传真机。

（10）雨伞架。

（11）轮椅。

（12）电子钥匙。

（13）常用办公室及设备。

（14）宣传广告资料架。

（15）贵重物品保管箱

2. 基本要求

2.1 职业道德

（1）热情友好，客人至上。
（2）真诚公道，信誉第一。
（3）文明礼貌，优质服务。
（4）以客为尊，一视同仁。
（5）团结协作，顾全大局。
（6）遵纪守法，廉洁奉公。
（7）钻研业务，提高技能。

2.2 基础知识

2.2.1 计量知识

（1）法定计量单位及其换算知识。
（2）行业用计价单位的使用知识。
（3）常用计量器具的使用知识。

2.2.2 安全防范知识

（1）消防常识
（2）卫生防疫常识。

2.2.3 前厅主要设备知识

（1）钥匙架。
（2）打时机。
（3）电话机、传真机。
（4）贵重物品保管箱。
（5）客史档案柜。
（6）电脑终端。
（7）打印机。
（8）电子钥匙机（Card Reader）、钥匙卡。
（9）邮资电子秤。
（10）账单架。
（11）客房状况显示架。
（12）预订状况显示架。
（13）住客资料查询架。
（14）行李寄存架。
（15）大、小行李车。
（16）雨伞架。
（17）轮椅。
（18）信用卡压卡机。
（19）验钞机。
（20）计算器。
（21）税务发票打印机。

(22) 扫描仪。

(23) 复印机。

2.2.4 相关法律、法规知识

(1) 劳动法的相关知识。

(2) 合同法的相关知识。

(3) 消费者权益保护法的相关知识。

(4) 治安管理处罚条例的相关知识。

(5) 文物保护法的相关知识。

(6) 外汇管理暂行条例的相关知识。

(7) 旅馆业治安管理条例的相关知识。

(8) 外国人入境出境法的相关知识。

(9) 消防条例的相关知识。

3. 工作要求

本标准对初级、中级、高级的技能要求依次递进，高级别包括低级别的要求。

3.1 初级

初级的工作要求见表 A-1。

表 A-1 初级的工作要求

职业功能	工作内容	技能要求	相关知识
一、工前准备	(一) 仪表仪容	能按酒店要求，保持个人良好的仪表、仪容、仪态	仪表、仪容、仪态的规范
	(二) 准备工作	1. 能按标准整理好工作环境 2. 能准备好工作所需的各种报表、表格、收据等 3. 能清洁、调试工作所需的办公用具和设备	1. 工作设施、设备的使用方法 2. 办公用具使用常识
二、客房预订	(一) 接受和处理订房要求	1. 能通过电话、信函、电报、传真、当面洽谈及电脑终端的方式了解客人的订房要求 2. 能根据《房情预订总表》给出选择 3. 能判断某项预订房能否接受	1. 接待与电话礼仪 2. 处理信函预订的注意事项 3. 传真机的使用方法 4. 酒店房间的种类和特点 5. 酒店房价的种类和政策 6. 判断某项订房能否接受的因素 7. 我国各民族的习惯、习俗 8. 英语基本接待用语
	(二) 记录和储存预订资料	1. 能使用电脑终端输入或正确填写《预订单》、《房情预订总表》 2. 能正确填写预订记录本 3. 能装订、存放客人的订房资料	1. 相关表格的填写要求 2. 预订资料的记录步骤 3. 订房资料的排列顺序 4. 订房资料的装订顺序

续表

职业功能	工作内容	技能要求	相关知识
	（三）检查和控制预订过程	1. 能用口头或书面的方式确认客人预订的内容 2. 能正确记录客人提出预订的更改和取消内容 3. 能根据预订更改和取消的内容修改（或电脑输入）《房情预订总表》 4. 能填写客房预订变更或取消单	1. 客人预订的种类 2. 预订修改的注意事项 3. 酒店客房保留和取消规定
	（四）客人抵店前准备工作	1. 能核对次日抵店客人的预订内容 2. 能填写（或打印）《次日抵店客人名单》、《团队/会议接待单》，并分送给相关部门	相关表（单）的填写、使用要求
三、住宿登记	（一）为散客办理入住登记	1. 能识别客人有无预订 2. 能填写（输入、打印）《入住登记表》，查验证件并核实内容 3. 能根据不同客人的要求安排房间 4. 能确认房价和付款方式 5. 能完成入住登记手续 6. 能建立相关的表格资料	1. 各类散客办理入住登记的接待、登记方式及工作内容 2. 排房的顺序 3. 常用付款方式的信用及处理方式 4. 完成入住登记相关手续的内容 5. 各类相关表格的填写要求、内容，以及分送相关部门的规定 6. 酒店信用政策
	（二）为团队客人办理入住登记	1. 能做好团队抵店前的准备工作 2. 能做好团队抵店时的接待工作	1. 团队抵店前准备工作的内容和工作程序 2. 团队抵店时接待工作的内容和工作程序
	（三）显示和控制客房状况	能正确显示和控制各种客房状况	1. 显示和控制客房状况的目的 2. 需要显示和控制的客房状况的种类
四、问讯服务	（一）留言服务	1. 能处理访客留言 2. 能处理住客留言	1. 处理访客留言的服务程序 2. 处理住客留言的服务程序 3. 须委婉的留言和口信的内容
	（二）查询服务	1. 能提供查询住店客人的有关情况 2. 能提供询问尚未抵店或已离店客人的情况	1. 使用电话提供查询时的注意事项 2. 提供查询服务的原则 3. 提供查询尚未抵店或已离店客人的情况的处理办法
	（三）邮件服务	1. 能做好进店邮件的接受、分类工作 2. 能做好客人邮件的分发工作	1. 客人邮件的处理程序 2. 错投和“死信”的处理办法 3. 邮寄服务操作程序

续表

职业功能	工作内容	技能要求	相关知识
		3. 能处理错投和“死信” 4. 能提供邮件和包裹的转寄和外寄服务	
	（四）客人物品的转交服务	1. 能处理他人转交给住客的物品 2. 能处理住客转交给他人的物品	处理转交物品的操作要求
五、行李服务	（一）店外迎接服务	1. 能代表酒店到机场、车站、码头迎接客人 2. 能为客人安排去酒店的交通工具 3. 能帮助客人提拿行李 4. 能争取未预订客人入住本酒店 5. 能向酒店提供 VIP 客人到到达及交通方面的信息	店外迎客的要求
	（二）门厅迎送服务	1. 能为步行、坐车到达的散客提供迎送服务 2. 能为团队客人提供迎送服务 3. 能做好其他日常服务	1. 步行到达的散客迎送服务的程序及要求 2. 坐车到达的散客迎送服务的程序及要求 3. 团队客人的迎送服务程序及要求 4. 其他日常服务的内容及要求
	（三）行李服务	1. 能为散客提供行李服务 2. 能为团队客人提供行李服务 3. 能提供酒店内寻人服务 4. 能及时、准确地递送邮件、报表 5. 能提供出租自行车服务 6. 能提供出租汽车的预订服务 7. 能提供雨具和订票服务 8. 能提供电梯服务	1. 散客行李服务程序及要求 2. 团体客人行李服务程序及要求 3. 寻人服务程序及要求 4. 递送服务的注意事项 5. 自行车出租服务的注意事项 6. 出租汽车预约服务的要求 7. 订票服务的程序及要求 8. 提供雨具服务的程序及要求 9. 提供电梯服务的程序及要求
六、离店结账	处理客账、办理离店手续	1. 能为散客建立与核收客账 2. 能为团队客人建立与核收客账 3. 能做好客账的累计工作 4. 能为住客办理离店结账手续	1. 建立与核收散客客账的程序及要求 2. 建立与核收团体客人客账的程序与要求 3. 客账累计的办法 4. 办理离店结账手续的程序与要求 5. 使用现金、信用卡及转账支票的服务程序及要求

续表

职业功能	工作内容	技能要求	相关知识
七、公关与推销	（一）把握客人的特点	能采用形象记忆法记住客人的姓名、特征	形象记忆法
	（二）介绍产品	1. 能介绍酒店的服务设施、服务项目、营业点的营业时间 2. 能介绍酒店客房的种类、设施、位置	酒店的服务设施、服务项目及营业点的营业时间
	（三）洽谈价格	1. 能报出各种类型客房的房价 2. 能报出各服务项目的收费标准	1. 各服务项目的收费标准 2. 酒店客房商品的特点
	（四）展示产品	能将酒店宣传册、广告宣传资料及图片按要求陈列、摆放好	酒店相关资料陈列、摆放要求
	（五）促成交易	能准确无误地确认客人最终的选择	适时成交的技巧
八、沟通与协调	（一）部门内的沟通、协调	能准确填写（或输入、打印）本岗位的各类报表，并分送到本部门各相关岗位	沟通协调的重要性及方法
	（二）与客人的沟通、协调	能主动征求客人意见，并做好记录	处理客人投诉的重要性

3.2 中级

中级的工作要求见表 A－2。

表 A－2 中级的工作要求

职业功能	工作内容	技能要求	相关知识
一、客房预订	（一）接受和处理订房要求	1. 能善于使用语言表达技巧与客人交流 2. 能根据《客情预订总表》给出选择，并帮助客人作出选择 3. 能妥善处理婉拒的订房要求	1. 婉拒订房的处理方法 2. 语言表达技巧常识 3. 客人购物心理常识
	（二）记录和储存预订资料	能选择适合本饭店运作的预订资料储存方式	两种不同的预订资料储存方式及其特点
	（三）检查和控制预订	1. 能核查、处理、纠正《房情预订总表》中的错误 2. 能及时处理“等候名单”上的客人的订房	1.《预订单》的作用 2.《房情预订总表》的作用
	（四）客人抵店前的准备工作	能提前一周填写（或打印）《一周客情预报表》《贵宾接待规格审批表》《派车通知单》《房价折扣申请表》《鲜花、水果篮通知单》，并分送给相关部门	1. 折扣房价的审批制度 2. 各类贵宾的接待规格及要求
	（五）报表制作	能正确填写或输入预订处的其他各类报表	相关的报表填写要求及统计计算公式

续表

职业功能	工作内容	技能要求	相关知识
二、住宿登记	（一）显示和控制客房状况	1. 能处理客人的换房要求 2. 能查找和更正客房状况的差错	1. 服务工作程序 2. 查找和更正客房状况差错的方法
	（二）违约行为的处理	1. 能处理客人声称已办了订房手续，但饭店无法找到其订房资料的情况 2. 能处理客人抵店时（超过规定的保留时间）饭店为其保留的客房已出租给他人的情况	1. 为客人做转店处理的注意事项 2. 各类客人违约时的处理方法
三、问讯服务	（一）客用钥匙的控制	1. 规范摆放、管理好客用钥匙 2. 能做好客用钥匙的分发和回收工作	1. 钥匙摆放的要求 2. 钥匙管理的注意事项 3. 保管、控制客用钥匙的重要性
	（二）提供旅游和交通信息	1. 能回答客人对交通信息的问讯 2. 能回答客人对酒店所在地景点方面的问讯 3. 能回答客人对酒店所在地主要康乐、购物、医疗等方面的问讯	1. 国内、国际民航，铁路，长短途汽车，轮船的最新时刻表和票价，市内公交车的主要路线 2. 交通部门关于购票、退票，行李大小、重量的详细规定 3. 饭店所在地各主要景点的简介、地址、开放时间 4. 时差计算方法 5. 饭店所在地著名土特产、商品及风味餐馆的简介 6. 常用紧急电话号码
四、行李服务	（一）店外迎接服务	能为客人在沿途适当介绍景观及饭店简况	1. 沿途景观的简介内容 2. 饭店简况
	（二）行李服务	1. 能为客人办理行李寄存服务 2. 能处理破损、错送、丢失的行李	1. 办理行李寄存服务的程序及要求 2. 交通部门有关行李破损、丢失的处理规定 3. 行李破损、错送、丢失的处理方法 4. 饭店不负责赔偿的前提

续表

职业功能	工作内容	技能要求	相关知识
五、离店结账	(一) 处理客账，办理离店手续	能做好夜间审计工作	1. 夜间审计的目的和内容 2. 夜间审计的步骤
	(二) 外币兑换	1. 能处理外币现钞的兑换 2. 能处理旅行支票的兑换 3. 能识别中国银行可兑现的外币现钞	1. 可兑换的外币、现钞的种类及兑换率 2. 外币兑换服务程序及要求 3. 旅行支票兑换服务程序及要求
六、公关与推销	(一) 把握客人的特点	能自然地与客人沟通，了解客人的愿望与要求	客我关系沟通技巧
	(二) 介绍产品	1. 能描述饭店各种类型客房的优点 2. 能引导客人的购买兴趣	各种类型客房的优点
	(三) 洽谈价格	能根据客人特点正确使用报价方法	1. 高码讨价法 2. 利益引诱法 3. 三明治式报价法
	(四) 展示产品	1. 能主动将饭店宣传册、广告宣传资料和图片展示给客人 2. 能带客人实地参观，展现饭店优势	1. 产品介绍知识 2. 相关讲解知识及技巧
	(五) 促进交易	1. 能采用正面的说法称赞对方的选择 2. 能揣摩客人心理，适时抓住成交机会	客人购买行为常识
七、沟通与协调	(一) 部门内的沟通、协调	能做到前厅部内部信息渠道的畅通	前厅部内部沟通协调的内容
	(二) 部门间的沟通、协调	1. 能与客房部做好沟通协调 2. 能与餐厅部做好沟通协调 3. 能与营销部做好沟通协调 4. 能与总经理做好沟通协调 5. 能与其他部门做好沟通协调	与客房部、餐饮部、营销部、总经理室及其他部门沟通协调的内容
	(三) 与客人的沟通、协调	能妥善处理常见的客人投诉	1. 处理客人投诉的原则 2. 处理客人投诉的程序
	(四) 英语服务	能使用常用岗位英语会话	常用岗位英语

3.3 高级

高级的工作要求见表 A－3。

表 A－3 高级的工作要求

职业功能	工作内容	技能要求	相关知识
一、客房预订	（一）接受和处理订房要求	1. 能用英语通过电话或当面洽谈的方式了解和处理客人的订房要求 2. 能接受和处理“超额预订”	1. 常用旅游接待英语 2. “超额预订”的目的及处理方式
	（二）记录和储存预订资料	1. 能设计制作《预订单》 2. 能设计制作适用于不同种类饭店的《房情预订表》	1.《预订单》的内容 2. 各种《房情预订总表》的适用范围及内容、形式
	（三）检查和控制预订过程	1. 能设计制作《预订确认书》 2. 能控制“超额预订”的数量 3. 能调整预留房的数量 4. 能处理有特殊要求的订房事宜	1.《预订确认书》的内容 2. 预订未抵店、提前离店、延期离店、未预订直接抵店客人用房百分比的计算公式
	（四）客人抵店前准备工作	能审核《一周客情预报表》《贵宾接待规格审批表》《鲜花、水果篮通知单》和《团队/会议接待单》	1. 相关表、单的内容及应用知识 2. 各类折扣房价政策 3. 客情通知可采用的方式
	（五）报表制作	能设计预订处使用的各类报表	预订处使用的各类报表的形式
二、住宿登记	（一）为散客办理入住登记	能处理散客入住登记中常见的疑难问题	1. 外事接待礼仪 2. 住宿登记表的内容、形式 3. 前厅服务心理学
	（二）违约行为处理	能处理客人已获得饭店书面确认或保证为其预订，但现在无法提供客房的情况	饭店违约时国际惯例的处理方法
	（三）显示和控制客房状况	1. 能分析未出租客房造成损失的原因 2. 能提供营业潜力方面的建议	影响客房状况的原因及分析方法
三、问讯服务	（一）查询服务	能为有保密要求的住客做好保密工作	提供住客保密服务的程序
	（二）客用钥匙的控制	1. 能了解客人钥匙的丢失原因，并做好住客钥匙丢失后的工作 2. 能选择适用于本饭店的客用钥匙分发模式	1. 住客钥匙丢失后的处理方法 2. 各种客用钥匙分发模式的特点及利弊 3. 新型客房钥匙系统 4. 饭店钥匙管理体系

续表

职业功能	工作内容	技能要求	相关知识
四、行李服务	礼宾服务	1. 能随时为客人办理委托代办的服务 2. 善于倾听客人的意见，能应变和处理各种事件 3. 能与相关服务行业建立工作关系 4. 能为 VIP 客人（贵宾）提供迎送服务 5. 能为残疾客人提供迎送服务	1. 各服务性行业的有关规章 2. 国际礼仪规范
五、公关与推销	（一）把握客人特点	能主动与客人沟通，判断客人身份、地位	消除客人心理紧张的方法
	（二）介绍产品	1. 能描述给予客人的便利条件 2. 能正确引导客人购买产品	客人消费需求常识
	（三）洽谈价格	1. 能营造和谐的销售气氛 2. 能判断客体的支付能力，使客人接受较高价格的客房	影响客人购买行为的各种因素
	（四）展示产品	能陈列、布置饭店产品宣传册、广告宣传资料架、图片	室内装饰美学常识
	（五）促进交易	1. 能在客人犹豫时多提建议 2. 能掌握客人的购买决策过程，准确把握成交时机	客人购买决策过程常识
六、沟通与协调	（一）部门内的沟通、协调	能制定前厅部内部需要沟通协调的内容及方式	前厅部内部沟通协调的内容及方式
	（二）部门间的沟通、协调	能制定前厅部与其他各部门需要沟通协调的内容及方式	前厅部与其他部门沟通协调的内容及方式
	（三）与客人沟通、协商	1. 能主动征求客人意见，并做好记录 2. 能正确处理客人的疑难投诉 3. 能定期对客人投诉意见进行统计、分析、归类 4. 能针对客人反映的问题提出（采取）改进措施	1. 投诉的类型 2. 处理涉及客人个人利益和影响面的投诉的方法 3. 国际上和主要客源地常用的投诉处理方法 4. 主要客源地的风土人情习俗
	（四）英语服务	1. 能用英语了解和处理客人的订房要求 2. 能用英语与客人沟通，办理散客入住 3. 能用英语提供查询服务 4. 能用英语提供旅游交通、康乐、购物、医疗等方面的信息 5. 能用英语办理客人离店结账手续	旅游接待英语

续表

职业功能	工作内容	技能要求	相关知识
七、管理与培训	（一）制定工作职责	1. 能制定前厅部各岗位的工作职责 2. 能检查、评估下属员工的工作表现	1. 前厅部组织机构设计原则 2. 大、中、小型饭店前厅部的组织机构图 3. 前厅部各岗位的工作职责 4. 检查、评估员工工作表现的方法
	（二）业务指导	能够对前厅服务员进行业务指导培训	业务培训知识

4. 比重表

4.1 理论知识

理论知识比重见表 A－4。

表 A－4 理论知识比重表

项目		初级（%）	中级（%）	高级（%）
基本要求	职业道德	5	5	5
	基础知识	20	10	5
相关知识	工前准备	5	—	—
	客房预订	10	10	5
	住宿登记	10	10	5
	问讯服务	10	10	5
	行李服务	10	10	5
	离店结账	10	10	—
	公关与推销	10	15	20
	沟通与协调（英语）	10	20（5）	30（15）
	管理与培训	—	—	20
合计		100	100	100

4.2 **技能操作**

操作技能比重见表 A－5。

表 A－5 操作技能比重表

项 目		初级（%）	中级（%）	高级（%）
技能要求	工前准备	5	—	—
	客房预订	15	15	5
	住宿登记	15	15	5
相关知识	问讯服务	15	15	5
	行李服务	15	10	5
	离店结账	15	15	—
	公关与推销	10	15	25
	沟通与协调（英语）	10	15（5）	35（30）
	管理与培训	—	—	20
合 计		100	100	100

附录B　前厅英语

第一部分　常用句子

1. 我们当尽力而为，但我很难给您保证什么。
   (We'll try our best, but I can't guarantee anything.)
2. 非常抱歉我们不能对此事负责，您应该把贵重物品寄存在接待处。
   (I must say that we can't be held responsible. You should have deposited valuables with the reception.)
3. 相信服务员并不是有意无礼，他只是可能没有听懂您的意思。
   (I'm sure the waiter didn't mean to be rude. Perhaps he didn't understand you correctly.)
4. 很抱歉，先生。我想这里面可能有点误会。
   (I'm sorry, sir. There must be some misunderstanding.)
5. 很抱歉，但情况已是如此，请坐一会儿，我尽快为您作安排。
   (I'm terribly sorry. But that is the situation. Please take a seat. I'll soon have something arranged for you.)
6. 感谢您为我们提供这些情况，我立即去了解。
   (Thank you for telling us about it. I'll look into the matter at once.)
7. 先生很抱歉，我将尽快地解决这个问题。
   (Sorry, sir. I'll solve the problem for you as soon as possible.)
8. 恐怕您误会了我的意思，我能解释一下吗？
   (I'm afraid you have misunderstood what I said. Perhaps I can explain it.)
9. 对于我的粗心大意我非常抱歉。
   (I'm awfully sorry for my carelessness.)
10. 先生请别激动，让我来想办法。
    (Please calm yourself, sir. I'll try to help you.)
11. 很抱歉，我们此刻不能答应您。我们明天给您回音。
    (We are sorry, we can't promise you now. Tomorrow we shall let you know.)
12. 我会向负责人汇报，让他来处理此事。
    (I'll speak to the person in charge and ask him to take care of the problem.)
13. 请稍等，先生，我叫我们经理。
    (Just a moment, sir. I'll have to get the manager.)
14. 对不起，这件事我也无能为力。
    (I am sorry. It is beyond my power to do this.
15. 很抱歉，我们不能办您所要求的事。
    (We feel sorry we can't do what you ask for.)
16. 我们无法同意您的要求，实在对不起。

(Indeed, we regret very much for not being able to comply with your request.)

17. 我希望能够替您办那件事，但我办不到。
(I wish I could render you that service, but I couldn't.)

18. 我不得不拒绝您，因为这样是违反我们酒店规定的。
(I must refuse to meet your request, as it is against our hotel's regulation.)

19. 我不得不拒绝您，因为这样做会有损于我们酒店的声誉。
(I must refuse to do as you wish, otherwise it will do harm to our hotel's reputation.)

20. 我们无法满足您的要求，我国的外汇管理条例不允许这样做。
(It can't be done, as the foreign exchange control regulations of this country will not allow you to do so.)

21. 你应该尊重我们海关的规定。
(You should respect our customs regulations.)

22. 您所做的已经违反了安全条例。
(What you have done is contrary to the safety regulations.)

23. 我要指出，我国法律不允许你这样做。
(I should say that the law of our country does not allow you to do so.)

24. 请国外访者协助我们维持法治与秩序。
(Visitors from abroad are hoped to help us to maintain law and order.)

25. 我们遗憾地指出，您的行为将有损于我们两国人民的友好关系。
(We regret to point out that your behavior will cause harm to the friendly relations between our two peoples.)

26. 我们将对您所做出的事提出抗议。
(We shall make a protest against what you have done.)

第二部分 常用词汇

旅行社代号 master folio
超额预订 over-booking
开房率 occupancy
预报 forecast
预计 expect
到达 arrival
离开 departure
交通工具 carrier
付款方式 method of payment
情况 status
公司 firm/company
待遇 treatment
房间种类 room type
代理 agent
保证 guarantee
候补名单 waiting list
房价 room rate
特价 special rate
对外价 rack rate
净价 net rate
记录 record
服务费 surcharge
预付 prepaid
政府税 government tax
团队 group
押金 advance deposit
订房 booking
更改 amendment
小包价 package
空房 vacancy

接机 pick up
可售房间 available
取消 cancellation
客人资料 guest history
合作 cooperate
酒店代表 hotel representative
穿梭巴士 shuttle bus
运输 transportation
备注 remark
延误 delay
黑名单 black list
登记表 registration form
非吸烟楼层 non-smoking floor
相邻房 adjoining room
连通房 connecting room
加床 extra bed
折叠床 rollaway bed
入住凭据 voucher
续住 stay over
折扣 discount
国籍 nationality
永久地址 permanent address
信用卡 credit card
签名 signature
有效的 valid
内部使用 house use
半天租房 day use
合同价 contract rate
延迟退房 late check out
推销高价房 up-selling
房态 room status
佣金 commission
房间分配 room assignment
分房名单 rooming list
保险箱 safety deposit box
夜核 night audit
逃账者 skipper
淡/平/旺季 low/should/peak season
明信片 post card
观光 sight-seeing
市内游 city tour
停留事由 object of stay
邮编 zip code
纪念品 souvenir
最低消费 minimum charge
价目表 rate sheets/tariff
欠账多的客人 high risk
尽早 ASAP（as soon as possible）
预付 CIA（cash in advance）
离店时现付 COD（cash payment on departure）
客人未到 DNA（do not arrive）
外国散客 FIT（foreign individual traveler）
次序颠倒 OOO（out of order）
只住一夜 ONO（one night only）
标准办理手续 SOP（standard operation produce）
介绍信 letter of introduction；letter of recommendation
预防（霍乱、伤寒、副伤寒）inoculation against（cholera，typhoid，paratyphoid）
已预付 PIC（pay in cash）
外交护照 diplomatic passport
公务护照 service passport
身份证 identification card
签证 visa
入境签证 entry visa
出境签证 exit visa
过境签证 transit visa
居留签证 residence visa
旅行证 travel permit
健康证书 health certificate
种痘证书 vaccination certificate
黄皮书 yellow book
检疫 quarantine
检疫站 quarantine station（office）
公务旅行 business travel
私人旅行 private travel

公安局签证科 visa section of public security bureau
外事警 foreign affairs police
值班 on duty
下班 off duty
打字机 typewriter
打字纸 typing paper
复写纸 carbon paper
热敏纸 thermo-paper
文具用品 stationery
信笺 letter paper
信封 envelope
记事本 note book
便条薄 memo pad
交班薄 log book
曲别针 paper clip
安全别针 safety-pin
复印机 duplicating machine
影印机 photocopying
打印/打印机 printing/printer
电信 telecommunication
硬盘 hard disk
软盘 soft disk
名片 business card
订书机 stapler
透明胶 scotch tape
会议室 conference room
秘书服务 secretarial service
翻译 translation
小册子 brochure/booklet
设备出租 equipment rental
幻灯片 slide
投影仪 overhead projector
装订 binding
报纸夹 newspaper rod
互联网 Internet
网站 website
订房预测（分析） room reservation forecast
订房报告表 room reservation report
营业日报表 daily sales report
住房率 rate of room occupancy
行李房 bell service
行李寄存处 luggage store room
行李装卸处 trunk dock
行李车 baggage cart
行李标签 label
酒店标签 hotel sticker
小行李 small baggage/luggage
旅行袋 traveling bag
手提包 hand bag/grip sack
公事包 brief case
包裹 package
小箱子 small trunk
手提箱 suitcase
梳妆小提箱 cosmetic case/toilet case
衣服袋 suit bag
纸盒 carton
硬纸盒（箱） cardboard box
背囊（旅行背袋） shoulder bag
自用物品 personal articles
违禁物品 contraband
随身行李 accompanied luggage/personal luggage
不随行物品 unaccompanied luggage
托运行李 registered luggage/transported luggage
切勿投掷 no bumping; no shoot
切勿坠落 no drop
切勿压挤 no crush
勿用手钩 use no hooks
易碎物品 fragile articles
小心 caution
小心轻放 handle with care
小心玻璃 glass（with care）
液体物品 liquid
易燃物品 inflammable articles
易腐物品 corrosives
爆炸物品 explosives
毒品 poison
勿受潮 keep dry

勿倒置 keep upright
切勿倒倾 don't turn upside down
敲碎 break to pieces
压碎 crush
击碎 smash
破损物 breakage
已捆扎 already strapped
已打包 already baled
绳已断 rope already broken
（束）带已断 strap already broken
快车 express train
普通列车 regular train
特快列车 special express
直达列车 through express
慢车 slow train
货车厢 freight car/goods wagon
包房 compartment
卧铺（上、中、下）berth（upper\ middle\ lower）
硬座（卧） hard seat（berth）
软座（卧） soft seat（ berth）
餐车 dining car
客车 passenger train
卧车 sleeper/sleeping car
行李车 luggage van
晚点二小时 delay by two hours
搬运费 porterage
出发城市 departure city
到达城市 arrival city
班期 days
隔周飞行 BW（biweekly）
起飞 Dep（departure）
航班号 FLT/N（flight number）
中途经停站数 number of stopover
等级 class of service
免费行李 free baggage allowance
航空公司 airline
中途不着陆飞行 non-stop flight
夜航 night service
定座再确认 reconfirmation of reservation
单程票 single ticket
来回票 return ticket
国内票价 domestic fare
国际票价 international fare
客票有效期 ticket validity
儿童票价 children fare
单独占一座位 occupying a separate seat
取消费 cancellation fee
中国民用航空局 CAAC
超重行李 excess baggage
机场费 airport fee
误机费 no-show charge
不予退款 no refund will be granted
总机 operator/switch board/PBX
内线 house phone
国际直拨 IDD（international direct dialing）
国内直拨 DDD（domestic direct dialing）
分机号 extension number
叫醒服务 wake up call/morning call
勿挂线 hold the line
区号 area code
国家代码 country code
对方付款电话 collect call
转电话 put through
市话 local call /city call
挂线 hang up
长途电话 long distance call

参考文献

[1] 孙茜. 饭店前厅客房服务与管理［M］. 北京：旅游教育出版社，2008.
[2] 翁汉平. 前厅客房服务与管理［M］. 武汉：武汉大学出版社，2006.
[3] 陈学琼. 前厅客房服务与管理［M］. 北京：机械工业出版社，2009.
[4] 吴梅. 前厅服务与管理［M］. 北京：高等教育出版社，2006.
[5] 徐文苑，严金明. 饭店前厅管理与服务［M］. 北京：清华大学出版社，2004.
[6] 吴军卫，程道品. 饭店前厅管理［M］. 重庆：重庆大学出版社，2002.
[7] 姜文宏，刘颖. 前厅客房服务技能综合实训［M］. 北京：高等教育出版社，2004.
[8] 孔永生. 前厅与客房细微服务［M］. 北京：中国旅游出版社，2007.
[9] 樊丽丽. 酒店服务训练课程［M］. 北京：中国经济出版社，2007.
[10] 陈家栋. 会展接待实务［M］. 北京：旅游教育出版社，2006.
[11] 南兆旭，腾宝红. 现代酒店星级服务标准［M］. 广州：广东经济出版社，2003.
[12] 曾小力，韦小良，韦明体. 前厅服务与管理［M］. 北京：旅游教育出版社，2002.
[13] 吴梅，张炼，崔凯. 前厅运行与管理［M］. 北京：旅游教育出版社，2001.
[14] 国家旅游局人事劳动教育司. 前厅接待与运转［M］. 北京：旅游教育出版社，1994.
[15] 孟庆杰，黄海燕. 前厅客房服务与管理［M］. 大连：东北财经大学出版社，1999.
[16] 毛讲海. 前厅服务与管理［M］. 南京：东南大学出版社，2007.
[17] 卡萨瓦纳，布鲁克斯. 前厅部的运转与管理［M］. 6版. 包伟英，译. 北京：中国旅游出版社，2002.
[18] 曹红，方宁. 前厅客房服务实训教程［M］. 北京：旅游教育出版社，2009.
[19] 袁照烈. 酒店前厅部精细化管理与服务规范［M］. 北京：人民邮电出版社，2009.
[20] 比尔鲍，萨顿. 朗文现代酒店业英语［M］. 管艳红，译. 北京：外语教学与研究出版社，2005.
[21] 陈志学. 饭店服务质量管理与案例解析［M］. 北京：中国旅游出版社，2006.

教师教学支持方案

（教学课件）

建设立体化精品教材，向高校师生提供整体教学解决方案和教学资源，是天津大学出版社“服务高校教育”的重要方式。

为支持相应课程的教学工作，我们配套出版了该书的教学课件，向采用本教材的教师免费提供。该课件仅为教师获得并服务，授课教师如果想享受个性化的服务，可到天津大学出版社网址 www. tjup. com “下载中心”的旅游与酒店管理专业课程教材栏目中下载填写“旅游与酒店管理专业教师资源库”入库信息表，并详细填写如下开课情况证明，以邮寄或者传真方式一并交与我们，我们将在收到后一周内寄出相关课件或与您联系相关事宜。

通信地址：天津市南开区卫津路 92 号天津大学出版社 总编办
邮编：300072
电话：022-27405002
传真：022-27401094
E-mail: 973662685@ qq. com
联系人：王馨

开课证明

兹证明________________大学________________学院________________系__________专业第__________学年开设的__________课程，已采用天津大学出版社出版的__________（书名、作者）作为本课程教材，本专业共__________班，授课老师共________位，学生共________人。

授课老师需要与本教材配套的教学课件。
联系人：
通信地址：
邮编：
电话：
E-mail:

系（院）主任（签字）：
（系院办公室盖章）
年　月　日